· 教育家成长丛书 ·

国赫孚
实践教育与课堂重构

GUOHEFU SHIJIAN JIAOYU YU KETANG CHONGGOU

中国教育报刊社 · 人民教育家研究院 组编

国赫孚 著

北京师范大学出版集团
BEIJING NORMAL UNIVERSITY PUBLISHING GROUP
北京师范大学出版社

图书在版编目（CIP）数据

国赫孚实践教育与课堂重构/国赫孚著；中国教育报刊社人民教育
家研究院组编. —北京：北京师范大学出版社，2017.1（2017.6重印）
（教育家成长丛书）
ISBN 978-7-303-21282-8

Ⅰ.①国… Ⅱ.①国… ②中… Ⅲ.①中学教育－教学研究
Ⅳ.①G632.0

中国版本图书馆 CIP 数据核字（2016）第 219607 号

营 销 中 心 电 话　010-58802181 58802123
北师大出版社高等教育教材网　http://gaojiao.bnup.com
电 子 信 箱　gaojiao@bnupg.com

出版发行：北京师范大学出版社　www.bnup.com
　　　　　北京市海淀区新街口外大街 19 号
　　　　　邮政编码：100875
印　　刷：大厂回族自治县正兴印务有限公司
经　　销：全国新华书店
开　　本：787 mm×1092 mm　1/16
印　　张：21
字　　数：360 千字
版　　次：2017 年 1 月第 1 版
印　　次：2017 年 6 月第 2 次印刷
定　　价：48.00 元

策划编辑：倪　花　　责任编辑：戴　轶
美术编辑：焦　丽　　装帧设计：焦　丽
责任校对：陈　民　　责任印制：陈　涛

总　序

　　教育是国家发展的基石，教师是基石的奠基者。古人云："国将兴，必贵师重傅。"兴国必先强教，强教必先重师。党中央、国务院高度重视教师队伍建设。2013 年教师节，习近平总书记在给全国广大教师的慰问信中指出："百年大计，教育为本。教师是立教之本、兴教之源，承担着让每个孩子健康成长、办好人民满意教育的重任。"2014 年，在第 30 个教师节前夕，习总书记到北京师范大学视察并发表重要讲话，指出："一个人遇到好老师是人生的幸运，一个学校拥有好老师是学校的光荣，一个民族源源不断涌现出一批又一批好老师则是民族的希望。"《国家中长期教育改革和发展规划纲要（2010－2020 年）》也明确提出，"有好的教师，才有好的教育"，要"努力造就一支师德高尚、业务精湛、结构合理、充满活力的高素质专业化教师队伍"。"倡导教育家办学"，要创造有利条件，鼓励教师和校长在实践中大胆探索，创新教育思想、教育模式和教育方法，形成教学特色和办学风格，造就一批教育家。"两个一百年"奋斗目标的实现、中华民族伟大复兴中国梦的实现，归根到底靠人才、靠教育，而支撑起教育光荣梦想的，是千百万的教师。

　　时代呼唤好老师。有一流的教师，才有一流的教育；有一流的教育，才有一流的国家。出名师、育英才、成伟业，是时代赋予我们教育战线的神圣使命。"大学者，非有大楼之谓也，有大师之谓也。"好学校、好教育的最重要标准，就是要有好老师。一所学校、一个地区乃至一个国家，如果教师有理想、有爱心、有学识、有高超的教育艺术，那么硬件设施即使有些简陋，家长、学生也会心向往之。教师是中国梦的奠基者。教师的重要使命，就是为每个孩子播种梦想、点燃梦想，并帮助他们实现梦想。每一间平凡的教室，每一节朴实的课堂，都不仅是知识的传递，更是人类文明精神的接续、人生梦想的起航。正是有亿万个孩子梦想的放飞、绽放，中国梦才更加光彩夺目。如果说中国梦最坚实的土壤是在学校，那么教师就是最伟大的"筑梦师"，他们用默默无闻、孜孜不倦的智慧劳动，让每一颗年轻的心灵都与中国梦激情相拥。

倡导教育家办学，造就一批好老师，首先要尊重、珍惜我们的本土智慧、本土创造。教育家不是凭空产生的，而是扎根于自己的民族文化土壤，同时吸收一切人类文明成果，从而创造出独特而生动的教育实践、教育智慧和教育文明。五千年源远流长的中华文明，不但形成了有我们民族特色的教育理论话语体系，而且涌现出了千千万万优秀的教育家，有被推崇为"大成至圣先师""万世师表"的孔子，有"匹夫而为百世师，一言而为天下法"的韩愈，有"捧着一颗心来，不带半根草去"的人民教育家陶行知，等等。改革开放30多年来，随着教育改革的不断深入，教育战线涌现出了一大批杰出教师。他们痴情教育事业，坚守理想信念和教育良知，在三尺讲台上默默耕耘、刻苦钻研，同时以敢为天下先的精神大胆创新，不断进取、不断超越，形成了各具特色的教育思想和教学风格。正是他们的成功探索和实践，创造了具有中国风格的教育经验，丰富了具有中国特色的教育理论宝库。原由教育部师范教育司组织编写，现由中国教育报刊社人民教育家研究院具体组织编写的《教育家成长丛书》，就是要向这些可贵的本土创造性的教育经验致敬。

当前，教育领域综合改革正在深入推进，考试招生制度改革的大幕已经拉开，立德树人、培育和践行社会主义核心价值观成为大中小学教育的头等任务。可以预见，中国教育将发生深刻的变革，将从"中国制造"向"中国创造"转变。"没有革命的理论，就没有革命的运动。"没有适合中国土壤、具有中国智慧的教育理论，就不可能为未来的中国教育改革提供有效的指导。我们的教育要向"中国创造"飞跃，必然要首先创造属于我们自己的教育理论，而不是"言必称希腊"或者老是贩卖欧美的教育理论。170 多年前，美国思想家、诗人爱默生发表了著名演说《美国学者》，号召美国知识界："我们依赖旁人的日子，我们师从他国的长期学徒期时代即将结束。在我们周围，有成百上千万的青年正在走向生活，他们不能老是依赖外国学识的残余来获得营养。"由此，美国迈入精神立国阶段。

如今，我们也面临与爱默生同样的情形。随着我国 GDP 已从世界第二向第一迈进，我们的经济崛起已成为事实，但在道德文明、文化精神等方面，我们还需急起直追。没有文明的崛起，经济崛起就难以持续。当务之急，是我们需要化解内心深处的文化自卑情结、摆脱对他国文明的精神依附，自觉养成强烈的"中国意识"、独立的中国文化品格，并由此去俯视世界，去改造本土实践，去创造属于我们自己的精神养料——这在教育界显得尤为紧迫。《教育家成长丛书》，就旨在把我们本土教育实践中蕴含的中国智慧提炼出来，从而形成具有时代意义的中国特色的教育话语体系，再以此去观照、引领、改造中国的教育实践，为伟大的教育改革提供经验、理论支持，也为未来的教育家提供丰富、可资借鉴的精神养料。

让我们为中国教育的伟大未来一起努力吧！

2015 年 3 月 9 日

前　言

　　见证着中国基础教育半个世纪的春华秋实，代表着中国基础教育教学成果最高成就的"首届基础教育国家级教学成果奖"中，闪耀着李吉林、窦桂梅、吴正宪、张思明、洪宗礼、唐江澎、邱学华、于永正、孙双金、薄俊生、龚春燕等一大批优秀教师的名字，而上述这些中小学教师的杰出代表恰恰都是《人民教育》"名师人生"栏目中最受读者喜爱的名师，都是《教育家成长丛书》的作者。

　　《教育家成长丛书》（以下简称《丛书》），是在第20个教师节前夕，"为了研究、总结、宣传和推广我国众多优秀中小学教师的先进教育思想和鲜活的宝贵的教育教学经验，培养造就一大批德才兼备的优秀教师和杰出的教育家，促进教师队伍整体素质的提高，根据教育部党组安排，由师范教育司组织编写"的一套凝聚着一大批教育家成长智慧的大型教育丛书。

　　《丛书》自2006年问世以来，不但得到国务院和教育部领导同志的高度重视，而且先后印刷多次尚不能满足广大读者的需求。这其中的奥秘何在？

　　当你翻开《丛书》，每一部著作都讲述着一位教育家成长的故事。这些著作主要从"成长历程""思想概述""课堂实录"和"社会反响"等方面全景式反映其教育思想、教育智慧、专业精神和专业人格的形成过程和教学实践过程，这是教育家成长的基本素质所在。

　　当你沿着教育家成长的足迹走近他们的时候，你会融进这些带有"草根色彩",扎根中华教育实践大地,充满田野芳香的真实感人的教育故事中。

当你从《丛书》中,从这些当年和自己一样的普通教师,成长为今天受人尊敬的教育家的成长过程中受到启迪,当你触摸着自己的爱心,把学生的成长和祖国的未来紧紧连在一起的时候,你会真切地感受到教育家离我们并不遥远。

当你用整个身心蘸着自己的生活积累去品味《丛书》中的每一部著作的"成长历程"时,在其浓缩着一位位名师在不断学习、不断超越自我、不断超越学科教学的求索足迹中,你会读懂"教育是事业,其意义在于奉献"的丰富内涵。

当你研读《丛书》中的每一部著作的"思想概述",和每一位名师展开心灵对话的时候,都会深深地感受到,一个教师对教育独立的理解与执著的追求有多么重要。从一位普通的教师成长为受人尊敬的教育家的过程中,你会读懂"教育是科学,其价值在于求真"的深刻含义。透过《丛书》,你会看到一代代教师用爱与智慧塑造民族未来的教育理想。

随着我们从"知识核心时代"走向"核心素养时代",教师教育教学活动的视野已拓展到人的生存与发展的方方面面。作为一名教师,要结合自己的教学实践去感悟"教育理念是指导教育行为的思想观念和精神追求",应该把爱化为自己的教育行为,让爱充盈课堂、触摸到一个个灵动的生命,让爱产生智慧,让爱与智慧在学生心中留下岁月抹不去的美好回忆,让教育者和受教育者都感受到教育的幸福,这是《丛书》给我们的启示,也是每位教师应有的胸怀和视野。

时代呼唤教育家。为了进一步把我们本土教育实践中蕴含的中国智慧提炼出来,从而形成具有时代意义的中国特色的教育话语体系,以此去观照、引领、创新中国的教育实践并在更大范围加以推广,《教育家成长丛书》将由中国教育报刊社人民教育家研究院继续组织编写,希望能够在更广大教师的心田中播种教育家成长的智慧,从而出更多的名师、育更多的英才、成就中华民族复兴的伟业,这是时代赋予广大教育工作者的神圣使命。如果广大教师能在每位教育家成长、探索教育智慧的过程中受到启迪,形成自己的教育智慧,则实现了我们编辑这套丛书的初衷。

《教育家成长丛书》
编 委 会
2015 年 3 月

目 录
CONTENTS
国赫孚实践教育与课堂重构

上篇　实践教育

我的成长之路
——下乡为我注入"实践教育"基因

我的"实践教育观"

"实践教育观"的实践

下篇　课堂重构

综合实践活动撬动课程教学改革

重构教学模式
——让课堂走向自主、合作、探究

重构教学内容
——让课堂成为滋养核心素养的沃土

重构教研方式
——让教学联合体成为教师学习成长平台

社会反响

上篇

实践教育

我的成长之路

——下乡为我注入"实践教育"基因

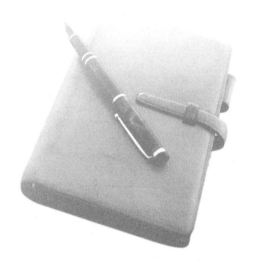

造就人、教育人的是生活。

——裴斯泰洛奇

一、艰苦的劳动锤炼了坚持和认真

我生于 1950 年，是一名老知青。我们这一代人，大都没有接受过系统的学校教育，这是我一生最大的遗憾，因此十分羡慕现在学生所拥有的学习条件。但和他们相比，我们这些知青也有优势，那就是丰富的人生阅历。我们经历了三年自然灾害、"文化大革命"、上山下乡、上学返城、改革开放。"文化大革命"期间，我曾经在汽车修理厂、皮鞋厂、机械厂、电机厂劳动过，在矿井挖过煤，还在部队学军当了一个月的兵。"文化大革命"后，我当过教师、校长、教育局局长，接触了千姿百态的社会。其中下乡插队的 5 年给我留下了刻骨铭心的记忆。

1971 年下乡时的作者

我于 1968 年下乡到内蒙古科尔沁草原。20 世纪六七十年代，中国农村还相当贫困，5 年的下乡生活可以用"苦难"二字概括，但我从未埋怨过下乡。这是因为，当时承受苦难的不仅是我们，还有千千万万的老百姓。这 5 年的知青生活，砥砺了我们的意志，拓宽了我们的眼界，开阔了我们的胸襟，增长了我们的智慧。这些对我所从事的教育工作，潜移默化地产生着深刻影响。

回想成长的经历，我深深地感到生活中的苦难也是一种财富。

下乡 5 年，我们能够坚持下来，能够勇敢地面对苦难和挫折，要归功于信念的支撑。很多知青都是怀着接受革命的洗礼和自我改造的强烈愿望自愿去农村的，尤其是像我这样出身不好的人，一直认为只有吃苦才能改造自己的灵魂。虽然这种精神支柱今天看来有些愚昧，但那时却是我们真诚的追求。

刚下乡两个月我们就赶上了秋收，对割豆子的印象最为深刻。割豆子不如割谷子累，但豆荚刺扎手，防不胜防。一开始我们知青都戴手套，但没两天手套就被扎烂了，社员干活时在接触豆荚刺的一刹那，手只是往下一顺，不仅抓住了豆子，而且还避开了刺，而我们不得要领，抓一把，就被刺实实在在地扎一次。两个月的秋收下来，左手被扎出的一个个针眼，成了一个个黑点，密密麻麻地布满了手指和手掌。

之后的劳作更是充满了艰辛。夏天铲地，早晨3点半下地，10点半收工，下午1点出工，8点收工。我所在的科尔沁地区地广人稀，一条垄就有三里地长，铲上五六步，汗珠子就"吧嗒吧嗒"地往下掉。但无论多累，也不能停下来直直腰，因为打头的（农村的作业组长）在前面，一步跟不上就要落后，就意味着你不是个男子汉。队长则在后面检查质量。只要你锄头入地浅一点，草没有被连根锄掉，马上就会传来一连串骂人的脏话。

知青虽然没有受过铲地的训练，但谁都不会在劳动中投机取巧，每一锄都要入土深一些，这就意味着要多费许多力气。每棵苗周围，我们都认真地、按照质量要求精心地铲。一条垄的几千棵苗都要这样一棵一棵仔细地对待。从日出到日落，从春种到秋收，认真是我们始终保持的劳动态度。这种态度，渐渐地融化在血液中，成为我们的习惯。人们常说下过乡的人劳动态度好，其实这样的劳动态度大都是在那些长垄上锻炼出来的。

从事教育工作后，无论是做班主任、校长还是局长，天天都要接触大量的、琐碎的、繁杂的事务，虽然这些事都不是什么扭转乾坤的大事，但我都会尽力做好，就像当年要认真地对待每一棵苗一样。下乡是一个磨炼人的过程，我从中体会到，面对艰难，你不能唉声叹气，你一定要挺起腰杆，咬紧牙关。"坚持就是胜利"这句耳熟能详的话，对我来说是通过劳动获得的切身感受。如果说我在教育工作中做出了一些成绩，那么主要还是与我的坚持精神和认真的态度有关。

2000年我被调到了天津中学工作，建校初期工作非常紧张，大多属于队伍和教学秩序的稳定工作，这是新学校能够生存的根基。正常的作息时间无法应付大量的难题。我每天早上7：30到校，晚上9：30以后回家，每周还要在学校住三个晚上，并且都要忙到晚上11点以后才能休息。

以下是2002年6月的一天工作纪实。

早晨7：30到校，处理事务性工作。

10：00～13：00接待记者采访，谈到中午，一起吃午饭，边吃边谈。

13：30～16：00开校长会。

16：00～18：30 去 110 中学，商谈他们学校的德育处副主任刘宏坤调入我校事宜。到了那里，我与校长进行了两个半小时的艰苦谈话。范校长十分敬业，坚决不放人。对于天津中学来说，当时学校最为薄弱的就是德育管理，耗费了我大量的精力，如果再不调入得力的干部，起步之初的天津中学可能就会夭折在德育管理上。去人家那里挖人本身就心虚，我还得不断地寻找各种理由来说服、恳求对方。范校长又是一个挺执着的人，而我又必须让范校长同意放人，这谈话难度可想而知。上午接受采访我已经连续讲了 3 小时，而下午这两个半小时的艰苦说服比上午要累得多。

18：40～19：10 我到附近的快餐店，要了几两饺子，这时来了 4 位高三的学生。我说今天我请客，便和学生一边吃，一边了解高三的复习情况。

19：10～20：00 一进校门，一位老师在等我，说是从下班就一直在这里等。当时她在学校里没有课，和年级组有些矛盾，学校打算让她去爱华中学（依托于我校的公办民助学校的初中）。这位老师不愿意去，但她又必须得去，否则会有处理不完的矛盾。这位老师是一个执拗且易激动的人，说服她让我感到筋疲力尽。

20：00～21：00 我已经提前约好了两个老师研究天津市科技座谈会的发言，并对学校的科技活动做一下思路梳理。我的思维必须要转换，之前不管有什么难题和不快，现在都要集中到科技活动上。我理清了思路，准备了转天的发言提纲。

21：00～24：00 我拖着疲惫的身体往宿舍走去，碰上了高三年级组长，与我谈起了高三的问题。每周我会在学校住三天，这样的工作交流已习以为常。

00：30 上床进入了梦乡。不到半小时，宿舍工作的老师把我叫醒，汇报男生宿舍晚上发生的违纪事件，请示如何处理。我谈了几点想法，又上床睡觉，但此时，我怎么也睡不着了。粗略地计算了一下，这一天，从上午 10 点到午夜 1 点，15 个小时里我一直在连续谈话、解决问题。

在天津中学工作已有 12 年了，紧张已成为一种常态，偶尔也有感觉撑不住的时候，但我都咬牙坚持了下来，而且尽力去处理好每一项工作。这确实要感谢下乡生活的艰苦磨炼，就像京剧《红灯记》中李玉和的一句唱词："有了这碗酒垫底，什么样的酒我都能对付。"

二、从苦涩的生活中品尝出什么是幸福

下乡时，不光干活累，吃的、住的这些基本的生存条件与城里相比也有相当大的落差。当地老百姓一年要有半年多靠酱和咸菜度日，我们集体户生活一团糟，既不做酱，也不腌咸菜，整个春天，常常是在高粱米饭中撒点盐就是一顿饭。人们也许会以为，到内蒙古下乡，吃肉应该不成问题，至少吃牛羊肉不成问题。但是在那个动乱的岁月下乡，吃不上肉就不稀奇了。肉这种"高档的奢侈品"，5 年中我们一共吃了有数的几次，不仅记忆犹新，而且对当时的细节历历在目。

1969 年春天，集体户买了只小猪仔打算养猪。老乡家养猪，如果是为了吃肉，通常在两个月后要将母猪劁了(去掉生殖器官)，否则就要养成老母猪。老母猪肉不好吃，但一只老母猪能下十几只猪仔，可以卖百十来块钱，那年头算得上是一笔可观的收入，因此有"老母猪，小银行"之说。我们集体户没有致富的想法，养猪只是为了满足吃肉的愿望。但未适时劁猪，冬天居然下了一窝猪仔。产后的母猪，瘦得皮包骨，惨不忍睹。这时，快到春节了，我们打算在回津前，把猪杀了。杀猪那天，我们从地里回来，肉已经炖好了，是杀猪的老乡给做的。这里炖肉既不讲究放什么佐料，又炖不烂。没有佐料倒是无所谓，肉的极度缺乏会忽略了佐料的作用，但炖不烂却让我们心有余悸。吃肉时我们发现了一个严重的问题——猪长了痘，猪得了"猪囊虫"的病。人若吃了没有经过高温灭菌的病猪肉，容易得脑囊虫病，危害神经，能导致抽搐、偏瘫等疾病，甚至致命。我们竟然对危及生命的问题都顾不上了，还是把炖肉都吃了。其实，再有三四天就可以回天津了，一年都熬过来了，怎么就差这几天呢？

晚上，大家商量让我做饭，因为我做事一向比较认真。剩下的肉如果扔掉实在可惜，但只要经过高温炖煮，猪囊虫就可以死掉。第二天，我四处拣树枝子、木匠房里的下脚料，用了两个多小时将燃料准备充分，然后又耐心地把肉切成两毫米厚的肉片，用旺火烧了四五个钟头，几乎煮成了一锅肉粥——这样的烹调技术应该申报专利。那个年代人们对肥肉情有独钟，不像现在都青睐瘦肉。老百姓养的猪有一两寸厚厚的肥膘，而这只老母猪却只有薄薄的两三分厚的油。新杀的猪肉竟然没有鲜红的颜色，像是抹上了一层薄薄的铁锈漆黯淡无光，只有密密麻麻布满全身的猪

痘闪着亮晶晶的光，手指甲大的地方，就有七八个猪痘。看到这些虽然不起眼但足以要人命的可恶小虫，这肉说什么也不能吃了，这是知识青年应该具备的起码的理智。我下了斩钉截铁的决心！

晚上收工回来，有人去 6 里地外的供销社买了瓶桂花酒。每人倒了一小碗酒，盛了一大碗肉。大家都很兴奋。我喝了一口酒，筷子却不由自主地伸向了猪肉。至今我还奇怪，之前下了那么大的决心，拿起筷子时却完全将其忘却，没有任何犹豫彷徨，只是本能地大口大口地吃。不一会儿工夫，一大碗肉就见了底。我们这几个人，都是热爱生命、有着清醒头脑的青年，但当时竟无一人提出异议！30 多年后，吃过痘猪肉的几个同学又聚在一起，大家庆幸躲过了一劫。现在生活好了，山珍海味想吃什么都有，但似乎再也找不到当年吃痘猪肉时那种狼吞虎咽、激情洋溢的感觉了。

生活中还有让我们不堪其扰的事情——集体户的害虫品种齐全、应有尽有，我们逐一领教。像虱子之类早已习以为常。跳蚤咬人最厉害，一次我的两条大腿内侧密密麻麻满是疙瘩，刺痒得钻心。好在跳蚤并不常光顾，最常打交道的是臭虫。下乡的农村本无臭虫，是一个同学从家里运来的木箱子，把臭虫带了过来，同城市文明一起来到了这穷乡僻壤。这些臭虫原先寄生在一个几口人的小家庭，现在寄生在有二十多人的集体户，而且都是些血气方刚的青年，因此繁殖的速度特别快，让知青吃尽了苦头。

集体户三个人住一间屋，我同屋的两个人相继选调，就剩下我一个人，喂臭虫的负担压在了我一个人的肩上。铲地大忙季节，早晨 3 点半下地到晚上 8 点收工，一天十三四个小时的劳动，上炕时已是筋疲力尽。不足 6 小时的睡眠对于恢复体力是何等的重要，但臭虫全然不予同情。那时睡觉练就了一种功夫，不知大脑的哪一根神经还在忠于职守地保持着警惕，隐约中感到身上有虫在爬，手跟过去一捻，就把臭虫捻死了。除了这值夜班的神经和手之外，人的其他部分还处于睡眠之中，但靠这样被动的方法毕竟还是不能避免挨咬。一天中午，我决心主动出击，放弃宝贵的午休对臭虫实行严打。我烧了一锅开水往炕沿上浇，立刻，那些躲在阴暗角落里吸足了血红红的圆圆的臭虫，笨拙地夺路而逃。出来一个，我收拾一个，出来两个，我捻死一双。你对我不仁，我对你也不义！收拾完炕沿，我又和了点泥，把墙壁上的一道道裂缝用泥封死，这也是臭虫的主要栖息地。"我让你们进得去出不来，活活饿死！"我是个很仔细的人，对四面墙壁实行了地毯式搜索，力求一网打尽，不留后患。这些活都干完了，我往炕上一躺，长长地出了口气，唉，我终于可以睡几天舒服觉了，这一中午值得！就在我准备出工的时候，无意中又看到过梁下靠着墙壁还挂着卷起来的一块毡子，是一个 1 米长、直径 20 多厘米的圆桶。我想再检查一下毡子下面，就在我用左手托起毡子时，让我大吃一惊，毡子下面竟然密密麻麻地爬满了大大小小的臭虫！这些狡猾的家伙，倒是有创造性，避开了常规的栖息地，差点蒙混过关，险些使我功亏一篑。我不敢怠慢，抬起右手，一巴掌接着一巴掌地拍下去，一下就拍死了十几个。右手拍疼了，换左手拍。结束"战斗"之后，我的双手已沾满了"人民的鲜血"。1995 年，我开始在耀华中学做德育副校长，每年我都要带学生下乡参加学农劳动。现在农村的条件已经发生了翻天覆地的变化，但生活条件怎么也不如城市。学生连同年轻的教师也感到不适应，而我却觉得，和下乡比起来，这点苦不值一提。

1996 年 9 月，我带学生去静海县学农基地劳动，学生初次接触农业劳动，尝试集体生活，热情高涨，大都能自觉按照学校的要求去做，但有一些情况我们事先没有预料到。如基地的水咸，学生喝不惯，有的去小卖部买矿泉水，有的干脆不喝水。再如基地的厕所是旱厕，粪便就堆积在粪坑中，学生看了恶心，有的就憋着不解大便。后来在家长会上我了解到，这样的情况还很多，反映出学生在成长过程中的适应问题，这引起了我的思考。素质教育就是要关注学生的成长，在实践活动中学生所暴露出的问题，给我们带来了许多教育的契机，应该及时捕捉。

第二年到了基地的第一天，我就专门给学生讲了喝水和如厕的问题。我没有简单地批评学生有"骄娇二气"，而是从三个方面讲了道理。一是这里的水咸、厕所条件差，这是事实，这是农村的现状，这就是中国的国情。改变农村落后的面貌有待我们这一代人去努力奋斗；二是在艰苦的条件面前，我们也要善于适应环境，这是一种不可或缺的能力；三是从生理和病理两个方面来看，不喝水、不解大便会危害身体健康。这样的教育取得了很好的效果，这一次，不喝水、不解大便的问题没有再发生。老师们说，没想到你把一个不适合在大会讲的问题，讲得既有知识性，又有思想性，而且还有实效性。我想，我能够关注到这个问题，能够讲明白这个问题，是因为我有对艰苦环境的适应能力。

为什么我对实践活动情有独钟？可能是因为在这样的教育环境中，我的下乡经历都变成了我得心应手的教育资本。我曾多次带学生学军、学农，每一次，学生们的体会中总会有一条："愉快地经受了艰难困苦的考验"。这当然充分地体现了活动的教育价值，但我下乡的那点资本，也发挥了应有的教育和引导作用。

　　什么是幸福？幸福就是感到今天比昨天好，相信明天会比今天好。有了下乡的经历，幸福会与我终生相伴。教育为了什么？就是为了把学生引向幸福的人生。然而现在却有很多学生缺少幸福感，这当然与我们的教育生态环境有关。学生的学习太枯燥、压力太大，这是不可回避的问题，但我们可以在力所能及地改变这种生态环境的同时，让学生学会如何看待苦楚，如何透过不如意去追寻幸福。如果能让学生领悟到这一点，学生一生也会幸福。

2004年回草根泡村与村民合影

三、在挫折的境遇里感受到人性的善

　　让人感到温暖的是，在那个年代，我们这些出身不好的、处处受到歧视的人，在农村、在老百姓那里却都被看作大城市来的知青从而被高看一眼。但他们更为看重的是人老实不老实，干活出不出力，耍不耍滑头。在那个母鸡下蛋都舍不得吃要拿去换盐的年代，物质生活虽然苦，但我们知青在精神上相对于下乡前却放松了许多。科尔沁草原真的很广阔，不仅让我们有了栖身之地，而且还是我们终生的精神家园。

　　不管怎样，在那段时间、那个小环境里，我的出身压力还是得到了暂时的缓解。记得1968年和1969年两年的冬春，晚上村里经常要开会。1970年冬天以后，这样的会不多了，晚上有了空余的时间。我想我才初中毕业，应该学点高中知识，于是从集体户的同学那借来了一些高中教材，每天在油灯下看书做题。不管白天干活多累，即使在夏天铲地时早晨 3 点半就要下地，晚上 9 点才能吃完饭，也要坚持看一小时的书。那时用的煤油灯是自制的，在装农药的废瓶子盖儿上钻一个眼，穿上一根棉线，灌入煤油，油灯就制成了。这样的油灯优点是省油，缺点是亮度不够。看书时头不自觉地就移向油灯，一不小心就是"刺啦"一声，不是烧到了眉毛，就是烧到了头发。自学遇到的困难，一是教材不全，数学只能从第三册学起；二是身边没有老师答疑，高中的几个同学相继选调走了。我记得当时看到"－120 度角"时，如坠十里雾中，怎么会出来负的角度呢？看不懂只能硬着头皮往下看。春节回家时，找到初中数学老师请教，老师寥寥数语，即解开了我多日的疑团。

我特别羡慕现在的学生，他们拥有优越的学习条件、系统的教材、各种辅导资料，还有老师的点拨和答疑。但是事情都有利弊两个方面，自学的过程虽然困难很多，却培养了我的读书能力，这是一种最有价值的能力。自学经历告诉我，这种能力的培养，不仅是必要的，也完全是可能的。

然而，在那个年代，让我精神稍微宽松的日子并不多。1972 年集体户有两名知青被选送上大学，这对我来说是一个强烈的刺激，自此我学习得更加刻苦。为了使学习的环境更好些，我干脆搬到了马圈去住。春天大地开化以后，马圈里弥漫着刺鼻的尿臊味道，但这里非常安静，只有马嚼草料的声音，没人串门聊天。我每天晚上抓紧时间学习，白天照常参加劳动。7 月，我们一群知青到公社去参加考试。我过去没念过高中，有些高中知识不会，但总的来说，答得还算可以，两年多的工夫没有白下。我对上大学充满着乐观的估计，似乎胜券在握，天天盼着拿到大学的录取通知书。但那年发生的张铁生白卷事件，使得考试成绩对招生没产生任何影响。大队长来小队检查工作，带来了坏消息：由于出身问题，我上学的事不可能了。这样的结果给了我沉重的打击。

几年下来，我被大队、小队重视，被提拔成小队会计，我渐渐淡忘了之前的种种挫折。我对知识充满了渴望，对上大学充满了幻想，甚至对选调到工厂不屑一顾，一门心思就想上学。我下乡整整 5 年了，那么拼命地干活，在农民中得到了男女老少的一致好评，我哪一点不够上学的资格？那一夜，老队长没走，他默默地听着我发泄怨气。最后我问，我这样出身的人还有没有希望？老队长语重心长地说："你千万不要灰心丧气，我们了解你，相信你，往远处看，你有希望！"

老队长的话虽然给我带来了温暖，但毕竟抵挡不住现实的冷酷。我陷入了难以自拔的沮丧之中。别扭了几天之后，毕竟小队里还有许多事情要做，生产队还要种地，老百姓还要吃饭，我又投入紧张忙碌的工作之中。

没想到的是，过了几天，出人意料地又传来了好消息：我被录取到了东北师大数学系。由悲转喜的激动让我不能自已。后来得知，原来是旗（相当于县）招生办的通知发到公社之后，公社文教助理曲冠军立即向上反映，说国赫孚在公社的六个名额中排在第三，此人表现优秀，希望旗招办重新考虑。旗招办研究了公社的意见后仍然"维持原判"。曲冠军当即予以反驳，他的强硬态度促使旗招办重新研究并改签了"同意"。

其实，在那个年代，旗招办的做法代表了社会上通行的思维方式，而能够遇到敢于坚持原则的曲冠军才纯属偶然。曲冠军，我当涌泉相报的恩人，能在人生道路上遇到他是我的大幸！此前我与他素不相识。他是东北师大的高才生，一个铁骨铮铮的硬汉子，出了名的正直、义气。他虽然对我们不了解，但他通过各种可能的方式收集知青的信息。大队书记、队长、小学校长都给我说过不少好话，我们之间虽未曾谋面，但他对我已然有了深刻的印象。经历了这次上学的曲折，我更加努力地读书、工作。

从60年代初到70年代中后期，这十几年的时间，正是我们这一代人从少年、青年走向成年的时期。出身问题像阴影一样一直伴随着我，让我自惭形秽，心灵备受摧残，自信心备受打击。1978年，我听着广播小说《伤痕》，不禁潸然泪下。如今，时代变了，阳光伴随着青少年成长。作为教育者，我们永远要给学生提供健康成长的身心环境。我以自己的经历告诉老师，我们要爱护和保护学生脆弱的心灵，比如对成绩不好的学生，千万要给以鼓励而不能讽刺和挖苦。教师的一言一行都可能对学生的人生产生重要的影响，伤害学生的心灵就是犯罪！教育者，一定要善待学生。

应试教育只顾及学生和学校的眼前利益，忽视了学生长远的发展，对此我们都很清楚。但在实践中，我们又无法回避考试、升学等功利性问题，这时内心就会很纠结。

有一件事让我至今难以放下，良心总是不安。2000年我受命组建天津中学，并将外语师范学校整体并入天津中学。当时外语师范学校已经招了两届高中学生。当年入学时，学生的成绩几近招生底线，生源质量很差。2001年，第一届学生即将升入高三。经过两年的高中学习，学生两极分化严重，教师纷纷要求分成快慢班，否则课堂教学难以组织，学习成绩好的学生尤其要受到影响。对此，我陷入了两难抉择。一方面，常识告诉我，分出的慢班容易成为乱班，会给学校管理造成麻烦；另一方面，我也知道，分出快班有利于培养学习好的学生。当时学校师资缺乏，有过高三教学经历的老师更是寥寥无几，而第一届学生的高考成绩又会对新学校的声誉造成影响。如果考得一塌糊涂，不仅学生和家长不满意，而且学校也很有可能陷入生源差—高考成绩差—生源更差—高考成绩更差的恶性循环中，这将意味着新学校的将来就是一所"豪华的薄弱校"。思考再三，我想与其全军覆没，不如先保住一部分学生。于是，我同意了分快慢班。

两个月下来，原先的担心成为现实。不仅慢班课上纪律难以维持，而且为应付其课下无休止的破坏行为，学校陷入了防不胜防的焦头烂额之中。正在这时，一位慢班的学生推开了我的办公室门。他说，他十分想学习，但学不了，上课一团糟，个别教师不负责，眼看着高考一天天临近，焦急万分。他质问我，学校是否想把我们放弃？我面对的是一位渴望求知而不满现状的学生。他有着一张带着稚气的诚实的脸，目光中流露出焦急、企盼、无奈和气愤。他盼望着能考上大学，也心甘情愿为此付出努力。他找校长要求自己应该享受的学习权利，难道不对吗？诚然，他的成绩并不好，被分在了慢班，但这能够成为剥夺其学习权利的理由吗？当时我的孩子考上了国内知名的重点大学，并在读博，可以肯定将来能有一个成功和幸福的人生，而我面前的这个学生的前途会怎样呢？

我过去长期在重点中学任教，教的都是"好"学生，我从来都是问心无愧地说，我对得起学生！但是今天，面对着一个慢班学生的质问，我哑口无言。我是一个能言善辩的人，但我不能编织漂亮的谎话去欺骗单纯的学生。男儿有泪不轻弹，但那天当着一个慢班学生的面，我默默地落泪了。泪水中有无奈，也有良心的愧疚。因为，我不能再说我对得起学生。这个学生当年没能考上大学，也不知道他现在何方。今天，学校已度过了初建时的艰难时期，师资强了，生源质量不断上升，但那个慢班学生的质问仍萦绕在耳畔，他那焦急、企盼、无奈、气愤的目光，像一幅特写永远烙在了我的脑海。

前面我说到，现在我们仍然无法回避应试教育与学生发展的话题，比如，在既要对学生高考负责又要对他的一生负责的并非没有矛盾的选择中，有的时候我们也许出于无奈，但有的时候我们也并非无可作为。在做出工作决定的时候，我经常要在良心上问问自己，我对得起学生吗？善待学生，应当成为每一个教育工作者内心做事的尺度。无论什么时候，无论干什么，都要坚守良心，不能因为我们的过错而毁掉孩子的一生。

四、母亲是我"实践教育"的第一任老师

　　如今我已步入了花甲之年，但每当回想起下乡的那段时光，我依然会很动情。

　　农村5年的生活之所以能够成为我一生的精神财富，能够对我后来办学思想的形成产生重要影响，前提是我能够吃得了苦，在蹉跎的岁月里依然能保持着自强。而给我灌输了上进和吃苦精神的，则是我的母亲。

　　母亲特别会教育子女。她出身破落的书香门第，她的父亲只供男孩子读书。但母亲非常好学，舅舅放学后，就给母亲讲当天学到的知识。母亲虽然没有进过学校，但高小的文化程度绰绰有余。1957年街道扫盲，她做文化教员，我还没上小学，也跟着学了不少的字。母亲从小给我们灌输了要爱学习和上进的意识。她自己没能受到教育，便把希

1970年作者与母亲合影

望都寄托在了三个孩子身上。她为我们树立的一个榜样就是大舅。大舅是解放初被派往苏联学习的电缆专家，她经常给我们讲大舅勤奋学习的故事。在大舅的影响下，我们都很好学。我的哥哥、姐姐在"文化大革命"前都上了大学。

　　母亲的坚韧也给了我深刻的影响。1958年母亲出去工作，在一家大型国有工厂的幼儿园做洗衣工。她每天的劳动非常繁重，那时没有洗衣机，完全靠体力。她并不是一个体力强壮的妇女，工作前两年心脏病刚刚好，每天都要吃中药。但母亲是个好强的人，多重多累的活，她都能忍受。每年她都把先进工作者的奖状带回家。

　　母亲还特别能吃苦。节粮度荒那年，全国都在挨饿，我们吃过各种代食品，豆腐渣、麦麸子、山芋干、野菜，能够充饥的几乎都吃过。吃山芋干的情形至今仍历历在目。山芋干大部分都已发霉，上面布满了黑乎乎的霉斑，吃在嘴里十分苦涩。我小心翼翼地吃着，把发霉严重的部分边吃边吐出来。很快，桌子上吐了一堆发霉

的山芋干。这时，母亲什么也没说，她把我吐出来的一块块夹进嘴里。看了这一幕，我再也不往外吐了，无论多苦，都往下咽。

在节粮度荒的年代，我的粮食定量是每月 27 斤，母亲按照重体力劳动的标准是 35 斤。但一日三餐，我们全家平均用餐。母亲早晨以一小勺的玉米面熬一大锅"粥"，应付一天的高强度工作。粮食的紧缺，并未造成道德的缺失。一次买粮后她发现售货员算错了，粮本余额给我们多算了 16 斤，当即返回粮店，说："您把账算错了。"售货员一脸不快地问："怎么算错了？"母亲指出后，她脸上现出惊愕的表情。

重体力劳动加上营养的匮乏，1962 年母亲患了乳腺癌，术后每天有一斤牛奶供应。一天我煮奶时不小心牛奶沸出，损失了一半。哥哥生气地指责我干事不专心。母亲立即阻止了哥哥。母亲从不宠孩子，她知道孩子已经认识到了错误，指责是多余的。

在母亲的教育影响下，从小我就养成了吃苦耐劳和积极进取的品质。小学的六年是我最快乐的少年时期。一年级我就是班长，二年级第一批入队并担任中队长，三年级已经是大队长了，胳膊上戴着"三道杠"，学校的很多大型活动都是我主持。小干部的经历培养了我的能力和自信。1963 年小学毕业，我顺利地考入了市级重点中学天津二中。

然而，由于 1962 年重提阶级斗争，受出身的影响，初中的三年我不断地受到歧视。入学时，我是班级的学习委员，后来被调整为文艺委员和体育委员，到了初三干脆什么干部也不是了。初二发展团员时，一批批地发展了不少学生，可就是没有我的份。但我仍执着、积极地努力着，我决心要做最好的学生。那时，我一遍遍地找老师谈话，找班主任谈话，找辅导员谈话，表达我争取入团的决心。

我要用实际行动来争取进步。于是，我选择了做一切可以表明我表现好的事。

过去每个教室都放有痰盂，大家都把痰吐在痰盂里。由于吐痰时离着痰盂有一米多高，痰经常被吐在痰盂边上，刷起来很费劲。这是一个脏活，本来应该是值日生去做，但我主动承包了下来，每天坚持做，而且刷得非常干净。

不仅如此，更脏更累的活我也干过。我们上学的时候，二中学生宿舍前有一片菜地。我们的生物老师黄老师是归国华侨，当时也很要求进步。他领着学生去厕所掏大粪，然后抬到菜地沤肥。我当时是热情参与者之一，几乎每个月我都要和同学们掏一次。

到初三，我又想出了一个为同学们服务的主意，成立了一个小银行，每天让同学们把零花钱交给我，我再将它们存入银行。经过一段时间，同学们的零钱都变成了整钱，而且还增加了利息。那时，每天放学，我都要往银行跑。辛苦点倒是没啥，但我天生是一个邋遢和糊涂的人，经管小银行经常算错账，有时我发给同学钱，人家却用迷惑的眼光问我：你不是给过了吗？这样，把平时母亲给我的零花钱都搭了进去。

　　我要感谢生活，生活是公正的，你以一种方式失去的，又会以另一种方式得到补偿。下乡让我们经历了苦难，但也正是苦难的经历磨砺了我，使我与实践教育结下了不解之缘，并为后来的教育生涯储备了得心应手的教育资本。我深深地体会到：生活实践是一部人生成长不可或缺的书。

我的"实践教育观"

理性是罗盘。

——波普

一、"实践教育观"的由来

成长的经历使我始终怀有实践情结，然而，让我把这一"情结"作为教育"信念"来追求，还是在从事教育工作以后。

1976年9月我大学毕业刚分到中学，那时中学根本不上文化课，学校领导就让我领着学生到学校农场劳动。学校办农场是响应毛主席的号召、实行教育与生产劳动相结合的产物。农场有二三百亩地，种有玉米、高粱和白菜、萝卜等，每年收获的粮食蔬菜给教职员工做福利。农场离学校有30多里地，秋收时有许多农活，需要不少学生，我刚大学毕业，学校就让我带着一个班的学生进驻农场。

刚去的时候，秋粮还没有成熟，也没有多少活，学校也没有安排任何文化课程。当时我想，不能让学生一天到晚无所事事，于是我通过家长从地质队借来了测量工具，参照着大学教材给学生开了测量课，一边讲课，一边组织实习。

记得我第一次上课，给学生提了一个问题："工程兵挖山洞，为了加快工程进度，需要从山的两侧A、B两点同时开工，如何保证山洞在中间能够会合，即A、B两点能够连成一条线段？"这一问题果然引起了学生的兴趣。接着我说："我们的测量课就可以解决这样的问题。"就这样，我带着学生把学校农场的土地都测量了一遍并绘出了图。农场的地测量完了，我就又去了附近的生产队，提出无偿为他们绘制农村土地平面图，但农民并不感兴趣，于是就不了了之了。但不管怎样，通过这件事我看到了学生对知识的渴求，也体验到了一点点"做中学"的魅力。

真正形成"实践教育"信念并积极进行探索和实践，是在后来我回到天津工作以后。

（一）在耀华中学的探索，让我领略了实践教育的价值

1992年，我和爱人被调回了天津。我在耀华中学从一名普通教师做起，1995年

被提为主管德育的副校长。

1. 从"元旦活动"初步认识活动教育的价值

我曾担任过教学副校长、教育局局长等职务，但没有做过德育管理工作。于是，我一面看书学习，一面找刚毕业的学生了解对德育工作的需求。我的问题是："高中三年，给你留下印象最深刻的事情有哪些？"但没有想到，他的回答是："印象最深的是我们班的主题班会。"

耀华中学是天津市教委直属重点中学、历史名校，学生是全市择优的尖子生，每年考上清华、北大的一大批。我原想学生印象最深的一定是那些与学习有关的事情，因为学习是他们三年生活的主旋律。没有想到，学生竟然是对主题班会印象深刻。那次班会我也参加了。班级曾组织同学到社会福利院做义工。班会上学生们运用配乐散文、诗歌、小合唱等丰富多彩的形式，抒发了对孤儿的同情和怜悯之心，当场很多教师被感动得落泪。我问班会的策划和主持人："为什么喜欢这样的活动？"他说："活动自始至终都是我们学生策划和组织的，老师帮我们出主意，尊重我们，信任我们。在活动中，同学们齐心协力。班会的效果那么好，得到了大家的认可，我们都有一种成功的感觉。"

这次谈话给我留下了深刻的印象。那时我对活动教育还一无所知，但从学生那里我知道了，他们喜欢活动，尤其喜欢自己策划、自己组织的活动。我当班主任时也组织过一次班会，花费了很大精力给学生搞了一次有关人生规划和目标管理的讲座，得到了德育处领导的充分肯定，让我给全年级学生讲，对此我感到沾沾自喜。我找学生了解对讲座的意见，没想到一个学生干部说："班会应该多让学生讲，老师不应该包办代替。"当时心中掠过一丝不快，但未理解与认同。听了毕业学生的一番话，我理解了。德育工作怎么做？要多搞活动，满足学生对活动的需求。让学生参与策划、组织，成为活动的主体。这成为我德育工作的指导思想。

耀华中学当时有 80 多年办学的传统经验，高考入学率在全市名列前茅。那时在"名牌效应"和较高升学率的光环下，学校的一切都是围绕着高考转，把学生禁锢在书山题海之中，压制个性特长发展的弊端渐显，校园氛围沉闷，学生苦不堪言。我认为这一状况必须改变。

1995 年元旦前的两个月，我和德育处商量元旦活动。德育处副主任黄焕芝在组织活动方面有着丰富的经验，经商定我们拿出了一个非常详尽的计划：先组织一次

全校文艺联欢会，然后是各班联欢会，晚上 8 点以后全校师生再在操场上举行篝火舞会。我们分别召开了班主任会和体育组会进行布置。各班都在积极地筹备联欢会，体育组编排了集体舞，并利用体育课和课间时间进行集体舞的排练。看着全校都在紧锣密鼓地准备着元旦活动，我的喜悦之情油然而生。但耀华中学是一所重智育的传统老校，在筹备活动的过程中，"学生不学习了""不务正业了"的批评在校内开始蔓延。

我在校长办公会上汇报了元旦联欢会的计划后，大家发表了意见。一位副校长揣摩到校长对这些活动有顾虑，抢先发言说："老国，你组织活动的动机是好的，也有热情，但你还缺乏经验（我那时 45 岁，耀华有三位副校长都是 57 岁时提拔的，所以在耀华不少人认为我当副校长还太年轻，其实我 33 岁就已经是通辽一中的副校长了）。元旦联欢会过去耀华也搞过，但有五六年不搞了。为什么取消是有原因的。"然后又历数了元旦联欢会曾经出现过的问题。接着，他紧蹙双眉给我提了十几个问题，以示其经验丰富。比如，学生把煤气灶搬到教室里煮饺子，万一发生火灾怎么办？学生们往教室玻璃窗上乱贴乱画怎么办？学生唱你爱我、我爱你怎么办？学生跳迪斯科怎么办？晚上蜂拥去操场，过道狭窄，出现踩踏事故怎么办……

直性子是我的优点也是弱点，对于挑战性的问题我的思维异常敏捷。他的话音刚落，我便用质问的口气给予回应："我们口口声声让学生全面发展，学生们一天到晚只有学习，怎么全面发展？我们口口声声让学生喜爱学校，学校的生活只有枯燥的学习，怎么让他们喜欢？搞活动可能会出问题，但因噎废食不搞活动，才是最大的问题。我们一味地只想安全，教育的责任心哪去了？"

会场上的气氛有些凝固。德育处黄主任带着怨气说："既然不让搞就别搞了，我们纯粹是受累不讨好。何苦呢！"杨校长主管教学，他说："老国他们准备这样的活动很辛苦，别半途而废。刚才提到的问题，也要重视，要尽量避免出现事故等问题。"校长最后拍板，支持德育处元旦活动的一揽子计划，但要求详细地制订预案，尤其要防止安全事故发生。连续一个多月的筹备，我累病了，高烧 40 度，我强撑着看完全校的文艺联欢会就回家了。晚上的篝火晚会太棒了，教师们都加入了学生的队伍，伴着音乐尽情地舞动。活动不仅吸引了学生，也鼓舞了教师。生动的活动场面、学生的激情和精彩表现感染了教师，为教师的教育观念注入了新的认识。他们对我未能参加都感到十分遗憾。

　　老校长到家来看我，也对活动给予了充分的肯定。他说："我原先确实有所担心，但没想到你们搞得这么好，看来关键在人，人得有责任心。"领导、老师和学生们的肯定与支持，给我增加了无限的动力，也使我对活动教育有了新的认识。

　　后来我们在美育方面也进行了开拓，每年举办耀华中学校园文化艺术节，有文艺会演、书法绘画展览、讲演比赛等，使学生通过文学艺术形式陶冶情操，培养美感，形成高雅的审美情趣和健康向上的精神面貌。每年新生入学，学校都要组织500人四声部的大合唱。合唱训练，不仅是对学生进行美的熏陶，也是对他们进行潜移默化的团队意识培养和纪律教育。在每次学军、学农结束时，我们还会安排一场文艺联欢，让学生在思想、品质、意志得到锻炼的同时，精神境界也能得到一次升华。

　　至今我还经常想起在耀华一起搞艺术教育的几位教师，他们是德育处缪主任、黄主任、张力军老师和音乐、美术组的教师。为了准备教师节期间的艺术节，他们整个暑假都没休息。那些年，每天的补助费只有10元钱，中午还要自己下饭馆吃饭。朱大维老师是教物理的，他不仅物理课讲得棒，同时还是一位才华横溢的音乐教育大师，吹拉弹唱样样精通，如果做家教他可以有大笔的"外快"，但他每天汗流浃背地全身心地投入到500人大合唱的排练中，一天都不耽误。原先，我看大合唱指挥潇洒地挥舞指挥棒，并不知道其间的辛苦，参加排练后才有所了解。每唱一遍，朱老师都要指出哪一声部、哪一同学音调不准，他讲得最多的话是"再来一遍"。面

2003年天津中学校园文化艺术节

对 500 人，他要大声地喊，嗓子完全靠胖大海维持。有时，我们旁观者听着已经很满意了，看到学生们站累了，老师更累，我就提醒他，就到这吧，但他还是执拗地说："再来一遍。"

搞活动教育，需要有一批有专长、能吃苦，做事执着、认真的教师。其实，人们未必不知活动教育的价值，但要做，却需要不计名利地奉献。拜金主义和功利主义的泛滥，可能也是难以开展活动教育的原因之一吧。

2. 学生的课题研究让我收获了信心

1995 年 10 月，环保局的宣教处张处长来到学校，想在耀华中学开展环境保护的宣传教育。他们将提供一些资料，制作展牌，供学生参观。我与张处长商量，除此之外，环保局能否提供一些适宜学生的环保小课题，让学生通过课题研究增强环保意识。张处长对我的想法十分赞赏，答应回去立即帮助学校寻找课题。那时，还没有研究性学习的概念，我对课题的认识，源于耀华中学的俞世泰老师曾经带学生做过一次游泳池水质测试的课题。

俞老师在环保部门工作过，有着丰富的实践阅历。他到学校后不仅教物理、化学，而且对很多学科都感兴趣，知识十分丰富。更难能可贵的是，他对教育有着独到的见解，对现行教育的弊端认识极为深刻，谈起教育我们特别有共同语言。辅导学生课题研究，他不仅经验丰富，而且从骨子里透着一股热情，可以不吃晚饭和学生一直聊到九、十点钟。每年春节，他辅导过的学生都会到家里看他。他与许多学生成了忘年之交，过去谈的是课题辅导，后来与学生谈的更多的是如何学习，如何生活，如何做人。他不仅积极地在耀华中学开展社会实践活动，而且退休以后又回到天津中学，为天津中学综合实践活动课程的实施做出了重要的贡献。想干事得有人，俞世泰老师就是开展活动课程的杰出人才。

张处长也是一个干事儿的人，回去之后就与环保局积极地联系，为我们拿到了《海河污染对沿河工业经济的影响》这一科研课题。环保局与瑞典皇家科学院共同承担了《天津市海河污染治理》的科研课题，在课题论证会上，专家提议要首先对海河污染的现状进行定量描述，以此作为污染治理的前提性研究，并将此列为总课题的一个子课题。这一课题要在沿河工厂企业中进行大量的调查，虽然知识的难度不大，但工作量大，环保局的科研人员人手少，就正好把这一子课题交给了我们。那些年，干部和教师对课题研究这类活动还没有认识，我们开展这项活动并没有多少人认同，一位领导问我："难道我们耀华中学的学生以后要去搞环保?"在一些人看来,耀华学子都是高才生,应该去搞原子弹(耀华的校友中,的确就有国家的原子弹、氢弹的元勋),而对于环保之类的"雕虫小技"是不屑一顾的。但是这些并没有动摇我们的决心。

俞世泰老师找了地理教师赵建莉和化学实验员邵兰英。三位教师制订了研究计划,利用寒假组织环境小组的同学深入工厂开展调查,考察海河污染现状。从事调研活动既辛苦,又没有多少报酬。三位教师冬天与学生一起,骑着自行车到一家家企业做调查。我们的老师,完全是凭着对新教育的热衷去奉献的。目前,综合实践活动课程难以推进,其中一个重要的原因就是组织过程需要教师艰辛的奉献,随着物质生活的不断提高,随着奉献意识的削弱,综合实践活动课程的组织也越来越难。

调查阶段结束后,学生开始收集数据、查找资料,参与撰写报告、论文答辩等活动。完成的论文《海河污染对天津沿河工业经济影响的调查分析》在1996年8月举行的全国第八届青少年发明创造竞赛和科学讨论会上获得了科学论文一等奖。这是一次组织学生开展研究性学习的成功尝试,时任中国科协主席的周光召肯定了我们的论文和活动,认为它体现了青少年科技教育的方向。中央电视台还将这次活动制成了专题片,在中央一套和中央七套节目中播出。

在搞课题研究的整个过程中,同学们得到的收获不只在环境科学方面。在调研阶段,同学们多次深入沿河工业企业,接触到大量生产实践,看到许多知识在生产中应用的实例,开阔了眼界,增长了见识。例如,化学课上曾讲过"湿润氯气具有漂白作用",同学们在天津造纸厂生产车间看漂白纸浆的工艺流程时,不仅印证了书本知识,而且意识到了科学技术对于生产实践的价值。他们将目前的学习与将来的工作联系起来,从而产生了浓厚的学习兴趣和愿望。在课题研究中,同学们还遇到了许多尚未学过的知识,这些问题激发了他们的求知欲,很多同学主动查找书籍、求教专家、寻觅答案,有些同学还自学了不少大学教材和专业技术理论书籍,扩大了知识面。

这项研究课题可为市政府决策海河水污染防治工程提供参考。当同学们意识到工作意义时,他们不仅投入了极大的热情,而且激发了高度的责任感。有了这种责任感,工作就会一丝不苟。研究要处理万余个数据,同学们反复计算,生怕出差错影响了结论的科学性。他们说:"过去自己做作业,都从来没有这么认真过……因为

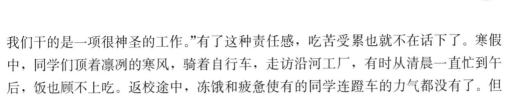

我们干的是一项很神圣的工作。"有了这种责任感，吃苦受累也就不在话下了。寒假中，同学们顶着凛冽的寒风，骑着自行车，走访沿河工厂，有时从清晨一直忙到午后，饭也顾不上吃。返校途中，冻饿和疲惫使有的同学连蹬车的力气都没有了。但是，同学们愉快地接受了各种艰难困苦的考验。

这个课题是集体攻关的项目，它不仅为培养个人爱好、发挥自身潜能、展现个性特长提供了条件，而且还是同学们的一次合作训练。合作中，谁也离不开谁，谁都得尽力做好自己的工作，同时配合好别人的工作。这为学生日后适应社会生活，与人建立良好的合作关系奠定了经验基础。

那时，还没有研究性学习的概念，我和俞世泰老师研究，给这项活动起个名，俞老师提出叫"科技实践活动"，以区别于如科技制作、科学实验等科技活动和以服务为主要内容的社会实践活动。我们认为，科技实践活动综合了科技活动和社会实践活动的优势，对培养学生运用知识解决问题的能力、创新能力、自主学习能力、学习热情、责任感等具有十分重要的意义。

我们把开展科技实践活动作为一项常态化工作来抓，耀华中学的科技活动成果频现。1997年，《海河污染对天津可持续发展的困扰》获中国第一届沿海开放城市中学生环境科学论坛一等奖；《天津城市热岛效应调查分析》等论文分获第五届全国青少年生物与环境科学优秀实践活动二等奖和第十届全国青少年创新大赛一等奖；1998年，《厄尔尼诺现象对海河水资源影响》获全国首届"GLOBE之星"奖并由学生代表在"赫尔辛基·世界GLOBE"大会上用英文宣读，得到各国科学家的赞扬。科技实践活动使学生素质普遍提高，耀华中学也被评为全国科技先进校。后来我们还兴建了科技名人馆，成立了青少年科技俱乐部，开展了与科学家"大手拉小手"的科普友谊活动。渐渐地，科技实践活动成了耀华中学的办学特色之一。

3. 坚持组织一系列社会实践活动

科技实践活动和元旦联欢活动的成功，极大地鼓舞了我，使我更加坚定了开展实践活动的信念。之后我们不断丰富德育活动的形式，扩大活动的范围，充实活动的内容。

对于学军、学农活动，市教育局有了统一的部署，但我们力求做得更有成效。比如过去学军是在学校进行队列训练，而1996年后我们联系了武警部队，让学生直接到部队驻地学军。学生在训练中接触战士，参观军营，观看战士训练，参加部队庄严的升旗仪式，感受军营氛围。回来后，学生们异口同声地说，部队生活太苦了，战士们太可爱了，他们是值得我们尊敬的人。这是在校园训练根本达不到的效果。

2000 年，我又提出组织学生开展"社会实践活动"的整体构想，并进行了初步尝试：利用假期组成了 124 个小组，请来《天津日报》记者做《如何走进社会、走进生活调查》的辅导报告，指导学生自拟调查提纲和实践计划，走进企业、学校、家庭开展社会调查。

学生在实践调查中收获颇丰。中学生适应能力调查小组参考了十几种心理学书籍，设计了 54 个问题的调查问卷，拓展了知识，培养了自学能力；大学学习生活调查小组经过调查得出了"中学生眼界不宽，为了应试，一切由家长和老师包办"的结论，引发了对自身学习的反思，提出了学生在中学阶段要着眼未来、努力自学、提高解决问题能力的建议；计算机推销小组不仅学到了计算机专业知识，而且开始涉足市场，培养了迎接生活挑战的信心和勇气；国企改革调查小组通过活动增强了社会责任感，认识到我们过去一直过着无忧无虑的生活，从来都是父母关心我们，而我们不懂得关心他人，更没有去关心社会，认为应该从现在开始对家庭、社会负起一份责任。

学生参加社会实践活动，不可避免地要接触负面的社会问题。我的看法是：让学生直面负面的社会问题。任何社会都存在有待解决的社会问题。社会就是在不断解决问题的过程中获得发展的，社会主义也是如此。我国正处在社会转型期，处在社会主义初级阶段，待解决的社会问题有很多。不要学习阿 Q，总是企图用手去摸头上的疮疤。在"无菌环境"下成长起来的孩子，难以担当建设社会主义、复兴中华民族的大任。

我主张在社会实践活动中通过"问题"来教育学生。因为道德教育，要解决的主要不是知不知的问题，而是信不信、行不行的问题。教育不能脱离生活。我们在教育中应尽可能地给学生提供真实的情境。真实的情境更能打动学生，更具说服力。教育要尽可能地创设与学生生活经验反差较大的情境，从而引发学生强烈的认知冲突，这样才能取得更好的教育效果。道德的发展过程是不断体验学习的过程。活动的教育是无言的教育，是通过主体的体验得到的。说教常常苍白无力，灌输往往无济于事。

学生脱离实际会出现很多问题，比如唱高调、说空话。在耀华中学发展学生党员时，我就感到了一种忧虑，学生的入党志愿书写得慷慨激昂，但当中有很多套话是抄来的，并不是他的心里话，更不是他自己的真实思想。一个学生讲一些他理解不了的东西，这不是好习惯。说严重一点，我们培养的“好学生”将来可能会成为一个只会搞形式主义和花架子的官僚，我们可能是在培养两面派。一个智商很高的人，又掌握了两面派的技巧，那他将来就是一个危险分子。我认为这一问题的根源就在于脱离实践。其实学生也未必想说空话，他们满腔热情，确实想要求进步，如果我们没有给他们创造联系实际、接触生活的机会，那么这种进步的愿望就可能落入空洞的窠臼。所以，我们要反思现行的教育。

1998 年，我在耀华中学组织学生开展观看《焦点访谈》的系列学习活动，开展《焦点访谈》沙龙活动，每学期出版一集优秀文章汇编。开始选择《焦点访谈》内容时，老师只找正面弘扬正气的，后来我说一定要播放揭露问题的。观看《焦点访谈》要让学生接触大量负面的社会问题，这是无法回避也没有必要回避的。我觉得，如果学生在学校不接触负面问题，到了社会再接触，那才成问题。其实，大多数学生也懂得这样的道理。有的学生说：“总让我们看负面问题，会使我们丧失对社会主义的信心。”另一个学生马上站出来说：“不对，一棵树上有一个烂苹果，不能说这棵树上的苹果都烂了。”我把这种方法叫德育中的问题教育法，目的是让学生了解社会，培养学生对现实的批判能力、道德评价能力。让学生指点江山，激扬文字，谈出他们的看法，会不会有反作用？会不会对社会主义失去信心？我认为不会，如果对社会一点也不了解，毕业以后到社会将无所适从，他们会产生严重的认知失衡：原来社会是这样的，和学校里说的不是一回事啊！这时他们会很茫然，才真的会失去信心。

我们倡导的“问题教育法”，要求教师在学生接触社会中，加强正面引导，重在培养学生道德分析评价能力。让学生们认识到，假冒伪劣、贪污腐败是丑恶的，早晚要受到法律的惩罚，锒铛入狱是必然下场。引导他们关注这些问题，是要激起他们的责任感和使命感。让学生懂得，我们今天努力学习，等我们走上了工作岗位，一是不做有损国家民族利益的丑事；二是要为国家的建设和发展尽自己的责任，解决好社会中存在的问题。我想这就是我们德育工作者的责任。我们不能看着眼下这些社会问题唉声叹气，怨天尤人。有很多问题，我们可能无力去解决，但可以培养我们的学生去解决。这些学生都是好学生，今后是堪当大任的栋梁之材，如果这些人对国家、对民族都没有什么信心，都漠不关心，那么我们的国家、我们的民族还有什么希望？事实上，你不让学生接触，他们就不知道社会问题吗？其实学生什么都知道，信息渠道丰富得很。

关键是我们要找到引导学生正确看待这些问题的方法。耀华中学搞过一系列直面社会问题的班会，教育效果就很好。如严成英老师班级的"位卑未敢忘忧国"主题班会，至今让我记忆犹新。学生利用寒假时间，收集了大量的社会问题，有环境污染问题、失学儿童问题、贪污腐败问题、豆腐渣工程问题等。班会上每揭露一个问题，学生就发表一篇评论。学生们讲得慷慨激昂，有时拍案而起，有时热泪盈眶。最后，学生们集体宣誓，要努力学习，增长才干，将来为解决社会问题尽自己的一分力量。这类班会都体现了共同的思路：揭露问题——谈自己的认识和感受——讨论辨析——与当前的学习生活结合起来谈志向。

十几年过去了，回顾当年学生们的讲演，仍然令我感到后生可畏。他们犀利的文风、鞭辟入里的分析、深刻的见地让我们对未来充满了希望。

有一个学生是这样讲的：

醒醒吧！给自己留条后路，让子孙不致痛恨他们的祖辈！说是什么"天灾"，实是"人祸"，是在作茧自缚，是在愧对我们的国家、民族。然而，为什么，为什么我们看到了这许多本不愿看到的事？为什么许多人仍执迷不悟？污染问题说深点是"愚"，工程问题说深点是"贪"，而这两条究其原因则是人口素质的问题，教育的问题。农民缺乏"要保护环境"的科技教育，干部缺乏"别人的东西不能拿""亏心的事情不能做"的道德教育。

透过这些社会问题，我们看到了教育存在的问题。边远山区的孩子常常为上不起学而发愁，导致因贫而致愚，反映的是教育的平衡问题；而一些人的贪心、自私、狭隘、见利忘义暴露的是应试教育的后果。应试教育的观念现已"深入人心"。我们看到中国孩子的聪明，看到他们的成绩，但我们更应该看到莘莘学子整日伏案疾书为的是早早考上大学，家长老师们用心良苦为的是光耀门楣、光耀学校。现在的学生，有多少还为周总理"为中华之崛起而读书"的情怀而感动！对比一些发达国家的教育，他们更看重的是培养青年人的生存能力、创造能力，更看重的是培养学生的人性和责任心。如果说我们与发达国家还有差距，那么最大的也是最根本的差距就是教育。

这名学生把社会存在的诸多问题归结于教育，这样的眼光多么令人钦佩啊！

社会在转型发展，在变革，教育面临的难题是：老办法不灵，新办法不明，这就给我们提出了一个需要探索的有价值的课题。事实证明，引导学生接触社会生活，在实践中，在认识和解决问题的过程中教育学生是一个有效的方法。让学生接触社会问题，并不像有的老师想的那样一定会产生负面影响。

4. 尝试开展校内实践活动

社会实践活动并不一定都要走出校门，学校也是个小社会。

在耀华中学，我还利用学校闭路电视系统，组织成立了学生电视台——耀华电视台。演播室向学生开放，每班办一周节目，围绕学校生活进行校内新闻报道，围绕学校热点问题组织学生论坛，还设计了班级特色介绍栏目。每期节目制作向各班招标，各班积极踊跃地报名。第一期节目制作被实验四年级一班拔得头筹。耀华实验班的全称是"超常儿童实验班"，面向全市小学招生，集中了全市智商高的学生。这一活动极大地激发了学生的热情。实验四年级一班成立了节目设计小组，设计了丰富的内容，标书四开纸写了40多页。学生对除了作业就是考试的学习生活是厌倦的，这样的学习是被动的，而电视台的活动使他们真正成为活动的主人。通过这次活动，让我对"主体性"概念有了进一步的认识和体验。

成功源于学生的自主发展。青少年对未来充满了美好的憧憬，成功人生是学生内在的需求。教育的任务就是激发需求，营造适宜学生发展的机会和环境，让学生成为学校生活的主人。校内电视台活动开展后，各班都成立了新闻、生活、文艺、科技等小组，除部分技术工作外，从采访、摄录、编辑到播出所有任务都由学生担当。文艺栏目的学生利用流行歌曲编导了一个音乐剧，批评抄袭作业现象；科技栏目的学生从网上下载了百余幅天文学图片资料，配上解说，受到师生们的欢迎；在中美贸易代表团签订关于中国加入世界贸易组织协定期间，主持新闻栏目的李彬同学为写新闻评论，翻阅了四五种报刊，阅读了几十篇文章。

政治老师曾经就这一题材给全校学生做过一次讲座。我问李彬同学对老师讲座的评价，李彬的评价是：浅。然后具体地阐述了他自己的观点，我听了之后感觉后生可畏，能够对名师的讲座品头论足，促使我们对师生关系做重新的思考和定位。

担任副校长第一次向全体教师发表就职演说时我讲道："我认为，耀华中学教师的平均素质要低于学生的平均素质。要想教好这些素质优秀的学生，教师唯有努力学习。"当时下面就有交头接耳的。会后有的老师对我说，学生既然比我们强，干脆让学生教我们吧！我讲话的原意是要强调教师读书学习，但论点并未被大家理解，论据却引起了大家的不快。这暴露了我的直率与幼稚。好在大家了解了我之后，包容了我的缺点，并未成为与大家和睦相处的障碍。

李彬的事例说明办校内电视节目的过程就是学习的过程，而且这样的学习不是别人的逼迫，而是完全出于自己的兴趣和成功的愿望，这就提高了学生的各种能力。

办校内电视节目的过程又是学生自己教育自己的过程，如在校内焦点访谈中，对食堂打饭不排队的现象进行了曝光；制作公益广告时，对有人不遵守阅览室规则的现象进行了批评。这些内容都围绕着学生身边的小事，对培养学生良好的道德行为发挥了舆论导向的作用，这不是比老师的说教要好得多吗？

通过这件事我想到，开展社会实践活动不一定都要走出校门，校内同样有着丰富的社会实践资源，充分利用这些资源同样可以达到很好的教育效果。而且学校是最贴近学生日常生活的场所，在这里学生通过活动可以更多地认识自己。

校园电视台的活动由学校电教馆组织，这给他们增加了许多工作量，刘继岚、卞国秀主任和陆清泉、常照英老师鼎力支持，毫无怨言。无论学生和老师，对待工作都是一丝不苟，有时一个镜头要反复录好几遍，夏天在密不透风的演播室录制节目，那时还没有空调，聚光灯的强光与强热让大家出了一身汗。这一活动也增进了师生间的感情。学生们给老师买来水果表示慰问，让老师很感动。他们意识到，为学生的成长真心实意地付出，就会得到学生的拥戴。

2000年开学初，正在全校同学总结汇报寒假社会实践活动成果的时候，江泽民总书记关于教育的谈话发表了，市教育局感到耀华中学的做法完全符合江总书记的指示。在全市贯彻江总书记指示的大会上，我们做了开展科技实践和社会实践活动的经验介绍。李岚清副总理来天津时听了耀华中学社会实践的汇报，给予了高度的评价。

反观我们的教育现状，一些现象不能不让我们忧虑。"上课记笔记，下课背笔记，考试考笔记，考完丢笔记"，已成为许多学生学习生活的真实写照。对于学生来说，笔记意味着课堂上学生应该学习的主要内容。然而，笔记中记述的仅是知识，这种学习加强的只是学生的记忆力，学生不会怀疑，更不会独立思考。在这样的教学过程中，教师被认为是真理的化身，口中的话句句都是真知灼见，学生不能有任何的怀疑。这种教学已变得非常"神圣"，教材神圣得如同经书，一字都不可更改，教学庄严得如同布道。长此以往，这种"神圣化"的教学就会束缚学生的思维，使学生成为记忆的机器。

更为严重的是，这种教育完全脱离了学生的生活世界，学生被禁锢在书本和教室里。我以为这是教育的最大误区。学校教育被片面地理解为课堂教学，课堂教学被片面地理解为学习教材，学习教材被片面地理解为教师讲授教材，这样的学习难道不荒谬吗？死读书、读死书，除了自己的功课，除了考分，对集体的事一概不闻不问，对社会问题毫无兴趣，这样的学生怎能为国家做出重要贡献？我们培养的人应该是忧国忧民的人，应该是怀有"国家兴亡，匹夫有责"情怀的人，这样的教育才是有价值的教育。

在耀华中学的那段工作经历，是我形成和坚定"生活实践教育"理想追求的关键时期。生活世界蕴含着极为丰富的教育资源，它是教育的根基之所在，教育需要回归生活经验，需要贯穿生活感悟，需要达成生活智慧。生活世界总是指示、启迪着学生成长的方向、样式和真谛。如果用一句话来表达我理想中的教育，那就是：不希望教科书成为学生全部的生活世界，而是要让世界成为学生的教科书。

（二）为实现教育理想来到天津中学

2000 年春天，天津市教育局要调我到天津中学当校长。天津中学是在天津市新建的华苑居住区建立的一所配套学校。此前我在耀华中学当副校长，耀华中学在社会上享有很高的声誉。在天津只要一提起南开、耀华这样名校的老师，老百姓都会肃然起敬，而提起一所普通学校的校长，他们却可能不屑一顾。去还是不去？工作变动是大事，要谨慎。我找了一些老校长和朋友征求意见，他们异口同声：不能去。他们告诉我，新学校紧邻外环线，地方偏僻，生源肯定好不了，而且办学中肯定还有师资、经费等数不清的困难，所有困难都要自己扛着。你今年已经 50 岁了，而要想办成一所名校，没有十年、二十年的工夫肯定不行。

2000 年春节的大年初三，耀华中学的朱大维老师和我一起骑自行车来到天津中

天津中学外景

学的新校址。校园还在建设之中，到处坑坑洼洼，散落着水泥、沙石、钢筋。五层的教学楼已经封顶，但还没有装楼梯扶手，我们小心翼翼地一直登上了五楼，从那可以看到学校的全貌。以前这里是一片农田，现在已经成为一大片能够容纳十万人居住的新的生活小区。居民区的楼宇在当时已经是很漂亮的住宅了。就校舍而言，当时天津还没有建示范校，天津中学的校舍在那时是最好的，学校的面积占地近70亩，8层的宿舍楼，400米跑道的操场，有体育馆、游泳池，这些设施在当时的天津没有一所学校可以比得上。

我俩爬上爬下，走遍了校园的每一个角落，从下午两点一直到天完全黑了才离开。朱大维神情严肃，以坚定的语气对我说："来吧，我知道你想干点事，耀华中学太保守，你的理想抱负很难实现。你过来，我也来，帮你办出一所好学校。"后来，朱老师没有过来，毕竟从市中心到这里上班要遇到很多困难，但在建校之初他帮忙做了许多工作。当时他的一番话说出了我心中的渴望，也给了我坚定的信心。最后我还是选择了天津中学，创办一所新学校更有挑战性，可以按照自己的思想来做一些事。在耀华中学我是在享受荣誉，而到天津中学我是去创造荣誉，创造一片我理想的教育新天地。

建校之初，我始终处在一种亢奋的工作状态中，忙得不可开交。找朋友一起设计新学校的办学方案，从市直属学校聘请了 4 位教师来校上课带徒弟，设计实验班整体改革方案，请天津师大教授康万栋帮助培训实验班教师，设计综合实践活动课方案，考察蓟县基地，下班听课，与教师谈话交流，召开学生座谈会征求意见，整顿教学秩序，制定规章制度。来校支教的一位教师说："国校长精力太充沛了，从早晨到晚上，不断地开会、听课、谈话，没有一点儿疲惫的样子，思维总是很敏捷。"当时的我，可以用"雄心勃勃"来描述，幻想着尽快地把天津中学打造成一所素质教育名校。

然而，实际工作比我预想的要困难得多。天津中学是以天津市外国语师范学校为基础转制组建的。开学不久，各种矛盾就集中暴露了出来，一些问题的出现让我措手不及。

首先，缺乏中学管理经验，教职员工状态不好。就拿 2001 年 6 月招收初中实验班组织的招生考试来说，事前对教师进行了考务工作培训，然而 8 点考试，规定 7 点监考教师到考务办公室报到，但按时来的寥寥无几，多数是 10 分钟以后到的。7 点半考生进入考场，我下去检查，发现一半以上的考场没有监考教师，一问，回答说都在办公室吃早点呢。8 点考试，要求提前 5 分钟发试卷，但有一半的考场是 8 点才发的。考试结束后，我勃然大怒，把有关的几位领导狠狠地批了一顿。当时一位领导说："国校长，您别生气，我们学校从来没有组织过这样的考试。"

其次，师资数量不足、整体水平低的问题十分突出。外语师范过去是培养小学外语教师的，每年考试都是教师自己出题，学生都能考 90 多分，毕业生由各区县教育局统一分配。因此这所学校没有竞争，老师工作也没有压力。有一位教师，竟然连续 28 节课都没有讲课，只给学生放录像。出现这样的事情，对任何一所面临升学压力的高中学校来说，都是不可思议的。学生经常向我反映教师教学的问题，甚至还发生过学生罢课的事。特别是 2003 年开学前，还有 13 名教师没有到位，急得我团团转。

最后，生源质量不高。第一届学生招的是全市最低分，第二届有一点儿提高。学生不仅成绩差，而且"问题"多，违纪事件接二连三地出现，防不胜防。虽然时间已经过去了十多年，但当时困难的场景至今还让我难以忘怀。

2001 年秋季入学后，住宿的学生有近四百人，住宿生的管理也消耗了我们很多的精力。比如，住宿生抽烟是经常发生的事情。晚上，在 8 层楼的宿舍阳台上经常有星星点点的红光在闪烁。楼上有德育处教师，楼下有观察员，那时手机还不普及，我们把校长的手机给工作人员，以便能及时传递信息，及时制止和教育吸烟的学生。宿舍区域熄灯前还好管理，熄灯后就往往难以控制。一天夜里发生的流星雨，引发了很多学生的兴趣。不知道他们从什么地方登上了宿舍楼的顶层。半夜，当流星雨出现的时候，他们兴奋地大嚷大叫。夜深人静，吵醒了熟睡着的附近居民，有人指责他们这样的行为不道德，一些学生便对居民破口大骂。那次事件发生后，"天津中学是流氓学校"的名声不胫而走。

面对全新的校舍，但有的学生把全楼男厕所隔断的门都踹出了大窟窿。更有甚者，有的学生还把蹲坑的门插上，然后将纸篓点燃，人再从里面翻越出来。旁人看着里面冒烟，但又很难进入。

接连不断的破坏现象对学校的安全与生存构成了威胁。我们在明处，破坏在暗处，气得我火冒三丈，于是我去南开区公安局请求支援。王宇局长热情地接待了我，并表示全力支持学校整顿教学秩序，承诺如有类似事件发生，可随时汇报。过了没多久，一件扔灭火器的事件发生了。

那天早上7点20分，一位教师反映一个学生从三楼把灭火器扔到了楼下。这一时间正是学生频繁地出入教学楼的时间，所幸没有砸到人。我让人马上保护好现场，并立即给王局长打了电话。不到十分钟，南开刑警队的赵队长和华苑派出所的所长一同赶到了学校。听了我的报告后，一会儿工夫，现场的脚印手印都采集完毕，立即着手采集全校男生的脚印，与现场脚印做比对。这点事对刑警队来说实在是小菜一碟。

中午德育处向全校通报了扔灭火器的事件，讲到其危害，请这位同学主动承认错误，并告知公安部门已介入调查，瞒是瞒不住的。但一直到下午5点，也没有人承认。下午6点，我和派出所的焦所长一起找"犯错嫌疑人"谈话，他一进门，便若无其事地问："你们不会怀疑是我扔的吧？"焦所长正颜厉色地告诉他："是你承认还是通过技术鉴定？别想蒙混过关！"我把这个学生叫了出去，告诉他事态的严重性，已触犯了治安管理条例，如果由公安部门处理，可能要被拘留。迫于压力，他终于承认了。原来，头天晚上他用灭火器砸开了仓库的门，第二天早上，怕灭火器成为把柄，就把它扔到了楼下。

事后，德育处给这位学生记过处分。从此以后，校内破坏的行为几乎销声匿迹。

这一事件成为学校由乱到治的转折点。事情过去多年了，现在想起来，生源差的学校出现这类破坏事情其实并不奇怪。

让我感到巨大压力的原因是天津市教委对天津中学的定位很高——市直属重点中学、首批示范校。示范什么？我在天津中学建校之初就思考要办什么样的学校，前提是确定的，一定是体现新的教育思想的学校、崇尚改革的学校。如果一味地循着传统教育的办学思路，跟在有着几十年、上百年的老校后面爬行，学校不仅不能发展，而且将有生存的危机。别人走一步，我们要走一步半。也就是说，新学校必须要实现跨越式发展，而教育创新是必然的选择。

面对定位高、起点低的现状，该怎么办？经过冷静思考，我提出了一手抓常规，一手抓改革的两条腿走路的方针。但是如何抓改革？我的脑子里一时还没有明确的答案。2000 年，我参加了在华东师大举办的国家级骨干校长研修班，学习了教育部《基础教育课程改革纲要》草案，后来又看到了"纲要解读"。我当时有种如获至宝、豁然开朗的感觉。新学校如何发展，我们苦思冥想的教育改革的思路在这里找到了答案。新课改充分体现了全面推进素质教育的要求。这也正是我们这所新学校要寻找的办学思路。

2001 年学生在蓟县做社会调查

在一系列改革措施中，我们着力最多的是开展社会实践活动，把它作为改革的突破口和切入点。

(三)第一次社会实践活动令人鼓舞

开展综合实践活动，一定要有活动基地。2001年，经过多方考察，我们最终选择了蓟县，建立了我校第一个综合实践基地，在探索综合实践活动课程的道路上迈出了坚实的第一步。

2001年10月，开学后一切工作走入正轨。我把俞世泰老师请来，商量为天津中学建立一个素质教育基地。基地的定位是：集学军、学农、社会调查、生态考察、科技活动、传统教育、互助活动、旅游等功能于一体，通过活动培养学生的多种能力。之后，当时的德育处副主任赵燕燕赴蓟县联系基地事宜。10月20日，我去蓟县考察。

为筹备第一次赴基地一周的活动，我们进行了周密的筹划。

(1)确定了七天的活动内容。安排学生在中智农场劳动三天，入户劳动、社会调查两天。中智农场是蓟县和智利合资建设的农场，引进了当时国内外先进的农业技术和品种，如以色列的滴灌节水技术、智利的优良果树品种等。农户劳动则是"面向黄土背朝天"的传统耕作方式。我们设想，让学生身临其境，在现代农业与传统农业的对比中理解什么是现代化，从而树立责任意识。

(2)安排学生参观农村学校的教室、宿舍、实验室，并让学生在农村学校教室里上晚自习。通过比较，使他们懂得珍惜自己拥有的优越条件。

(3)组织学生进行社会调查，为当地的经济发展建言献策，培养学生的社会责任感。地理、政治教师结合教材准备了学生调查提纲。

(4)建立科普橱窗，让学生收集农村致富信息提供给农民。

学生是第一次集体外出。这届学生的入学成绩在天津市几近高中录取的收底线，不但学习成绩差，而且行为散漫。为此我们制定了集合、集会等所有活动的准则。我们对学生说，天津中学是新建校，社会不了解我们，人们是通过你们的表现来认识学校的，你们就是天津中学的形象。在天津站集合出发时，学生都能遵守纪律，展现了良好的精神风貌。

从天津城区到蓟县有3个半小时的火车车程。我提议在火车上组织学生上自习。

开始有人提出，这样的要求恐怕脱离实际。学生初次集体出门，在一起很兴奋，不可能稳稳当当坐下来看书，我说咱们试一试。动员时我讲："在竞争的社会中，每个人拥有的时间都相同。谁能比别人多挤出时间学习，谁就比别人多一份才能，就能够立于不败之地。你们不比南开、耀华的学生笨，你们所差的是在非智力因素上。这次在火车上能否上好自习，对你们是一次考验。能过好这一关，高考没问题。"

第二天，在火车上老师宣布开始自习，所有的同学都拿出了课本，认真地学习。其实这一小时的学习对成绩并不重要，重要的是自制力的培养，会对学生的一生产生影响。

到达蓟县后，上午我们举行了基地揭牌仪式。天津市教委德育处、蓟县教育局和官庄镇的领导以及官庄镇中学学生都参加了揭牌仪式。仪式简短但具有教育意义。所有的发言都围绕着"实践对于学生成长的价值"这一主题。在中学教育远离社会实践的社会大背景下，这样的会议能够给师生耳目一新的感觉。我在讲话中指出希望基地不断丰富教育内容，开辟新的教育途径，创造新的教育模式，让基地成为学校推进素质教育、树立学校形象的一块试验田，成为实现我们教育理想的一面旗帜。

5月1日早上，我们开始入户。我和杜芸、王进新老师带着四个小组去联合村。这里离基地最远。联合村紧邻盘山景区，公路上奔驰着接送游客的吉普车。这些车都是淘汰的旧车或"病车"。为了多挣钱，司机开得非常快，风驰电掣。山路狭窄，弯路很多，令道上的行人胆战心惊，而我们的学生却全然没有安全意识。他们从城市来到了山区，从拘束的课堂来到了这么自由的天地，兴奋不已，四处看着风景，大声地说笑。我们三位教师精神十分紧张，一个在前，一个在后，一个在中间。我们不断地大声喊着，"车下来了！""往右靠！""站住，别动！"直到离开了公路，我们三人紧绷的神经才得到放松。然后，我们将四个小组一一送到了老乡家，这期间我整整走了两个半小时。

第一天晚饭后，我召开了组长会议，约请他们汇报入户调查的收获。一个小组抱怨说："我们去的这家只有一位老奶奶，80多岁了，问什么她都不知道。"我问："你们都问了些什么？"学生回答说："我问她，老奶奶，你们村的农业产业结构调整将如何进行？"我不禁哑然失笑。我给学生们讲了如何做调查，首先要看对象，要讲老百姓听得懂的语言。80多岁的老奶奶不可能听得懂"农业产业结构调整"这样的专业术语。其次要从生活琐事入手，先和老百姓拉近距离，再逐渐靠近调查主题。比如询问家里有几口人？几个劳力？干些什么活？一年收入多少？几个孩子？上学了吗？上几年级？等等。这些事对我来说是再简单不过的常识，但对学生来说竟然也是颇有难度的学问。

揭牌仪式后，按照计划，我们组织参观了官庄镇中学的实验室。让学生亲身感受城市与农村的差距，是这次活动的目的之一。天津中学是新建校，100平方米的宽敞空间，崭新的实验台、橱柜，按照部颁标准配备齐全的仪器，在城市的中学里是一流的。与当时的官庄镇中学相比，显然有天壤之别，学生对这样的差别心里很清楚。

第二天晚上，我们组织学生在村教室上晚自习。从晚上7点到9点，我坐在教室后边。5月中旬，学生们将参加计算机会考。教室里很安静，学生们参加了一天的劳动很疲劳，但都在认真地看书做题。这些学生平时都不是用功学习的学生，但如果我们营造了一个用功学习的环境，那么每个人都会被这一环境所感染，都会成为用功学习的孩子。下课了，我问一名学生："学得怎么样？"他很认真地回答我："学得是不错，但这样的教室是不适合上晚自习的。教室昏暗，光线不足，如果长期在这样的环境下学习，视力将受到严重的影响。"我说："农村的孩子们三年就是在这样的教室里上自习的。"学生听后无语，但我相信，他的内心一定会产生激荡。

2001年学生在农村教室上晚自习

按照计划，5月7日要进行登山比赛。开始本来打算在山下集合，全体学生同时出发，按照登山速度取个人前十名，但一名学生的"意见"改变了我的想法。在5月4日收工的途中，一名男生找我提意见，他说男生的活太重，女生的活太轻，明天应该交换，否则太不公平。

在中智农场劳动，男生的活是用镐和铁锹挖沟，沟宽50厘米，高一米。从未干过农活的学生们满头大汗，手上都打起了血泡。而女生的活是拔草，5月的草不多，比起挖沟来说，活轻松了许多。我的回答只一句话："知道吗？你是男子汉！"那位男生立即沉默了。

这番对话引起了我的深思。现在很多学生都是独生子女，在家里享受着父母的呵护，不懂得照顾别人，我们需要培养学生关心他人的意识。我突然灵机一动，应该把登山比赛作为培养学生关心同学的一个契机，于是就产生了一个想法：变个人登山比赛为小组登山比赛，由取个人名次改成取集体名次。晚上，我和班主任详细地研究了活动计划和规则。比如，以社会调查小组为单位登山，在小组里，既有男生，又有女生，既有身体强壮的，也有身体弱小的，小组同学全部上去了才记录成绩。我们又把教师做了分工，有带领裁判组先期登山的，有在途中照应的，有在最后断后的。比赛的细节也进行了精心设计。这时，基地给我送来了一份传真的文件，说是市教委电话通知一定让国校长亲自过目。我看了文件，上面清楚地写着"学校不能组织学生参加出市旅游等活动"。

看来我们组织学生登山活动的事情市教委知道了。那时，由于学生安全事故频发，教育部三令五申不能组织旅游活动。但我们组织登山活动已经与学生说了，学生们为此非常兴奋，一个个摩拳擦掌、跃跃欲试。如果我们取消这次活动，一定会让他们大失所望。几天来，学生们的表现太好了，所有的活动都让我们无可挑剔。我们不能说了不算，有负于学生。

我们所在的蓟县，没有"出市"，我们的登山不是旅游，是一次教育活动。德育处为什么没有直接给我打电话，一定是体谅我，给我留了余地。多年来，我跟德育处关系很好，我们对工作有着相同的追求。其实他们是利用这样的方式提醒我们注意安全。老师们问我，活动还照常吗？我说"当然照常"。我和老师们进一步详细研究如何确保学生安全，做到万无一失，同时我也做好了回校后挨批评的准备。

研究安全问题时，特别担心几个调皮的学生到了山上脱离集体。我提议成立一个安全监察小组，把各班的调皮学生集中起来，由教师带着做先遣队，并布置给他们在危险地带安全监察的任务。有人说："调皮的学生都被集中在一起，会让他们明显感觉是被管的。"我说："那就让学生会主席当监察小组的组长。"

这次活动组织得非常成功，没有出现任何的安全事故，监察小组功不可没。在每一"危险"地段，都能够看到他们尽职尽责、忠于职守的身影。他们当了一回干部，圆满地完成了任务，得到了一次施展才能的机会，受到了表扬和鼓励。在途中，让我高兴的是随处可以看到男同学照顾女同学，身体强壮的同学照顾身体弱小的同学。

就在我快要登上顶峰时，从基地打来的电话让我吓出了一身冷汗。基地主任十分焦急地告诉我，一名学生在山上心脏病犯了。我关上手机，立即掉头往山下跑。我知道那个犯心脏病的学生姓吴，昨晚大家特意提到过她，她患有先天性心脏病，不宜做登山这样的剧烈运动，当时已经让班主任告诉她不要参加登山活动。但我们疏忽了，班主任作为先遣队提前出发了，看着同学都走了，她自己便跟着队伍上了山。所以我一听说有人犯了心脏病，立即就想到了是她。

我心急如焚，大步流星地往下跑，不是一级一级地下，而是一次直接下两三个台阶。这样的本事在年轻的时候有过训练。峨眉山金顶到山下，130 里的山路我只用了 9 小时。那次是因为时间紧张，中午 12 点下山，晚上 9 点就到达了山脚下的宾馆。没想到那次练就的下山本领这次派上了用场。

到了半山腰，我看到吴同学坐在一块石头上，若无其事地和同学谈笑风生，我赶紧问："你怎么了？是心脏病犯了吗？"吴说："没有，我知道自己心脏不好，不敢再往上登了，就给基地打了电话。"我心中的一块石头总算是落了地。我的司机和我一起下山，我 51 岁，他比我小 20 岁，肥胖的身躯使他比我晚到了 10 分钟。我让司机护送吴同学乘坐缆车下山。在吴的身边，还有她同组的 7 位同学，其中一位嘟囔着抱怨："不是因为吴，我们早就登上去了。知道她有病，我们谁也不敢快走。"这抱怨者就是那位给我提意见要男女生交换劳动的学生。我表扬了这几名同学，他们的表现足以证明，我们将登山比赛由个人赛改成团体赛的英明。

短短的 6 天实践活动结束了，官庄镇、官庄镇中学和基地的领导还有接受入户学生的一些老乡都来为我们送行。学生的优秀表现为年轻的天津中学争得了荣誉。学生们依依不舍地登上了返程的列车。在列车上，学生们自觉地上自习。我在车上安排了各小组的汇报。每组由两名同学汇报社会调查的情况，限时 10 分钟，一共24 个小组，3 个半小时我原以为可以基本听完，但事实上连一半都没听完。学生们连珠炮式的汇报洋溢着激情。

一个调查环境问题的小组汇报了他们的调查："在80年代，官庄镇好几个村子砍掉了成片的树林，刮掉表土层，挖沙子出卖资源，当时一个个村子暴富。但现在沙子挖没了，只剩下一个个大沙坑，形成了当地局域性的沙尘暴。一刮风漫天黄沙滚滚，很多土地沙化，生态环境遭到了严重的破坏。近几年，又大量开采地下水，仅官庄镇就有70家矿泉水厂在疯狂地掠夺着地下水资源，造成了水位下降一百多米，现在农民种地都赔钱。"

在学校，我们每周都组织学生看《焦点访谈》，语文课和政治课还有学生的即兴点评，学生们看《焦点访谈》的兴趣很高，但认为《焦点访谈》的事离他们的生活很远。到农村后，他们发现许多事就在身边。这些问题激发了学生们的责任感，他们说："我们要学习如何调查，要学会观察问题、分析问题和解决问题的方法。对解决身边的问题，我们也应该尽一份责任。"这个小组汇报的结束语我至今记忆犹新，学生说："国校长，我现在明白了，我们这一代人要努力学习。社会存在的一些问题，将来要靠我们去解决。"

这次活动的成功，创造了社会实践活动的基本模式，锻炼了队伍，也积累了组织活动的宝贵经验。

(四)国外教育考察更坚定了"实践教育"的信念

我曾随天津市中小学校长赴美研修三个月，除了听讲座外，还参观了很多学校。给我留下印象最深的是美国中小学的实践教育，我们所到的每所学校都能给学生提供大量的选修课程。几乎所有的学校都有实习的工厂车间、植物园。车间基本做到车钳铣刨设施齐全，充分保证了学生职业技能实践的需要。美国的课堂教学也不是像我国的"满堂灌"，他们十分注重实践环节。我们在 Greenhills School 看到，学生学习商业课程后，可以到自主经营的一间咖啡厅实习，里面出售学生自己制作的食品。课间这里生意很是兴旺，学生忙着售货。

我们还听过一堂课，讲水质测试。上课教师说，本节课研究三个问题：什么是水质测试？为什么要进行水质测试？怎样进行水质测试？然后让学生阅读教材并上网搜集资料，然后是小组交流，并把交流的结果向全班展示。下课前，老师只是寥寥数语把大家的研究结果进行了归纳，对学生给予了充分的肯定，把赞美的语言送给学生的创新观点。下一节课，他们将安排学生到河边分组测定水质。

　　一位朋友告诉我，有一所学校完全由学生设计制造出了一辆汽车，学生开着这辆车赴非洲参加了国际汽车拉力赛。现在这个汽车制造小组正在策划设计制造一架飞机，并做了项目的分工。有研究设计的，有研究零件制造的，有研究安装的，有研究法律的，有研究管理的。我听了这个故事感觉是天方夜谭，但朋友说，他亲眼看到了展览在校园里的学生自己设计和制造的汽车。看来，杜威的教育思想仍然深刻地影响着今天的美国教育。

　　我还去过澳大利亚的一所普通高级中学参观，遇见学生在院子里测试水泥板的强度。这些水泥板都是学生自己制造的。水泥板制造是他们工程课的内容，学生们学习课本知识后先要到水泥厂参观工艺流程，然后分组自己设计制造。我还参观过欧洲的一些学校，情况大同小异。看来，发达国家早已把实践教育融入了基础教育的课程之中。反观我们的教育，有的学校就因为得了几块奥赛金牌就沾沾自喜，对基础教育脱离实践的危害性根本没有深刻而清醒的认识。

2012 年 3 月，澳大利亚学校学生在劳动技能课上
做水泥板的压力实验，这些水泥板都是学生自己设计制造的

　　为什么我们会忽视实践教育呢？我分析主要原因有两点。

　　第一，可能与我们的文化有关。中国科举考试制度形成于隋朝，有着 1300 多年的历史。科举考的是"四书五经"，这就使得中国古代的精英们很看重先贤留下的"经典"，一心只读圣贤书。其实墨子非常重视生产实践，《墨经》中就记录了春秋战国时期手工业在生产实践中创造、总结出的许多重要生产知识。墨子还强调，感性直观是认识的来源和基础，强调"亲知"。但由于他是平民小生产者利益的代表，所以他的思想和主张历来不为统治者所重视。"书中自有黄金屋，书中自有颜如玉"，也就成了被我们普遍接受的价值观。

　　第二，与我们当前存在的教育功利化有关。最明显的教育功利化表现在对高考的态度上。我认为，高考与素质教育并不是对立的，它们是一件事情的两个侧面。高考只是一种人才选拔制度，而不是育人目的。高考的确存在不尽如人意的地方，但我们现在还无法找到可以替代的方法。现在的问题在于：把本是选拔人才的高考作为对学校和教师的评价。于是高考发生了异化，由人才的选拔制度，变成了教育追逐的目标。结果学校为了声誉和生存，教师为了"面子"和"饭碗"，不得不行进在应试教育的轨道上。在这种情境下，我们如何选择？我在学校多次表明：综合实践活动高考不考，照样要搞。因为做与不做这是拷问教育者良知的事情。但是，敢于这样做的毕竟还是少数，这当然不能怪校长和教师，应该承担责任的是我们的教育制度。

　　但无论怎样，无论有多么难，我想实践教育一定要搞起来，因为它代表了先进教育的思想，是现代教育发展的趋势。

　　综上所述，我悟出这样一个道理：生命在于运动，亲戚在于走动，教育在于活动。人之初，性本"动"。婴儿从出生开始就不停地活动，并且不断地扩大活动的范围。如果限制和束缚了他们的活动，他们就要哭喊、要挣扎。一旦把他们从束缚中解放出来，他们就会格外地活跃、格外地欢乐。这种为争取活动自由的挣扎和得到活动自由的欢乐，充分说明了他们对活动自由的需求和渴望。这种本性，贯穿了人的整个一生。实践活动是影响人发展的决定性因素。目前，教育中普遍存在着忽视实践活动的倾向，无视学生对活动的内在需求，这对学生的发展极为不利。学生实践活动的缺失已成为制约学生主体性发展的突出弊端。有些学校，学生从早到晚没有任何活动，每天就是上课、考试、做作业。这样做是对心灵与肉体的摧残，而且这种摧残都是在"为学生负责"的美丽谎言下进行的。

二、我的"实践教育观"

校长不是理论家，但校长一定要结合教育实践来选择理论，创造性地践行理论，进而形成自己的办学思想和信念。

（一）"实践教育"是实现成功人生的重要路径

天津中学校训墙上写着 9 个金字："为成功的人生做准备"，这是天津中学的校训。校训墙两边分别挂着我和教师写的校训释文。校训是学校的灵魂和旗帜。"为成功的人生做准备"，融入了我对教育诸多的思考，体现了天津中学的办学理念。我曾写了对这一校训思考的文章，发表在了 2003 年第 7 期的《人民教育》上。

天津中学校训墙

时代为个人的发展提供了广阔的空间，个人的充分发展也为社会的进步与发展提供了条件与保证。教育不能不关注社会，也不能不关注人生。我认为，"为成功的人生做准备"就是这两个关注的结合点。

校训是凝聚全校师生的精神旗帜。我在校长寄语中写道："学生，为成功的人生做准备；教师，为此实现成功的人生；这，也是我的人生追求。"校训集中体现了我的教育理想和追求，而要实现这一理想和追求，必须选择好路径。"实践教育"就是重要的路径之一。

马克思主义哲学是实践哲学，与旧唯物主义的本质区别在于，马克思把实践提到了本体的地位，以"实践本体论"代替"物质本体论"。马克思主义的实践哲学从实践出发，以现实生活为根源，认为社会生活在本质上是实践的。在马克思看来，人在这个世界上之所以与动物不同，是因为人能够以积极主动的姿态认识自然、改造自然，这是人的本质力量和生存方式的根本体现。

可能有人会问，我们了解马克思主义的实践哲学对指导教育工作有用吗？有用。马克思是从"现实生活在本质上是实践"这一立场出发去认识和把握人的生存与发展的。也就是说，是把人的生存与发展置于社会生活实践中加以考察，这对我们思考教育是什么、教育为什么、教育怎么做，具有重要的指导意义。因为教育的终极目标是为了实现人的全面发展，而在马克思看来，人的发展离不开社会和实践。马克思实践哲学给教育的启示是什么？最根本的是教育必须与实践活动相结合，坚持这样的教育才能使学生不断走向成功。

(二)"实践教育"的基本理念

实践教育，可以用四个基本理念来支撑，即面向生活、知行合一、交往对话、自主发展。

1. 面向生活

传统教育的弊端之一是学习与生活隔绝。"学生"的含义是什么？就是学会生存、学会生活、学习人生，即"学习和学会过有本领、有意义、有品位、丰富多彩的生活"。这样的学习，离开了生活世界难道不是荒谬的吗？

20世纪初，杜威提出了"教育即生活"的教育思想，对"知行分离"现象给予了深刻批判。杜威的教育思想在我国曾有着广泛的影响，但是近30年来，应试教育几乎一统天下，学生整天被禁锢在学校里、课堂上、书本中。一些人对此表现得很麻木，缺少应有的反思和批判意识，甚至陷入了集体无意识；一些人明知它的危害，却又不得不被它所裹挟，处于十分尴尬又无奈的境地；还有一些人，见利忘义，推波助澜，助纣为虐，使应试教育大行其道。

　　新课程改革顺应了教育走向开放、回归生活的潮流，倡导"推进学生对自我、社会和自然之间内在联系的整体认识和体验，谋求自我、社会与自然的和谐发展"。

　　教育"回归生活世界"这一话题，自提出以来就一直存在争议，赞成者有之，质疑者也有之。这大概源于对哲学概念"生活世界"的理解。其实我们不必纠结于胡塞尔的经过"先验还原"后的生活世界，哈贝马斯的人类参与交互活动的生活世界，其他意义的生活世界。不管怎样，有一点可以肯定，那就是大家都在关心和探讨教育与生活的关系问题。我赞成一位学者所说的，"与其说论者们以'生活世界'理论来解读教育，倒不如说是'生活世界'理论唤醒了人们对教育与生活的关系的新一轮反思。既然如此，我们就没有必要执着于'生活世界'这个概念，而直接探讨教育与生活的关系"。对我们从事教育实践的人来说，我觉得更应如此。

　　我在前面说过，"教育在于活动"。而从总体上看，活动的过程中存在着三个方面的关系，即人与自然的关系、人与社会的关系和人与自我的关系。教育回归生活走向开放，就意味着教育要对至今仍严重影响我们思想和行为的"强调以教材、课堂和教师为中心"的传统的教育观进行深刻的反思与批判；教育要为学生与自然对话、与社会对话、与自我对话创设条件；教育要以开放的姿态，将丰富的生活资源转化为教育资源，让学生走进自然、走进社会、走进自我心灵，在感受、认识和探索生活的过程中，获得真知，形成对自然的伦理精神、对社会的伦理精神、对生活的审美体验，进而成为对自然、社会和自我负责的人，成为美好生活的创造者。我想，这就是教育面向生活走向开放的意蕴所在吧。

　　为什么教育必须面向生活走向开放呢？

　　首先，就是为了打通书本世界与生活世界的隔膜，使课程与学生生活成为丰富的教育资源。杜威指出："指导并不是从外部强加的，指导就是把生活过程解放出来，使它充分地实现自己。"现行的教育中，我们对生活中的教育资源挖掘得还不够，这是一片有待深入开掘的富饶土地。

　　其次，就是为了树立生活教育观，破除抽象的科学世界观，实现生活世界与科学世界的统一，科学教育与人文教育的统一，让教育回归到为了学生的成长和幸福这一本真的命题上。科学认识只是人生活实践活动中的一部分，而不是全部。教育应该是一种既教人把握物的世界的科学技术的教育，又是一种充满人文关怀精神、教人寻求和创造生命价值和生活意义，使人成为人，实现自我超越，建构自己幸福生活的教育。在现实的教育中，受唯科学主义流弊的影响，片面强调知识技能教育，使得学生的生活太枯燥、太单调、太压抑。正如学生中流传的反映自身生活状态的一句话："我们起得比鸡早，睡得比狗晚，干得比牛累。"对此，社会普遍呼吁加以改变，然而似乎又无可奈何，背后总有一只无形的手与人们的意愿相悖。我们做教育的是不是也是那只无形的手的一部分？也在违背自己意愿做着推波助澜的事？幸福的生活是人们的共同追求，也是每个学生的追求。我们之所以关注学生的生活世界，是要让学生生活得有幸福感。然而，学生要想在现实的生活中拥有幸福，似乎是一个很奢侈的想法。

2010 年学生参观杨柳青镇开发区

再次，就是为了建设以学生发展为本的学校文化，让学生在生活中完成两个基本的转化：将人类所创造的文明成果向学生个体转化，使学生个体由自然人向社会人转化，培养学生成为社会适应良好、对社会有用的人。如果离开了生活世界，这两个转化将是无法完成的。我们的教育距此要求还有较大的差距，有不少人关心更多的不是学生的发展和转化，而是考试。

开展实践教育，就要为学生开拓"生活大课堂"，开放教育时空，挖掘生活中的教育资源，提供真实的生活情境，强化知识的综合性。

最后，我想强调的是，对传统的封闭式教育和应试教育的存在，不能只是埋怨教育的外部环境，不能总是用考试、升学做挡箭牌，还是要从教育观上找原因。我们的生活教育观还远远没有树立起来，我们在教育中关注的中心还是知识教学、智育、考试，学生的情感世界、兴趣，乃至整个精神世界的活动都被边缘化了。幸福属于精神领域，整个精神世界的活动都被边缘化了，那学生的幸福在哪里？在未来吗？我们看看帕斯卡尔是怎样说的："现在永远也不是我们的目的。过去和现在都是我们的手段，唯有未来才是我们的目的。因而我们永远也没有在生活着，我们只是在希望着生活；并且既然我们永远都在准备着能够幸福，那么我们永远都不幸福也就是不可避免的了。"读读这句发人深省的话，我们不能再做把幸福的未来画成饼让学生充饥的事情了。可是到现在还是有不少教师总打着为学生升学、找好工作等名义教导学生努力学习，根本不考虑学生的自身发展需求和感受。正如有的人所说：教育可以在人的发展、社会发展甚至人的幸福的名义下进行强迫、恐吓、引诱、蒙骗。很难想象被强迫、被恐吓、被引诱、被蒙骗的人可以幸福。让人担忧的是，至今不少人根本没有意识到这一问题，没有意识到生活与实践对学生成长和幸福的价值。

2. 知行合一

知识的学习有两条基本途径：一是通过实践获取直接经验；二是通过读书等手段获取间接知识。随着人类社会的发展，人们越来越需要通过读书等手段进行间接知识的学习。因为人类积累的知识越来越丰富，不可能都通过自己的体验获得，但是并不能因此就否定实践的价值。

实践教育强调理论与实践不是二元对立的，它们统一于实践活动之中。因为理论只有服务于实践，具体化、个性化到实践活动之中，才能彰显其生命力，才能使学生对理论知识有更加深刻的认识和理解。

陶行知先生提倡"教学做合一"，认为"行是知之始，知是行之成"。他说："我们要解放小孩子的空间，让他们去接触大自然中的花草、树木、青山、绿水、日月、星辰以及大社会中之士、农、工、商等三教九流，自由地对社会发问，与万物为友，并且向中外古今三百六十行学习"。重温陶行知先生的教育思想，对我们今天的教育改革仍具有重要价值。

新中国成立以来，国家还是重视实践教育的。教育与生产劳动相结合，写进了教育方针。但实际上，我们在教育与实践相结合这条路上走得并不好，大多数时间是在两个极端之间摆动。"大跃进"时期，学校忽视知识学习的倾向就已经出现了，到了"文化大革命"的十年，基础知识的学习就完全被忽视了，有很长时间学生连课都不上了，进而导致狂热、盲目地参加生产劳动和政治运动。近30年，又片面强调书本知识的学习，片面追求升学率，忽视了社会实践。我们为什么总在两极之间摆动？原因值得深思。

现在人类已步入了信息时代，科学技术日新月异，人们用"爆炸"来形容知识增长的速度之快。我们的愿望可能是好的，为多让学生读一些书，多掌握一些知识，就把学生圈在教室中学、学、学。其实我们走入了一个误区，这种教育模式培养出的学生能适应社会吗？信息时代，人最重要的能力是学习能力、实践能力和创新能力。而这些能力的培养离不开实践。

"知识来源于实践""实践出真知"，这已经是常识，但可悲的是，人们容易犯的错误，往往是常识性的错误。生活中，学习与行动之间的界限常常是模糊的，学习的过程就是发生于一定情境中的、持续的、终身的实践活动过程。陶行知先生曾指出："中国教育一个普遍的误解是：以为用嘴讲便是教，用耳听便是学，用手干便是做。这样不仅是误解了做，也误解了学与教。我们主张教、学、做是一件事的三个方面。"我以为陶行知先生说得极对，一个学生的成长，其实就是在持续的教、学、做的活动中不断发展的过程。实践教育的基本追求就是给学生提供真实的生活情境，让学生在教师的指导下与情境展开对话；在实践活动中，学生教、学、做合一，不断经历"体验—领悟—反思—建构"的过程，不断重构自己的知识和经验。

3. 交往对话

人类已进入全球化时代，国家与国家、集体与集体、人与人之间的利益息息相关，相互的依存度也越来越高。面临生存，人们越来越不喜欢霸权，所以对话走进了我们的时代，成为时代精神，人们需要用交流、协商、合作的方式来解决和处理问题。可以说对话已成为人类重要的生存方式。对话既然已成为人们的生存方式，那么教育走向对话也就成为一种必然。

巴西当代教育家弗莱雷认为："没有了对话，就没有了交流；没有了交流，也就没有真正的教育。"对话作为一种教学方式，最早可以追溯到我国的教育先贤孔子和古希腊的苏格拉底。今天我们对教育走向对话有两个方面的理解。狭义方面，对话作为一种教学方式，它强调师生、生生间的沟通、协商、合作，强调师生与文本间的交流，体现了民主教学和建构性学习的思想，体现了对学生生命意识和主体意识的关注。广义方面，对话还包括人作为认知主体，通过实践活动对客观世界的揭示和改造。教育走向对话是对封闭式教育的否定，对灌输式教学的挑战，对教师霸权的消解，对单子式学习的质疑，这从根本上动摇了传统教育。

实践教育强调要将学生置于人与自然、人与社会、人与自我的关系之中考察和认识教育，搞好实践教育的核心就是如何处理好这些对话关系，包括教育资源和教育主题的开发、活动方式和学习方式的设计、学生体验和反思的提升指导等。

4. 自主发展

实践教育强调发挥学生的主体性。学生是实践活动的主体，我们要为学生创造有利于发挥主体作用的实践教育环境。只要从学生的需要和兴趣出发开展活动，尊重他们的主体性，关心他们所关心的问题，鼓励他们自主探究，让他们在实践的过程中发现问题、解决问题，就一定会有利于他们的成长和发展，一定会收到很好的教育效果。千万不能剥夺了学生的自主权。

人的存在是发展的存在，而发展是主动的、自主的追求和不断超越的过程。我们在实践教育中提出"自主发展"的理念，符合人的存在和发展规律。

马克思是怎样看待人的发展的？马克思关于人的发展讲得最多的是"人的全面发展"。马克思所说的"全面发展"究竟指什么呢？归纳一些学者的研究，可以分为三种：一是人类本质的发展，就是自由自觉的劳动意识及劳动能力的发展；二是人的社会本质的发展，就是社会关系的发展；三是人的个性的发展，就是人的自主性和独特性的发展。

在人的全面发展理论中，马克思非常看重"每个人的自由发展"。马克思把每个人的发展作为人类历史发展的起点、过程和目标来考察，并把每个人的自由发展作为评判社会进步与人的解放的价值尺度。他说："人们的社会历史始终只是他们个体发展的历史，而不管他们是否意识到这一点。""每个人的自由发展是一切人自由发展的条件。"他还把"自由人的联合体"作为人类社会追寻的最高目标。当然马克思是历史唯物主义者，在他看来，人的解放和自由个性的充分发展是渐进的历史过程，需要社会为其创设必要的条件。但是，并不能因此就可以完全否定当代人自由发展的可能性。现在人们虽然还没有完全摆脱被物所异化的社会基础，但已经在相当程度上摆脱了对人身的依附，已经有了自由的权利，有了自主发展的空间。另外，教育是面向未来的，因此，我们的教育必须适度超前。实际上让学生自主发展，既具有超前性，又具有现实可能性。

如果说马克思关于人的全面发展理论是从哲学层面为"自主发展"理念的确立提供了支持，那么建构主义学习理论则从学习理论的层面为"自主发展"提供了有力的支持。建构主义理论流派纷呈，虽然主张不尽相同，但也有共同之处，即认为学习者对外部世界的理解，是学习者基于自己的独特经验对外部信息进行主动的选择和加工、建构信息意义的过程。建构主义学习理论揭示了学习者学习过程的自主性，告诉我们学习不是被动接受知识传递的过程，批驳了行为主义把学习视为被动接受刺激的观点。

"自主发展"的提出，针对的是传统教育中的"驯化"现象。学生的发展应当是内在自由的拓展，给学生提供自由成长环境是教育的本质要求。知识不是通过"灌输"获得的，健康的个性不是在压抑的环境中训练而成的，能力不是在"老实听话"的要求中培养起来的。我们应当给学生提供一片自主成长的天空，指导他们用自己的眼睛去观察，用自己的头脑去思考和解决问题，用自己的意志选择自我发展的轨迹。实践活动给了学生自己观察世界的视角、自主学习并尝试解决问题的平台、发展兴趣和个性的空间。我们要让学生在"自主发展"中收获学习的快乐，收获成长。

以上四个理念贯穿于天津中学整个实践教育活动之中，后面大量的案例中处处体现了这四个基本理念，我们还将这些理念迁移到了课堂教学改革中。

(三)综合实践活动课程是"实践教育"的载体

实践教育作为一种教育思想，需要找到适宜的课程载体，以使这种思想转化为具体的、常态化的教育行为。这个载体我以为非综合实践活动课程莫属。综合实践活动课程是新课程改革的亮点，它具有综合性、开放性、实践性、经验性、活动性、生成性等特点。它基于学生的直接经验和体验，注重知识技能的综合运用，体现了生活和活动对学生发展价值的实践性课程。

为什么综合实践活动是实践教育的最佳课程载体？这里从活动的角度加以阐释。

1. 活动是人生存和发展的基本形式

马克思说："人类的特性恰恰就是自由自觉的活动""历史不过是追求着自己目的的人的活动而已"。

　　人的活动有两种基本形式：外部活动与内部活动。外部活动指主体通过感觉器官、语言和肢体直接作用于对象的实践活动，它的结果是使对象世界印上了主体的印记。内部活动，是指主体通过实践活动将对象世界内化的过程。皮亚杰指出："实际上活动的内化就是概念化，也就是把活动的格局转变为名副其实的概念。"外部活动和内部活动是相互关联不可分割的，统一于主体的社会实践活动中，规定着主体的发展方向。涂艳国曾以人的思维逻辑的发展为例，对"活动怎样规定了人的发展"做了具体深入的分析。他说："人的思维逻辑的形成和发展，与人的活动密切相关。""在皮亚杰看来，关于对象的物理知识是从主体所作用的对象中抽象（简单抽象）出来的，而逻辑数学知识则是从活动过程本身抽象（反身抽象）出来的。例如，我们摆弄卵石，可知卵石是硬的、光滑的、有色彩的，这是物理知识；如果把卵石加以不同的排列（如横排、竖排、排成圆圈），然后再从不同的顺序去数，卵石的数目是确定的，于是就得到了数学的可转换性，即卵石总数与排列顺序无关，这就是逻辑数学知识。显然，这里的知识不是从卵石本身抽象出来的，因为可转换性不是卵石的本性，而是从我们作用于卵石的行动中抽象出来的。对各种不同结构的行动或活动的

2007 年参加社会实践活动的学生冒雨登盘山

反身抽象便形成了各种不同的逻辑数学知识，当它内化积淀在主体的意识中时，便形成了主体的思维逻辑结构，主体就获得了智慧的发展。"

马克思把人的活动视为感性的社会实践，他认为"人类活动的一个方面是人们对自然的作用；另一方面是人对人的作用"。苏联教育家维果茨基、列昂节夫、达维多夫对活动理论进行了深入研究并做出了重要贡献。活动理论科学地揭示出人是怎样获得发展的，也使我们认识到，活动是人与周围世界发生关系的中介，活动规定了人的发展方向。因为人的发展是主体与客体、主体与主体相互作用。人通过实践活动，在改造客观世界的同时，也改变着主观世界，从而使自身获得了发展。

2. 活动教育是不可或缺的课程

既然活动是人的生存与发展的基本形式，那么，以育人为本质特征的教育就离不开教育活动。但教育活动又不同于人类一般的生产活动、科学研究活动和社会政治活动等，它是以课程为载体，通过有计划地组织学生与自然和社会、学生与教师、学生与学生的对话，以获得直接经验和即时信息为主，促进学生的发展这一根本目的特殊的社会活动。

将"活动"引入教育，引入课程，是现代教育的重要特征。在我国，活动教育经历了课外活动课程化的过程。人们开始是从教学论的视角来认识活动教育的，把活动教育视为课堂教学的补充，称为"课外活动""第二课堂"。后来，随着人们对活动教育的育人价值的认识越来越深入，人们逐渐转向从课程论的视角看待活动教育。1984年，《全日制城市小学教学计划（草案）》将"课外活动"改为"活动课"；1992年，《九年义务教育全日制小学、初级中学课程计划（试行）》将"活动课"改为"活动"；1994年，原国家教委下达的《贯彻执行国务院颁布的新工时制全国普通中小学今秋实行调整后的教学计划》将"活动"改为"活动类课程"；2001年，《基础教育课程改革纲要（试行）》又提出"综合实践活动课程"这一概念。

从活动教育概念演化的背后，不难看出我国教育指导思想的变化和发展，及对活动教育的越来越重视。现在人们已认识到活动是学校师生生活的构成，普遍树立起了活动课程观，把"活动教育"视为相对于"学科课程"的另一种课程形式——"活动课程"，认识到活动课程对学生的发展具有不可替代的价值。

3. 综合实践活动课程是实践教育的载体

我国新课程颁布以前的旧课程体系，课程目标设置偏重于知识与技能的学习；

课程结构单一，只有学科课程设置；学习方式片面强调接受式学习。在这样的课程体系中，实践活动找不到自己的位置。《基础教育课程改革纲要（试行）》的一大亮点是对教育课程的整体设置和结构性改革，实现了课程结构的均衡，使实践活动成为课程的一个重要部分。它不再是学科教学的附属品、课堂教学的补充。"综合实践活动课程"不再是可有可无、可做可不做的一般"活动"，而是与学科课程同等重要的一种课程形式。综合实践活动课程已上升到了国家意志的层面，是相关教育机构和中小学必须认真执行和必须承担的义不容辞的责任，这就使实践教育有了课程平台。

综合实践活动课程之所以能够成为实践教育的载体，最根本的原因还是由于其课程性质。《国家九年义务教育课程综合实践活动指导纲要》指出："综合实践活动课程是基于学生的直接经验，密切联系学生自身生活和社会生活，注重对知识技能的综合运用，体现经验和生活对学生发展价值的实践性课程。"由此我们可以看到，综合实践活动课程与学科课程有着很大的不同，综合实践活动超越了学科系统知识学习的界限，尤为重视生活中问题的解决，而非文本知识的习得；尤为重视实践体验和直接经验的积累，而非理论和间接知识的学习；尤为重视综合知识的把握和运用，而非知识的分化；尤为重视实践能力和创新能力的培养，而非单纯认知能力的提升；尤为重视学习和解决问题的过程，而非学习和问题解决的结果。这样的学习凸显了实践性学习的特征，与学科课程的实施相互补充、相得益彰。

另外，综合实践活动课程的课程领域很广，有很大的包容性。它既包括社会实践、社区服务、研究性学习、劳动与技术等指定领域，也包括学校传统活动、班团队活动、学生个人或群体的心理健康活动等非指定领域。这就给学校组织实践活动提供了广阔的空间，学校可以根据自己的情况创造性地实施综合实践活动课程，以取得最佳的实践教育效果。

（四）综合实践活动课程学习的基本特征

综合实践活动课程与学科课程有着很大的不同，因此实施该课程一定要把握好它的基本特征和规律。对于综合实践活动课程的特征，很多学者已有论述，下面我着重阐述如何把握综合实践活动课程学习的基本特征。

综合实践活动课程学习与学科课程学习的最大不同在于，由抽象的书本知识学

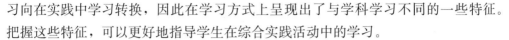

习向在实践中学习转换，因此在学习方式上呈现出了与学科学习不同的一些特征。把握这些特征，可以更好地指导学生在综合实践活动中的学习。

1. 情境中学

"情境中学"是指将学生活动置于特定的自然或社会情境之中，让学生在与自然、社会和人的互动过程中解决问题、建构知识经验、发展能力、形成健全的人格。

在真实的情境中学，是情境认知学习理论对认知主义把学习视为心理内部活动观点的挑战，认为知识是个人与社会或物理情境之间联系和互动的产物，要求把学习放到知识产生的物理或社会情境之中，要求学习者参与社会文化实践。情境认知学习理论还特别强调"基于问题的学习"，它有利于在真实的问题情境中促进学生的知识、技能与体验的连接，学习隐含于问题背后的知识，进而形成自主学习和解决问题的能力。

我们应当借鉴"基于问题"的教学模式，在综合实践活动中鼓励学生接触自然，接触社会，在自然和社会中学会独立思考，学会观察和发现问题，学会主动解决问题。知识的学习源于问题，学习的兴趣与热情源于问题，学习的过程也是解决问题的过程。学生会在解决不同情境中的问题的过程中获得新思想、新知识。在实施综合实践活动中，我们应当让学生在学习活动中体验和发现真实情境中的问题对自身成长的价值，让学生在解决问题的过程中体验成功、收获自信、发展创新精神。大量的研究表明，在特定的情境中获得的知识比仅从书本上获得的一般知识更有力、更有用。

2. 交往中学

"交往中学"是指学生在实践活动中，主动与教师、同学和其他社会成员交往，形成互识与共识，建构知识，积累经验，发展良好的个性品质，提高交往等能力的学习方式。

人类活动包含两个方面：一是人们对物的作用；二是人对人的作用。人与物之间是主体与客体之间的关系，而教育作为培养人的活动，学生在学习中必然会与教师、同学和社会其他成员发生交往互动，他们之间的关系则不应视为主体与客体之间的关系，而是主体与主体之间的关系。传统教育背离了这一理论，把师生关系视为主体与客体的关系，把教育视为单向灌输，视为学生对教师的模仿。

哈贝马斯对交往做了进一步深入研究，强调主体与主体之间是互为主体的关系，是双向互动的，强调主体间的互识与共识。

现代学习论把交往视为学习的本质特征，互动性和互惠性是交往的基本属性。在学习的过程中，学生与教师、学生与学生、学生与其他社会成员形成了学习共同体，彼此进行着人格的、信息的交流互动，相互影响、相互补充、共同成长。

3. 探索中学

"探索中学"是指学生在实践活动中，在教师的指导下，从自然、社会和自身生活中主动地发现问题，并通过形式多样的探究活动解决问题，以获取知识经验、形成能力，并使思想品德和个性特长得到发展的学习过程。研究性学习、科技小制作等都是探索中学的重要学习方式。

苏霍姆林斯基说："在人的心灵深处都有一种根深蒂固的需要，就是希望自己是发现者、研究者、探索者，而在儿童的精神世界中，这种需要特别强烈。"

布鲁纳是发现学习的倡导者，他说："我们教一门科目，并不是希望学生成为该科目的一个小型图书馆，而是要他们参与获得知识的过程。学习是一种过程，不是一种结果。"发现学习强调，要让学生理解和掌握知识的结构，从而为学生独立地学习知识搭建一个框架；要让学生理解和掌握基本的原理，从而使学生通过学习迁移达到举一反三、触类旁通的效果；要让学生掌握学习的方法和策略，从而使学生习得主动获取知识的能力。发现学习主张学生借助教师或教师提供的其他材料自己发现事物。布鲁纳提倡的发现学习对培养学生的问题意识和批判精神、引导学生主动学习、形成自由的科学探索精神和终身学习的能力具有重要的价值。

布鲁纳的发现学习是针对课堂教学中的接受式学习提出的，是课堂教学的一种方式，不能够直接用到综合实践活动课程中来，但可以迁移。综合实践活动中的探究中学要求做到：学生学习由被动变为主动，学习的内容由系统知识变为生活问题，时空由封闭变为开放，教师由主演变为导演，知识学习由重结论变为重过程。在探索中学习发现的正误答案具有同样的回馈价值。

4. 体验中学

"体验中学"是让学生参与实践活动，通过观察、操作，对自己的情感、认知、行为的内省体察和反思升华，最终形成某些知识经验、动作技能、行为习惯，形成情感、态度、价值观的过程。

美国社会学家、教育家大卫·库伯认为：体验学习包括具体经验、反思观察、抽象概念、行动应用四个环节；学习过程有两个基本结构维度，一个是领悟维度，一个是改造维度，两者缺一不可。体验学习的过程就是一个经验领悟和改造的过程。

现代活动教育理论告诉我们：学习与活动是不可分割的，外部活动与内部活动是相互转化的。因此，我们不仅要关注学生的外部活动，还要关注学生的内部活动，特别是学生的体验。体验是脑的感受状态，是带有情绪色彩的一种主观感受，体验的发生与个体在特定情境中的具体经历有关，需要整个身心的投入。体验式学习的基本心理过程是感受、体验、领悟、内化的过程。体验学习是最能彰显学生生命色彩和生命意义的学习方式。

学生是活生生的生命体，教育不应只是攀登知识的阶梯，还应成为唤醒灵魂和陶冶人格的中介，因此，要重视体验对人的教育价值。理解具有强烈的理性取向，只有在体验基础上的理解，才能使理性带有人性的光辉。人只有在教育中因体验、理解而达到感性与理性、知觉与思想的统一，并在知、情、意方面得到陶冶。

体验学习重在能创设触动学生心灵的教育情境，让学生在一定的情境中产生激动、感叹、惊羡、崇敬、欣喜、痛苦等情绪或情感，使心理活动达到一定的能量。体验学习重在当学生情绪体验活动达到一定的强度时，能及时通过各种手段，如语言点拨等，引导学生产生认知上的顿悟，让具有价值的那种情感参与认知活动，从

2006 年在蓟县调查时与学生就农家院课题进行交流

而获得有价值的认知。在学生体验学习的过程中，要关注学生感知是否充分，体验是否深切，感悟是否深刻。

5. 反思中学

"反思中学"是指学生在实践活动中对已有的知识和经验或在活动中形成的体验、经验、认识以及活动中的思维方法进行内省，以使知识经验获得提升，认知能力获得发展。

杜威是较早论述反思的人，他认为反思是"对任何信念或假定的知识形式，根据支持它的基础和它趋于达到的进一步结论而进行的积极的、坚持不懈的和仔细的考虑"。

20世纪70年代，美国心理学家弗拉维尔针对一个人如何监控和调节自己的学习过程进行了研究，提出了"元认知"概念。当代认知心理学用"元认知"代替了"反思"。元认知是个体对自己认知活动的认知。我国学者梁宁建认为，"元认知是个体对自己的心理过程、心理状态、目标任务、认知策略等多方面因素的认知，它是以认识过程和认识结果为对象，以对自身认知活动的监控和调节为外在表现的认知活动过程"。一个人的元认知能力，会随着年龄的增长和知识经验的增加，经历逐渐从无到有、从低级到高级、从不自觉到自觉发展的过程。

反思性学习强调对问题的深度思考，不满足于已形成的结论，不囿于权威的或普遍认同的看法，通过内省使个体达到明晰体验感悟、提升知识经验、提高认知水平的目的。这对一个人的成熟和发展非常重要。美国学者波斯纳提出了成长的公式："经验＋反思＝成长"，得到了广泛的认同。

情境中学、交往中学、探索中学、体验中学和反思中学，是我们在实践中对综合实践活动课程学习方式的总结和概括。每一种学习方式都可以列举出许多案例，但因篇幅所限和为了避免叙述的拖沓，在此就不再赘述了。

以上五个方面不是对实践教育理论的系统论述，而是我在探索实践教育过程中的一些思考。教育实践者在教育实践中需要"理性"的指引。不善于学习，不善于理性思考，只知"摸着石头过河"是不行的。中国为什么出不了在世界上有影响的教育家？我以为，理论与实践的脱节是重要原因之一。搞理论的，耐不住寂寞，不肯深入实际做扎实的研究；搞实践的，又不愿花费心思结合实际问题学习以寻求破解之策。这怎么能行呢？做校长的，一定要围绕实践中要解决的问题读书思考，并形成自己的教育思想，这是教育实践者走向教育自觉的基本途径。

"实践教育观"的实践

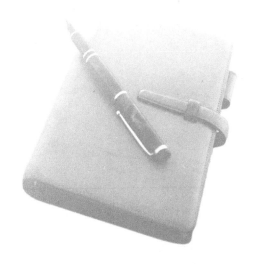

人的思维是否具有客观的真理，这并不是一个理论问题，而是一个实践的问题。

——马克思

一、综合实践活动课程化探索

2003 年以后，我提出了将综合实践活动课程化的思路。有人认为，学校的活动都有育人的价值，因此，学校的活动都是课程。这话有一定的道理，但也有把课程泛化的嫌疑。显然，综合实践活动课程离不开活动，但并非活动就一定能够成为课程。活动能够成为课程的条件是在活动中融入课程要素。综合实践活动课程化是指按课程要素，即课程的目标、内容、实施途径、学习方式、评价方式等方面对综合实践活动进行系统构建；将综合实践活动纳入课程体系规范管理，有课程实施计划，有稳定的教师队伍，有固定的课时，有健全的制度保障；按照课程计划认真组织实施，学生全员参加学习。

这一表述包含以下三方面的含义。

第一，按课程要素系统构建是课程化的本质要求。泰勒认为，开发任何课程和教学计划都必须回答四个问题：确定教育目标、选择教育经验、组织教育经验、评价教育经验。这里所论及的每个方面的问题，都是课程系统中的一个要素，而且还可以进一步分解为更为具体的要素。按课程要素系统地构建综合实践活动课程，是课程常态化实施的本质要求。

第二，纳入整个课程体系规范化管理是课程化实施的保障。贯彻落实课程计划，必须要有相应的部门组织实施，并需要各部门之间的协调配合，还需要教师共同遵守一定的行为准则，使课程的组织系统化、流程化、规范化、可控化，使每个人的权责明晰化、工作自动化。规范化管理最终要落到机制和制度层面上，建立健全管理制度，用制度保障工作能按计划整体统一开展。只有这样，综合实践活动课程的实施才能避免因"校长意志"和其他因素导致的"随意性"。

第三，保证课程计划落实、学生全员参与是课程化实施的基本要求。《基础教育课程改革纲要（试行）》（以下简称《纲要》）规定，综合实践活动是小学至高中学段设置的必修课程。所谓必修课，要保证有计划、有教师、有资源、有课时，全面落实课程计划，要保证全员参与并通过学习达到课程规定的标准。

（一）因地制宜开辟实施途径

途径是通达目标的路径，学科课程的基本途径是课堂教学。综合实践活动课程实施的途径则要根据《纲要》规定的"指定领域"和"非指定领域"，考虑学校所处的地域所能提供的教育资源来确定。我们遵循这一原则，因地制宜地开辟了四条主要途径。

1. 以校外实践基地为依托，开展社会调查和生态考察活动

天津蓟县拥有丰富的自然资源和社会资源，2001 年我校在蓟县建立了第一个综合实践活动基地，每年暑期组织高中学生进行四至五天的考察活动。考察地点包括：蓟县开发区企业、八仙山自然保护区、盘山烈士陵园、于桥水库、泅溜镇蔬菜基地以及若干村镇等。

2009 年，我们又开辟了杨柳青镇社会实践基地。考察地点包括：石家大院、杨柳青年画作坊、鑫茂工业园区、镇政府规划办、菜博园、古运河。2010 年，我们又把实践基地扩大到滨海新区，这里有更为丰富的现代企业等考察资源。在实践基地我们将社会实践和研究性学习融为一体，考察结束后，每个学生要上交调查报告。

毗邻我校的天津高新技术产业园区，是创新型科技园区，是"高新、高质、高端"产业结构示范区。高新技术产业集中体现了我国经济和科技体制改革的重要成果，展现了科学技术前沿发展的趋势。我们组织学生参观园区所属的国家造血干细胞库、鑫茂民营科技园、农科院高新技术实验基地、天津农学院实验室等现代化企业和科研单位，让学生感受到现代化高新技术的无穷魅力，促进了现代意识的提升。

组织学生开展社会调查和生态考察活动，基本的出发点就是教育必须由封闭走向开放。我想从以下两点加以说明。

一是杜威说"教育即生活"，陶行知先生说"生活即教育"。教育与生活紧密相关，教育不能脱离生活是这两位教育家所表达的共同思想。他们所指的"生活"是什么？应当是开放的教育环境。这个环境不同于一般的生活环境，按杜威的说法是"特别选择的环境"。生活是教育的基石，有着极为丰富的课程资源等待我们去开发。开发生活资源，就是选择教育环境。综合实践活动课程就是建筑于生活基石上的开放性课程。因此实施综合实践活动课程，必须突破传统教育的"三中心"，要让学生走出书本、走出课堂、走出校门，在教师的指导下，围绕人与自然、人与社会、人与自我所面临的问题和所发生的重要事件展开学习活动。

二是从生活与人的关系来阐释。卢梭说："生活得最有意义的人，并不是年岁活得最大的人，而是对生活最有感受的人。"卢梭把生活与人的生存意义、人的生命融为了一体。学生整天被封闭在书本、教室和学校里，与自然和社会隔绝，他们对生活的感受极为贫乏，精神也因之贫乏。为什么现在很多学生写不出好的作文？没有鲜活的生活，没有真实的情感，没有生命的领悟，这不值得深思吗？

教育一旦走向开放，走进生活，就会别有一番天地。

（1）走向开放，引发学生对生活的体验

【案例】蘸菜汤的故事

学生到农村做入户调查，在农民家吃饭劳动。农民的贫困生活状况触动了同学们的心灵。他们写道："我们去的这家有 4 口人，年收入只有 2000 元，孩子的学费要用去一半。除了过春节，没有吃过肉。他们给我们准备的饭菜很可口，虽然没有

2003 年社会调查时学生在农民家吃饭

肉，但有豆腐和粉条。吃饭时我们的心里很不是滋味，两个孩子站着看我们的眼神都不对。我们吃完了，他们用馒头蘸着菜汤吃得津津有味。农民很辛苦，夏天早晨4点就要下地，日子过得还这样穷，但他们却很乐观。他们说，有啥愁的，这么多人不都穷吗？"农民贫困的家境引发了学生们的同情。

[启示]农民生活与自身生活的强烈反差让学生产生了同情与怜悯。同情心对于健康人格的形成很重要。一个没有同情心的人，不会关爱别人，更不会关爱社会，就会形成以自我为中心和冷漠的心理。学会关爱是当前道德教育的基本价值追求之一，关爱精神的培养离不开情感教育，情感教育不能靠说教，要靠体验，而体验离不开一定的教育情境。

(2)走向开放，让学生的主体性获得解放

【案例】每天自发地讨论交流至深夜

在蓟县考察期间，每天的行程安排都非常紧凑，有时一整天都在走山路，加上不停地访谈、采集标本，非常辛苦。可每天晚饭后，同学们都会自发地进行小组交流、研讨。他们围坐在宿舍前的空地上，借助一盏昏暗的门灯，把一天采集到的植物及昆虫的标本摊开进行整理；有的小组汇报调查的信息和回收的问卷，负责记录的同学只能打着手电在同学的背上写字；还有的小组在讨论时气氛热烈到近乎争吵，僵持不下只好去求助老师……这种情况每天都会持续到深夜，老师们撵都撵不走，只好一遍又一遍地提醒大家："别太晚了，该回去休息了，明天还有考察任务啊！"

[启示]天津中学的办学理念之一是主体性教育。在实践活动中，学生的主体性得到了淋漓尽致的发挥。同学们这种珍惜时间、认真执着的态度令教师感动，常见的厌学现象消失得无影无踪。学生的主动精神是如何被激发起来的？是"解放"！

20世纪以来，弗莱雷提出"教育即解放"。现在我们的教育太封闭、太压抑了！学生生命中的活力长久地被抑制了。一旦让学生走出校园，走进自然和社会，自主地研究探讨问题，他们立即就像变了一个人。

（3）走向开放，培养学生的责任感和实践能力

【案例】帮助农家院走出恶性竞争

2005 年，我校对蓟县营房村的农家院旅游进行调查。盘山是国家 5A 级景区，乾隆皇帝曾有诗曰："早知有盘山，何必下江南。"营房村是进入盘山景区的最后一个村子，拥有得天独厚的旅游资源，但这里的农民没有组织起来，一盘散沙，缺乏整体的规划和建设。各家各户的农家院举着牌子聚集在村口，见到游客的汽车，便蜂拥而上。"我们家连吃带住一天五十元"，没走几步，又一家来拉客，"我们家一天连吃带住四十五元"。最后，价钱砸到了一天三十元。农户随意压价，恶性竞争，导致服务质量下降，砸了营房村的牌子。

2003 年学生在蓟县参加社会实践

2006 年，再次去当地搞社会调查，我对学生讲："我们这次去，不仅要调查问题，而且要力争帮助农民解决问题。"学生们都表示认同，李支龙同学说："我的爷爷、奶奶现在还生活在农村，我特别希望能够通过自己的研究为农民做点实事！"学生们到盘山附近的村庄调查农家院的经营情况，总结了成功的范例。如长寿村在村

党支部的带领下，全村农户入股建立了长寿村旅游服务公司，统一领导、统一规划，投资进行基础设施建设，每天标准80元，游客络绎不绝。教师带领学生经过调查研究形成了"走联合经营，办特色旅游，重人文教育，创文化品牌"的农家院联合体经营思路，提出了9点建议，先后4次走访营房村的农户，动员农民们转变观念，开拓思路，并帮助他们制作宣传网页，联系市内旅行社。以"灵芝农家院"为主的4家农家院成立了营房村第一家联合体，积极地走出去拓展业务，成立后的半个月，就有市内几家旅行社分别送来了几十人的旅行团，经济效益明显提高。后来联合体已经扩大到了十几户。听到这个好消息，同学们都感到发自内心的喜悦。

[启示]学生通过帮助农家院走联合致富道路的实践，经历了从发现问题到解决问题的全过程，初步掌握了调查的基本知识和技能，提高了分析问题和解决实际问题的能力，同时对政治课中涉及的农村的改革开放有了一些直观的了解和体验。如果学生在校学习期间能多一些这样的学习经历，他们的实践能力将会得到很大的提升，将来才能成为对社会有用的人。

（4）走向开放，促进学生的社会化

【案例】在社会调查中认识社会走向成熟

在学生进行社会调查的过程中，外在的社会问题激发了他们的责任意识，而他们在尝试解决问题的过程中，又促进了内在的社会化水平的提高。如学生史脉一在参观了××镇的村镇改造项目后，确立了"关于社会主义新农村建设的调查"课题。该镇在实施村镇改造的项目中，将传统的一家一户的平房拆掉，为村民建设了集中居住的村民小区。楼房盖得非常漂亮，与城市的小区一样，还新建了文化设施。学生们参观后都为农村的变化感到兴奋。史脉一等三位学生为了进一步做好这个课题，又在国庆节自费去了官庄镇入户调查。她们来到了村民们原来住的地方，脚踩在瓦砾堆上，鹤立于其中的几间房屋引起了她们的注意。这是人们常说的"钉子户"。走进农民家里，她们先是为有的家"家徒四壁"而震惊，然后又为村民都不愿意讲情况而感到困惑。于是她们觉得村民们一定是遇到了什么问题而感到无奈，这更坚定了她们要把问题调查清楚的决心。在她们的一再恳请下，一些人才透露了一些真相，使她们得到了许多第一手材料。一些村民对拆迁提出了许多意见，甚至表现出怨愤，如"过去住平房，家里有自留地，每天都可以在自家的菜地里采摘蔬菜，现在把自留地收回去了，吃菜要到集市上去买"；"过去自己家院里有井，吃水不花钱，电灯用自家产的沼气，现在要交水电费"等，农民的生活成本比过去要高得多，尤其对贫困家庭来说更是无法承受。更为让她们感到震惊的是强迁中的一些野蛮行为，如停水停电、半夜用刀斧砍村民家院子大门，甚至有的殴打村民。还有让她们不解的是，写信上访及一些新闻记者采访后也都没有了回音。调查结果并不像开始听到的那样美好，有的甚至"截然相反"。这让三位学生感到很吃惊，甚至有一种"被欺骗"的感觉，同时对新农村建设产生了疑问，进而感到社会"竟如此黑暗"。老师和家长听了她们的讲述后说，你们不能只听一些人的意见，也不要只看一个镇的情况，首先要全面了解情况，学会全面看问题。在老师的指导下，她们又把"社会主义新农村建设"作为一个题目，广泛地上网收集信息。后来她们发现全国有很多好的典型，像安徽、江苏等地有许多农村拆迁改造就很成功，既根本地改善了农民的居住条件，又照顾到了农民的切身利益，受到了农民由衷地欢迎。另外，她们还收集了韩国在改变传统农村方面的做法。于是，她们重新认识了这一问题："这的确是一件好事，使得几千年来农民分散居住、低水平的居住条件得到了根本解决，是一次深刻的社会革命，是符合农民的根本利益的，也是符合社会进步发展趋势的。在这一进程中，虽然个别地方的干部存在着工作做得不细，甚至发生不顾农民利益和实际困难违法暴力强迁的问题，激化了社会矛盾，影响了政府形象，但不能以偏概全。"后来她们按照给基层政府出主意提建议的思路撰写了研究报告。事后，三个同学与校长谈道："这件事使我们看到了我们的思想还不够成熟，对问题的认识时常会发生偏颇。说一个人好，就一点缺点也没有；说一个人不好，就无可救药。这次课题研究使我们意识到了自己观察认识问题的不足，懂得了看问题要一分为二。"

[启示]教育是使学生不断社会化的过程。学校必须让学生直面社会生活，学生只有在社会实践活动中才能学习社会规范与社会价值体系，进行社会经验的积累和自身的调适，将来才能很好地适应社会。在这个过程中，个体与社会相互发生着作用，个体有被动的一面，环境总是无条件地作用于个体，个人是无法超越的。从这点上说，社会负面问题的影响是避不开的，如不能适时让他们接触并加以引导，将来他们就会感到困惑、迷茫、悲观。但是，人的社会化也有主动的一面，即个体对

外部环境信息能进行主动的鉴别、选择和内化。如果我们教育引导得好，学生的社会化就会按照我们预期的方向发展。史脉一等三位同学搞社会调查的过程，可以说是学校积极引导学生主动社会化的很好的案例。她们在经历了由"参观后都为农村的变化感到兴奋"，到感到"竟如此黑暗""被欺骗"，再到"这的确是一件好事""今后再看问题，懂得了要一分为二"的转变过程，逐步走向了成熟。

2. 以学生家长工作单位为基地，开展岗位体验和社会观察活动

学生家长从事着不同的职业，工作单位千差万别，但所有的单位都是社会的一个细胞，深入其中，可以从一个侧面了解社会。每年寒暑假，德育处张裕东老师和初中的年级组组长、班主任就会组织学生以个人或小组的形式到自己父母的单位进行岗位体验和社会观察活动。如果条件允许，还会组织学生到其他同学家长单位进行轮换体验观察，不断地扩大他们接触社会的视野。结束岗位体验观察后，要求每位同学写出心得收获。

每年的成果交流会，学生们不仅交流共享着彼此的体会，同时对社会问题"品头论足"。尽管受年龄的局限，某些观点还显得稚嫩，但关注社会的意识却注入了学生的心灵。这项活动学校投入的管理成本很少，教育的收效却很大。学生不但体验了家长工作的艰辛，了解了父母职业的劳动价值，增加了对家长的理解，改善了与父母的关系，而且还从家长单位这一视角接触并观察了社会，增强了对社会的了解和认识。

为了指导学生做好社会体验和观察，明确体验什么、观察什么，我们还编制了《岗位体验和观察提纲》，要求学生了解的内容包括：父母从事什么工作？具体做些什么？如何做？做好这些工作有哪些要求？这项工作的社会意义是什么？所在单位的历史、现状与发展情况怎样？所在单位从业人员的状况如何？对单位的发展建议等。同时还要求学生特别要省察在整个活动中自己内心的真实体验是什么，明确在认识上有哪些变化和提高。《岗位体验和观察提纲》还拟出了 20 个行业的具体体验观察指南，共计 199 个体验、观察点。指导教师在指导的过程中还可以结合学生要去的具体单位，做进一步的指导。

下面是我对到花卉店做岗位观察体验列出的建议提纲。

(1)花卉店的筹办经过，包括筹办时间、经历了哪些困难等。

(2)经营情况,包括客流量、营业额、利润、淡季与旺季的经营差异及应对策略。

(3)每天的主要工作有哪些?

(4)服务水平如何?接待顾客要注意什么?

(5)花卉市场在国民经济中的地位与作用是什么?

(6)对发展花卉产业的建议有哪些?

(7)花卉市场调查:

①花卉市场的规模(营业面积、设施、摊位)

②营业额(随机抽样、估算)

③客流量(人、车、分段统计、估算)

④曹庄花卉市场的历史

⑤估计每年给国家提供的税额

⑥解决就业情况

⑦花卉产业链(种植基地、种植户、流通)

⑧随机对顾客的访谈(平时与节日家庭花卉支出)

⑨顾客的社会阶层分析

⑩花卉市场趋势分析

体验是一种带有独特情绪色彩的主观心理感受,是在外部环境刺激下整个身心的投入,因此它影响的不只是人的某个特定的心理要素,而是全部人格因素。岗位体验观察活动就是通过在真实情境中的角色体验和感悟来达到一定教育目标的活动。

(1)体验,能使学生产生"同理心",进而增进对他人的理解

【案例】到母亲单位实践会计岗位,懂得了感恩

杨杨同学在母亲单位进行了会计岗位的体验,汇报时她含着泪水说:"现在,我终于知道为什么父母的白发会一天天增多,为什么妈妈闲暇时总是在按摩手腕、做眼睛保健操,为什么父母在我不认真学习时那么生气。妈妈每天早晨6点起床做早点,工作了一天回家后还要洗衣做饭,我却衣来伸手、饭来张口,吃完饭嘴一抹,就悠闲地去看电视了,而妈妈却毫无怨言地在厨房里收拾桌子。我从来没擦过一张

桌子、没扫过一下地、没收拾过一副碗筷……妈妈给予我的是宽容和爱，而我只会为自己着想。现在想想，我是一个自私的孩子。从此，我变得懂事了，变得不再惹妈妈生气、不再与她顶嘴了；变得会主动学习、主动干家务了；变得会关心、孝顺父母了……爸爸妈妈都说我像变了个人似的。"

[启示]学生在想问题、处理与他人的关系时往往是只站在自己的角度，以自己为中心，很少换位思考。其实人心是相通的，在心理学中有个概念叫"同理心"，一旦学生学会了换位思考，就会产生"同理心"。案例中的杨杨，是如何由一个不知体恤父母的"自私的孩子"变成"会关心、孝顺父母"的？就是因为她体验了母亲工作的艰辛。

岗位体验：学生在商店售肉

(2)体验，能使学生产生心理认同，从而改变态度和思想

【案例1】镀零件，意识到了责任

学生赵玉冰的母亲在一家小作坊给外资企业镀零件，40平方米的工作间拥挤狭

窄，空气中弥漫着刺鼻的味道，一些阿姨围坐在一起忙得抬不起头。她写道："我学着大人的样子把镀好的钩架浸到药水里，一股白烟冒上来，熏得我半天喘不过气，恶心得想吐。我了解到这些零件是为美国来料加工的，如果做得不精细就会被要求返工。可加工这种零件是有毒有害的呀！我心中很不是滋味。美国人害怕环境污染，害怕伤害身体，就运到中国来，美国人是人，中国人就不是人呀？还不是因为中国是发展中国家，有的是廉价劳动力。我们国家与世界强国相比还是有很大差距的，如何缩小差距呢？同学们，发奋学习，认真实践，努力吧！我们有责任让伟大的祖国富强昌盛，屹立于世界之巅，让我们的明天更美好！"

【案例2】橡胶厂实践，培养主人翁意识

学生在橡胶厂进行了岗位体验后，在报告中这样写道："在浓重的橡胶味包围中结束了一天的工作，走出车间，我贪婪地呼吸着新鲜的空气，实践中我发现了一个很严重的问题——工人们工作的车间里空气质量很差，橡胶产生的气味对人们的健康造成了危害。橡胶厂每天排出的废气中含有高浓度的'苯'，'苯'是世界公认的强致癌物，如果长年在人体内积累，会诱使呼吸系统干细胞变异，也就是变成癌细胞，容易引发肺癌和白血病。体验后，我给厂里提出了建议：①操作车间多安装几个排风扇，让空气加快流通；②在车间里养一些富贵竹、芦荟来净化空气或放一些樟脑中和车间气味。"

[启示]这两个案例启示我们，学生接触了社会存在的问题，有了亲身体验后，才引发了思想、情感、观念的变化。没有经过体验获得的认识，是没有情感色彩的，是无法被内心所认同的，更无法形成态度和信念。教育有时无须语言教诲，只需让学生在相应的情境体验中直观自明。如何有效地培养责任感？第一，让学生直接面向社会问题，了解社会；第二，让学生在参与的过程中，也就是在"做"的过程中发生积极改变，因为他们在参与的过程中就会有主人翁的意识；第三，在实践中经过体验而生成的责任感会积淀为人生态度，能持久地影响他的一生。

（3）体验，能帮助学生认识现实，在现实的基点上找到通往理想的途径

【案例】做服务员，感悟到理想需要现实的根基

暑假时正热播电视剧《聚宝盆》，从那时起我找到了自己的理想——当一名企业

家，等赚到足够的钱我要办一所学校，让有困难的孩子上学；我要建一所老人院，让那些因儿女不孝而流落街头的老人有一个温暖的家安享晚年……也许是因为那部电视剧中的主人公每次都能逢凶化吉，而我只看到了"吉"没看到"凶"，所以我便对这个美梦充满了幻想。爸妈对我的想法不是很认同，每当我说起，他们总是说："当企业家很累的，你一个女孩子怎么受得了？"而我从来对这些话都不入耳，依旧很坚定，心想："有什么了不起的，电视里的主人公能够成功，我为什么就不能呢？哼！"

寒假到了，我准备到餐馆当服务员来完成我的实践作业。第一天妈妈说："你帮忙做一下卫生吧。"不就是拖地吗，我还以为多难呢！可没拖两下我居然累得上气不接下气，因为饭店的地上净是油点子和污渍。妈妈看到了，笑着对我说："平时在家里总不干活，现在不行了吧。"客人来了，现在我唯一可选择的活就是端盘子。虽然上下楼得跑，但还没觉得累，妈妈问我："跑了这么半天累了吧？"我边上楼边念叨："我不累、不累、不累、不累……"此时的我恨不得让所有人都知道我不是温室里的花朵。一晃到了晚上8点，客人越来越少，而我也跑不动了，不管三七二十一趴在桌子上睡了起来，可刚进入了梦乡，却又被妈妈摇醒叫我继续端菜。我迷迷糊糊地不像刚来时跑得那么快了，这时看到服务员正端三个盘子上楼，此时的我不得不低下高昂的头——看来我真的不行。晚上9点多了，我终于可以补偿一下我咕噜咕噜叫个不停的肚子了，这是我第一次在饭店吃伙食饭，菜或许不怎么样，但我却第一次吃得那么香。晚上我躺在床上，全身酸痛极了，也许是因为太累我很快就睡着了。哎，这就是我的第一天！和我想象的截然不同，社会生活根本没那么潇洒。如果让我选择，我宁愿自己坐在课堂背诵我以前讨厌的ABCD，计算让我头疼的物理题。

第二天，妈妈很早就把我叫了起来，去饭店的路上我不停地打着哈欠，心想：今天要做的事一定比昨天多。吃过早饭，妈妈给我端来了一大盆鱼，要我将鱼的内脏都掏出来。"天啊，我还是做别的吧，太恐怖了，我做不了。再说多脏啊，我又不会做……"我找出了一堆理由不做这件事，可被妈妈的一句话说得无话可讲："你不是要体验生活吗？这个也不难，我来教你。"说着将一条鱼塞进了我手里，我皱着眉头将手放进了鱼肚子，哎呀，都是血。我的手无力地在鱼肚子里掏，往外揪。手被冻得冰凉，似乎已经没了知觉。我想停下不做，妈妈却不许，我只好皱着眉头继续干下去。接着是剥麻蛤，这也不是个好干的事，虽然不像鱼那么冰冷，但剥多了弄得手痒极了，而且越抓越痒。哎，这双手不知造了什么孽，居然这么倒霉。中午依旧端菜，这次是被一碗面汤难住了，装汤的大瓷碗本来就很重再加上面汤，分量可真不轻，端着汤还没走出厨房手就已经被汤烫到了。还不止这些，我差点将没加工完的鱼端上了餐桌，多亏服务员叫住了我，不然就要出乱子了。

　　干了几天，我犯的错误是一件接着一件。这还是在自家的饭店里，大家比较照顾我，要是真的到其他饭馆去打工，妈妈说不到两小时我肯定就被轰出来了。现在我承认大人们的生活不好过，想当一名企业家更没那么简单。假如我长大后像现在这样去工作我肯定做不来，我受不了苦，受不了委屈，低不下头。

学生在幼儿园进行岗位体验

　　我的那个梦很难很难，离现在的我很远很远。我不得不承认过去有些想法是想入非非。梦和现实生活之间有着一条湍急的河流，我就一直生活在梦想这头。今天，我躲在父母的羽翼下到现实那头看了看，那边的确很艰难。但这次体验使我也从吃苦中得到了人生的一点启迪，尝到了一点战胜自我的喜悦。于是我决定自己找一条小船去现实那头，将途中的暗礁当作我的老师，相信数年以后经过不断磨炼、不懈追求，我定有能力在河流的那端开拓属于自己的天地，终会有一天成功到达彼岸。

[启示]学生的脑海中总是充满了瑰丽的梦想。现实与理想的矛盾在学生的成长过程中是普遍存在的。如何缩小理想与现实之间的差距？接触实践，通过体验感悟让他们认识理想与现实的差距，并在现实的基点上找到通往理想的途径，这有益于他们踏踏实实、一步一个脚印地去学习和生活，在面对挫折和困难时，能够理智、坚强地应对。

（4）体验，能激发学生的创造潜能，促进学生发展

【案例】她提出的设计方案为公司创造了效益

我们在社会体验观察提纲中有一项要求：为所在单位提出合理化建议。学生都很认真地去做。

王月婷到母亲单位鞋体装饰岗位体验生活，通过观察体验，发现穿鞋带流程存在耗时和成本高的问题。于是她反复研究提出了自己的设计方案，经过试验，按现有定额，完成一天的工作量，每个工人能节省 2 小时 10 分钟。此方法已被该公司采纳。

学生在学校电视台制作节目

这样的例子也有很多。再来看一名在天津肿瘤医院进行岗位体验的学生写的建

议："通过这一天的社会实践活动，我发现，医护人员在配药、测量病人的血压等时，都需要不停地记录这些信息，这样无疑增加了工作人员的负担。所以，我的建议是在配药室、病房中每位病人的身旁设立电子档案袋。这种机器与监测仪相连，病人的每一次血压等数据都会记录在这里，并在配药室的药品上标上条形码，这样在每次配药时，只需输入条形码和毫升数，这些数据再通过电子档案袋汇总到每位病人的总档案上，并全院联网。"

[启示]这两个案例告诉我们，学生具有很大的创造潜能。实践中产生或发现的问题是引发探索创造欲望的直接诱因；创造能力就是在创造实践活动中逐渐发展起来的；把学生完全圈在课堂和书本中，会导致学生创造能力的弱化。我还想强调，我们不仅要关注学生创造的外部过程和结果，更要关注学生创造的内心体验。一次小小的创造，会引发学生成功的愉悦感、自信心、自我价值感等强烈的内心体验，同时也会从中深刻地体悟到知识与实践相结合的巨大价值，从而促使他们产生进一步探究创造的兴趣和欲望。随着这种体验的不断积累，学生就会发展形成创造型人格。

下面我们节选了一位学生家长写给学校的信中的一段话，这段话从另一个视角认识了岗位体验和社会实践活动的价值。

学校组织的主题社会实践活动非常有意义，我在市农业科学院园艺工程研究所工作，孩子体验后对我所从事的工作有了重新的认识，他说："爸，原来你们搞农业科研那么辛苦，我真没想到！"我知道这是他发自肺腑之言。他通过这次主题实践活动，也表现出对蔬菜科研及蔬菜生长过程的极大兴趣，初步了解了蔬菜从科研育种到推广，从播种到生长再到收获，到最后上餐桌的过程，重新领会了谁知盘中餐，粒粒皆辛苦的深刻含义。从那以后，他头脑中也增加了许多个为什么，这些问题等待着他去研究、去探索。总之，通过社会实践活动，我感觉他增长了知识，开阔了视野，增强了责任感。

3. 以学生社团为平台，开展丰富多彩的自主实践活动

学校有 30 个学生社团，涉及文学、艺术、科技、媒体、体育、心理健康等多个领域。参加社团的学生占全校学生的 68％。学生社团由兴趣爱好相同的学生自愿组

成，每个社团自己制定活动章程和管理制度，据此自主开展活动。每周安排两课时活动时间，这是学生最快乐的时光。社团成员都尽力张扬个性、展示才能、互相学习、共同创造并分享成果。各社团创作出的优秀的成果，活跃了学校的文化生活。模联社、动漫社等十个社团被市教委、团委评为优秀社团。社团主办的校园电视台、《天人校刊》获得过全国优秀奖。

　　社团活动初期遇到过阻力，因为活动场地紧张，我要求一些处室提供场地，但遭到了抵制。理由是学生进了诸如实验室这样的场所，教学设施可能会被破坏。他们振振有词地说："社团活动就是玩，教学设施是为教学服务的，不是为玩服务的。"一些教师认为社团活动会影响学业，以各种理由剥夺学生活动的权利。应试教育背景下这种现象可能带有一定的普遍性。我们怎样做教育？我以为，教育最基本的任务是要给学生的学习与成长创设和提供优化的教育生态环境。

　　肖远骑在《我理解的教育》一文里写到，他在美国访问时遇到这样一件事："在一所学校见到两位学生在打架，美国教师没有像中国教师那样去制止或调解，而是在远处冷眼旁观。惊问其故，美国的教师坦然说：'我旁观的目的有二，一是防止出现二打一或多打少的以多欺少的不公平现象；二是防止他们之间有伤害性事故的发生。打架是孩子间平常的事，其中一定有什么缘故，让孩子自己解决，或赢或输，这些都是孩子将来生活中必须面对的现实，这也是一种竞争。'"看了这则见闻，我们对美国教师的具体行为妥当与否暂且不去管，我以为其行为背后隐含的教育理念是值得深思的。中国的教育文化特别强调"严"的一面，主张"严师出高徒""教不严父之过"。这与西方主张的给学生一个民主、宽松、自由的教育环境完全不同。反观我们的教育，教师总是企图把学生管住，有时还不自觉地充当"警察"的角色，从时间到空间把学生控制得死死的。近些年来，为了防止学生出事，本来应该开展的活动也被取消了。学生在校就是听课、考试、做作业，而且时间越来越长，这是教育生态被恶化。

　　"教育生态环境"是受"自然生态环境"研究的启发提出的，是一种生动而深刻的教育主张。自然生态被破坏，影响的是人类生存的环境；教育生态被破坏，影响的是人的发展本身。"教育生态观"警示我们，做教育不能像人类对待自然生态环境一样，走先破坏后治理之路。这个代价我们付不起！生态环境治理对学校教育的启示是：教育要尊重育人规律，尊重学生个性和需求的多样性，要保持师生间、生生间、课程与学生需求间、学生与校园环境间等关系的和谐，否则会严重影响师生发展。

教育生态环境建设工作是一个系统工程，开展好学校社团活动，是学校生态环境建设中的重要内容。

（1）构建良好的教育生态，要尊重学生、尊重规律

【案例】学生偏爱而教师不屑的动漫社团

动漫社团集文学创作、戏剧表演、绘画等活动于一体，是学生最喜爱、最时尚的社团。2004年的艺术节，动漫社选送的节目在审查时被取消了。我当时也是评委，看着打扮成各种角色、穿着类似于童话的服装的学生，在舞台上走来走去，做着各种散漫的动作和造型，实在是看不出一点艺术的意味。我们几个教师毫无异议地把这个节目"枪毙"了。事后，动漫社的社长多次找到德育处的老师，要求给他们表演的机会。教师在给学生解释时犯了一个低级的错误，他对学生说："街舞社的节目也被取消了，他们认为你们的节目还不如他们，如果你们的节目通过了，他们也不答应。"学生马上就去找街舞社的同学。街舞社不仅否认了老师的说法，而且表达了对动漫社的支持。然后学生找到了我，说明了老师在说谎。我和德育处的老师们与动漫社的负责人进行了座谈，学生们侃侃而谈，诉说着对动漫的爱好。他们说："我们是看动漫长大的，动漫不仅给我们带来了无限的快乐，而且让我们学到了许多知识，动漫故事中还蕴含着许多人生哲理和道德教育。"学生们给我举出了许多例子，相当于对我进行了启蒙。使我对他们非常羡慕，在童年和少年时代，他们能够拥有丰富的像动漫这样的知识启蒙的条件，而我们那个时代没有。这次座谈我还了解到许多信息，如为了这次演出，他们自己集资购买布料，自己设计制作服装，自己编剧本，排练也都是利用休息时间。另外，动漫社还是学校最大的一个社团，拥有100多名成员，很有影响力和凝聚力。为了避免因参加活动而影响学习，学校对参加社团的学生有成绩限制，动漫社就安排给成绩差的学生补课。听了这些，我被感动了。什么是教育？学生所做的这一切，难道不是教育吗？我当场决定给他们演出的机会。果然，节目一登场，就引来了一片雷鸣般的掌声。

［启示］"成人世界"与"儿童世界"有着很大的差异，我们常犯的错误是：用成人的目光看学生。不是以平等的姿态对待学生，不是耐心地倾听，不给学生申辩的机会，总是把自己的意志强加给学生。我们总以为自己比学生懂得多，实则不然，有

2006 年艺术节演出结束后与动漫社学生合影

时我们不如学生。如果当时听不进学生的意见，不关注他们的感受，坚持不让他们演出展示，那会是什么结果？被打消的仅仅是一次演出的热情吗？尊重学生的选择，尽可能地满足学生的需要，这是构建良好教育生态的前提。

（2）构建良好的教育生态，让学生扮演积极的角色

【案例】散漫的于安琪变了

于安琪同学成绩不好且表现散漫，但他酷爱羽毛球运动，不仅球技精湛，而且对运动规则、发展历史、各项赛事了如指掌。他担任羽毛球社团社长后，实行了会员制管理，组织训练，开展比赛，工作井井有条，荣获了校级"最佳社团"。为此，他激动地说："我的工作是出色的，我不比任何人差，我感受到了老师的信任，同学的肯定，体现了自身价值，我的心情非常好，因为我为同学、为社团付出了自己的劳动。"话音落下，在场的同学送给了他一阵热烈的掌声。让我们欣慰的是，这位同学对自己要求严格了，像是变了一个人。一次在与老师发生的冲突中受了委屈，但他大度地原谅了老师，检讨了自己应承担的责任。他说："因为我是社团的负责人，我不能那样做的。"我们看到了社团对学生的行为起到了积极的约束作用。

[启示]转化后进生是常令教育工作者头痛的问题。方法有很多，这里仅从角色的角度来谈。生活中每个人都在扮演角色，如一个人身上的缺点，在朋友面前并不

掩饰，但在子女面前就会注意，因为要为子女做榜样。这是什么？是角色对人的约束作用。社会对每个角色有特定的期待。人们总是力求依照社会的期盼规范着自己的行为。一个学生如果被贴上了"坏学生"的标签，那他就会真的按照"坏孩子"的样子去做。教育中我们应该善于运用"角色"改变学生的行为，充分发挥角色的积极作用，是构建良好教育生态的法宝。

【案例】有了担子就有了责任

2007届毕业生武大愈，在校期间担任过学生会社团部部长。他和副部长范海明一起熬夜至凌晨4点半，制定出了《天津中学社团章程》，激动得后半夜也未睡。他创办了天津中学学生编辑室、学生广播室，为办报纸、做广播节目，多次找校长谈话、协商，争取活动必要的场地和设备。经常看到他动员学生参加社团工作。他在任期间，学生社团由8个发展到20个。"扶上马还要送一程"，高三卸任后，社团部会议、学生会会议、社团展示周汇报演出，还都能看见他的身影。干部改选时，他给老师发了信息："社团部要有个能掌舵的人，要求：责任心、领导能力、办事能力。我已经考察了几位同学，如张良、邵晶、姜伟，我感觉他们可以胜任，但不知谁更合适。为了社团的发展，仅提出建议供您参考。"从他身上看到的是责任心和使命感。

[启示]责任感如何培养？这一案例启示我们，要给学生的肩上压担子，有句俗话："不在其位，不谋其政。"社团的"头"是学生自己选的，在成人看来，这样的"头"不值一提，但学生却十分看重和珍惜。担任了"头"，就要千方百计地把活动开展好，倾注大量心血、牺牲休息时间也毫无怨言。他们感受到了肩上担子的分量，并由此产生了做好工作的压力感，同时也收获了自信心、自豪感、成就感，并受到了尊重，因而学会了负责。责任心作为人的一种内心信念，是担起社会角色责任的内动力，是一个社会人必须具有的基本素质。社团活动给了普通学生承担更多责任的机会，从而形成了良好的教育生态。

（4）构建良好的教育生态，给学生一片自主成长的天空

【案例】让校长意外的金奖

宋诗侬从小学习钢琴，在天津市文艺展演比赛中获得个人项目第一名。在校期

间她担任文艺部部长，热心组织文艺社团活动，后来考入了武汉大学。学习之余，她发起组织了学生合唱团并担任钢琴伴奏。他们取得了参加全国大学生合唱比赛的资格。她投入了极大的热情，不仅组织大家积极排练，而且组织同学自费购置服装、自费往返及吃住。比赛中他们获得了金奖。宋诗侬抱着奖杯敲开了校长办公室的门，汇报了参赛的经过。校长感到十分意外，没有想到完全是学生自发组织的活动却给学校赢得了荣誉。校长给学生报销了一切费用，并购买了新钢琴，安排了排练场地，大力支持合唱团的活动。

[启示]这则案例中，宋诗侬给我们最深刻的印象是她身上表现出来的自主性。这一人格特征的形成，是主体充分自主活动的结果。蒙台梭利指出：儿童在发展中得到的自由越多，他们达到较高形态和获得经验的速度也就越快、越完满。社团活动的最大价值就是给了学生一片自主成长的天空，使自主性得到了淋漓尽致的发展。

（5）构建良好的教育生态，应满足学生个性和需求的多元化

【案例】对话剧痴迷的张腾

2011年社团活动汇报演出，话剧社团的节目被安排在了最后一个，社长张腾做了一个开场白：

"高一时，我加入了话剧社，获得过话剧的小奖，我觉得演话剧还真挺好玩的。高二时，我担任了话剧社社长，组织高一同学的话剧比赛、专场演出，处理话剧社的一切烦琐事务，整天忙得不可开交。由于我的成绩直线下滑，老师强迫我退出话剧社。不知为什么，我回到自己的位子上时，我哭了，哭得稀里哗啦！那时我才明白，原来我已经疯狂地爱上了话剧社。同学们纷纷求情，老师答应我，只要学习成绩能进入年级前列就让我继续演话剧。可是我当时是处在中下水平，为了我心爱的话剧，我疯狂地学习，把用在话剧社的劲儿全都放在了学习上。期末，我竟然考了个文科年级第二，以前想都不敢想。"

"我再告诉大家一个心愿，在一次和电视社社长刘佳宁的聊天中，我萌生了拍电影的想法，我要拍摄出天津中学的第一部电影《青春少年样样红》，我将邀请我的同学和老师们共同演出。"

"最后我想说，在话剧社的时光是我17年以来最快乐的时光！加入话剧社，我

真的非常开心！"

在讲这段开场白时，他抑扬顿挫、充满激情，说到动情时潸然泪下。台下的观众也起立鼓掌，气氛感人至深。一位年轻的老师在微博上写下了自己的感触："我被学生的激情深深地感动了，这是我工作近十年来都没有过的。"

张腾同学平时不苟言笑，说话时甚至有点结巴，人们说他大智若愚，是一个"天才"的话剧演员。后来他用了将近 9 个月的时间拍摄完成了处女作《青春少年样样红》，在学校报告厅放映。在拍摄的过程中，他还自学了编辑、剪接、录音、合成等后期制作的相关专业技术，最后在家长的帮助下刻制成 DVD 光盘。光盘在电影公映现场售出了 110 张，新年联欢会上又售出了 100 张，连自己留的最后一张也被同学抢走了。除去成本，盈利部分全部捐给了希望工程。

［启迪］多元智能理论告诉我们：人的智能结构是多元的，每个人的智能结构和优势智能也不尽相同，切忌用单一的学科考试成绩来评价学生。就这个案例来说，假若没有"话剧社"，"平时不苟言笑，说话时甚至有点结巴"的张腾的表演"天才"会不会被埋没了？教育必须根据学生个性和需求的多元化，实现教育内容、途径和方式的多样化，构建不让天才被埋没的教育生态环境。

2007 年"模联"社团参加北京大学模拟联合国大会

（6）构建良好的教育生态，应坚持"教育要面向世界"

【案例】"模联"让他们有了世界眼光和多方面的发展

模拟联合国发源于美国，已经有 50 多年的历史。2005 年，北京大学举行了中学生模拟联合国大会，它是培养外交官和学生领袖的摇篮，它引导学生关注世界大事，倡导学生用世界的观点探讨问题。如讨论关于全球气候变暖、环境污染、消除贫困、传染病暴发预警和应对资源开发中的多边合作、灾后难民等世界性的议题。活动中学生们扮演各个国家的外交官，亲身经历阐述观点、政策辩论、投票表决、做出决议等联合国大会的运作方式。

2007 年，在第三届北京大学全国中学生模拟联合国大会上，天津中学武岳从 400 多名选手中脱颖而出，获得"最佳代表奖"。主席团的评价是："自从一开始你就赢得了主席团的注意，我们欣见这样的代表出现，稳重而有主见，才富而慎重，思人之所未思，及人之所未及，知识清晰，扮演仔细，逻辑推理环环相扣。"

2011 年 2 月，周飞谷同学在美国宾夕法尼亚大学模拟联合国大会上表现突出，作为中国学生代表接受了美国媒体的采访并受到好评。

透过荣誉，我们不难发现学生们所付出的艰苦。如在代表赞比亚外交官的模拟活动中，同学们走访了南开大学、天津大学等高校的非洲留学生；到各大图书馆搜集资料；到北京拜访了赞比亚驻华使馆齐克万达参赞，受到了热情接待。后来参赞一行还专程从北京来到天津中学，向即将代表赞比亚外交官的学生代表赠送了赞比亚国旗、国徽，并详细地介绍了赞比亚国家情况。模联开会的当天，参赞偕夫人应邀与我们一起参加了首届模联大会。天津中学为此获得了杰出贡献奖。

被清华大学录取的钮晨琳说："模拟联合国让我有了世界观点。我在模联讨论过的'环境综合治理'问题恰恰是清华大学招生面试时的考题之一，我马上就想到这不只是一个国家的事情，需要考虑到世界各国之间的合作。是模拟联合国活动让我学到了很多课内学不到的知识。"模联社团成员中已经有孟博、陈烨、卢一、钮晨琳、祝莹莹、方茂欢、胡孝楠等同学考入了北京大学和清华大学。

[启示]时代需要有眼光的人。"教育要面向世界"，显示了邓小平的高瞻远瞩。"世界眼光"不只是视野的开阔，更是现代人应具备的思维品质。中国已成为世界有影响的大国，在国际上扮演着越来越重要的角色。构建良好的教育生态，应为培养有"世界眼光"的人提供保障。

(7)构建良好的教育生态，应着眼于学生健康人格的培养

【案例】航模活动促进了学生人格的健康发展

天津中学从建校初就组建了学生航模社团。航模涉及的知识有航空发展史、空气动力学、飞行原理、航模电动机等，体现了数理化知识的综合运用。活动还突出了动手能力的培养，制作模型飞机，要认识模型飞机的三视图、绘制工作图；要运用数学计算；要通过精细的坐标绘制出机翼翼型的曲线图；还要掌握木工、钳工、电工、电子等工艺制作、材料应用以及美工设计技能。除此之外，更重要的是活动促进了学生人格的健康发展。

下面是学生和家长的感悟：

——航模活动不但没有耽误孩子的学习，反而还起到了促进作用，成绩由"落后"跃为了"先进"。孩子在大赛前三个月胳膊骨折了，他仍坚持参加，在奔跑中牵引模型飞行训练，并参加了天津市青少年航空模型锦标赛，获得了好成绩。这使孩子的意志得到了很好的锻炼，培养了竞争意识。航空模型活动对孩子的学习和身心发展都有着非常有益的影响。

——我的女儿本来是一个追星族，对那些"星"呀、"腕"呀等人物特别崇拜，她自从参加了航模活动，对"星"的理解发生了质的变化。有一次女儿问我："笑星大腕是谁？"我毫不迟疑地说："赵本山呀！"她又问："中国科学院院长是谁？""这——我还真不知道。""路甬祥呀！"女儿骄傲地接着说："路院长在中学时代也爱好航空模型，跟我一样，也是牵引模型滑翔机运动员。"现在我的女儿头脑里都是科学家，我国著名的飞机设计师程不时、顾诵芬、朱宝鎏的事迹她都很了解。女儿牢牢记住了航模王老师讲的话："祖国的繁荣富强依靠的是科学技术。"

——比赛过后，我也曾抱怨自己运气差，每天早晨到校坚持刻苦训练，在平时训练成绩总是占优势，可在比赛中成绩竟不如比我下功夫少的同学。但冷静下来，回忆起在比赛前，做飞机、修飞机、调飞机的过程中得到的锻炼，回忆起和

航模社团活动

队友们相互帮助、共同进步的那份喜悦，哪一点不比名次珍贵呢？有时我们面对机会没能把握，但在争取机会的过程中都能享受其中的失败与成功、辛酸与喜悦，不亦乐乎！

　　[启示]航模活动有利于学生多方面的发展，在此只谈谈对人格发展的价值。这些年来，青少年沉迷于网络游戏、离家出走、自杀，以及杀人、强奸等事件频发。此外还有一些大学毕业的学子"宅"在家里"啃老"，我们不禁要问：我们的孩子怎么了？这种现状致使心理咨询火了起来。这当然是必要的，但也只算是治标的一种办法，解决不了根本问题。中国的传统医学讲"大医治未病"，是治本之道。要培养健康人格，离不开丰富多彩的文化、科技、体育等活动。下面摘录的学生的博文，再一次证明构建良好的教育生态的重要性。

　　研一结束了，虽然还有两年的学习时光，可还是隐隐约约地觉得自己的学生时代快结束了。细细想来，不同的学校带给我不同的改变，有热爱，有厌烦。

幼儿园和小学的时候年纪太小，记忆中的日子总是洒满阳光的，简单、快乐、无忧无虑。

　　初中魔鬼似的学习让生活异常简单，虽然它可以让我有很好的成绩，但却找不到自己的热爱。学习成绩说明一切的应试教育或许可以带来名校、升学率高等一系列外在的"好"名声，可是那样的日子对于我来说并不快乐，或者说除了成绩，我不知道生活中还有什么可言。

　　高中选择了"天津中学"，各种各样的活动让我开始变得开朗。在很多人心中高中生涯应该枯燥乏味，可是我却感受到了一种不一样的生活。高中毕业5年了，我们这一群人工作、出国、继续求学，表现得都很优秀。我们约定每年至少聚会一次，看老师。"天津中学"永远是我们集合的地方。

4. 以学校"生态园"为平台，开展生物科技实践活动

　　2008年，天津中学在校园内开辟了4000平方米的生态园，规划出小动物饲养区、农作物种植区、果树种植区、食用菌栽培区、组培室、智能温室等功能区。学生在生态园研究遗传杂交实验、无性繁殖；观察动物行为，研究动物生长规律；进行无土栽培种植；研究蘑菇、灵芝等大型真菌栽培技术……

学校生态园一角

生态园有一口集水井，通过地下集雨管道收集了全校雨水。集水井联通节水灌溉设施和沼气池。家禽家畜的粪便、作物秸秆、栽培食用菌废弃的培养基是沼气池的原料；沼气池产生的沼渣通过集水井中的雨水形成肥水灌地，使生态园物质循环利用，发挥生态示范功能。生态园还建有气象观测站和地震测试区（国家地震局无偿提供观测仪器）。气象小组每天采集分析气象资料；地震小组的学生将观测数据上传至国家地震监测中心进行地震趋势分析。

为了培养学生的问题意识，各功能区分别设立有问题板。如：

早春时节，切断带芽的柳枝，很容易插枝成活。"有心栽花花不发，无意插柳柳成荫"，插枝为什么选带芽枝条？为什么在早春时节？"春色满园关不住，一枝红杏出墙来"的原因是什么？植物向光性的内因、外因各是什么？

植物叶片用新鲜空气、足够的阳光和水，能制造出糖来，这是什么原理？学校生态园中的大田作物种类因年份不同而更换（轮作），这与作物根系对矿物质元素吸收有什么关系？

梅花鹿的体细胞是66条染色体，其精子、卵细胞的染色体是多少条？是何种细胞分裂？有什么重要意义？生态园中的梅花鹿、家兔、家禽等隔笼相望，究竟谁与谁的亲缘更近，怎样探究它们之间的亲缘关系？

我们聘请了天津市农科院、农学院、气象局和地震局的专家指导学生实验研究；让学生参观专家的研究基地，了解专家的科研项目。生物教师要带学生小组做研究，他们编写了《生态园实践指导》，以案例的形式指导学生选题、立题。参加活动的学生每学期要完成一项课题研究。在生态园，学生动脑、动手、动口，真正成为学习的主人。

陈树杰先生认为，有效的学习只有两种最基本的方式，即继承性学习和实践性学习。继承性学习是学生学习的重要方式，因为人类文化是人类社会在历史长河中不断积淀逐渐丰富起来的，谁都不可能事事亲历亲知。但是，我们不能因此而忽略了实践性学习，因为继承性学习也有其明显的弊端：学习内容脱离生活情境，学习方式以接受式为主，必然影响学生主体性的发展、探究欲望和学习热情的激发及实践和创新能力的培养。实践性学习是在真实的生活情境中，以问题为中心的学习，它的基本学习方式有两种：操作式学习和研究性学习。它有助于学生了解生活，获得直接经验，提高解决实际问题的能力，加深对间接知识的理解，激发学习热情。人的成长过程不能忽视任何一种学习方式，这两种学习方式相辅相成，优势互补，都有存在价值，一旦失衡就会给人才培养带来无法弥补的损失。

生态园的建立，是两种学习方式沟通、融合的一种尝试。在此采撷几个活动案例，来描述两种学习方式融合以后给学生带来的变化。

(1)生态园的实践研究活动强化了学生对问题的关注

【案例1】"瓜被砍了还能长"引起了他们的研究兴趣

2009年年初，《每日新报》上的一则新闻引起了高二生物小组学生的注意："在武清区大量种植了一种新品种的植物——砍瓜。"砍瓜具有很强的生命力，当它的果实被砍除部分后，余下的会继续生长。同学们看了新闻都很兴奋，于是买来种子种植，了解砍瓜的生长习性。同学们又通过查阅资料，终于弄清楚了原来是砍瓜中含有大量的植物愈合素，能促进伤口愈合，从而使伤口不易被细菌感染，而能继续生长。

【案例2】观察身边的生命现象

2012年寒假，我们在初中尝试"观察家庭中的生命现象"征文活动，要求学生以写观察日记的形式写出科学小论文。初一、初二年级全体学生参加了这一活动，有的学生观察研究花卉开花传粉，有的观测大蒜幼苗的生长，有的研究家庭宠物的习性，有的研究冬季阳台种植番茄、苦瓜等蔬菜。一份份稚嫩而又精准的观察记录，一幅幅真实的植物生长照片，让我们欣慰地看到了学生对问题观察的细致入微及发现问题的敏锐视角。

[启示]教育必须培养学生关注问题的意识，无论是学科教学还是实践活动。但学科教学毕竟是以接受知识结论为主，教学问题一般都是教材和教师预设的，所谓的解决问题其实就是沿着教师的思路寻求答案，无法实现学生自己发现问题、探究问题、建构知识经验。

在生态园活动中，我们尽力去除束缚，解放学生的头脑，让学生用自己的眼睛去看事物、发现问题，用自己的脑子想问题，用自己的方法解决问题。在这里，教师是很难剥夺学生观察、思考和探究问题的权利的，因为这是一个开放的学习空间，教师不再有话语霸权。那么是不是说系统的学科知识学习就没用了？不是的。解决问题的过程是离不开书本知识的。所以，我们要坚持继承性学习和实践性学习的融合，发挥其互补功能。

农科院专家(左一)、周增辉老师(左二)和学生在温室

(2)生态园的实践研究活动，激发了学生强烈的探究欲望和学习热情

【案例】在课题研究中他们充满了热情

"不同波长LED灯对五彩椒缩短生长周期及高产的影响"研究项目原本是农科院的研究项目，因为比较简单，就交给了我校学生。下面是教师写的学生进行这个课题研究的活动手记：

利用活动课时间，我们开始播种、育苗，设计对照实验和记录表格，一直到最后的定植，我们做得井然有序。在实验过程中，平均两天记录一次数据，假期时分成小组轮流进行观察记录。小组同学中有外地的同学回家之后，还委托本市的学生仔细照料植物的生长。经过20多天，植物的生长出现了明显的差异，蓝光照射下的植物明显高于红光下生长的植物，且都明显高于自然光下的植物。学生看到这种现象后都非常高兴，欢呼不已，仿佛取得了巨大的成功。但这是否可以说明结论并结束实验了呢？又继续实验，结果又过了 10 多天，一个现象出现了，红光下生长的植物出现了很多的害虫，而蓝光下的与自然光下的植物就没有，而且红光下的植物容易倒伏，其他组的就没有这个问题。这又是为什么呢？一系列的问题向生物小组的同学发起了挑战。

　　[启示]学习本应焕发着生命的活力，绽放着生命的激情，这种场景在课堂上并不多见，但在综合实践活动中却表现得淋漓尽致。究其原因：第一，人有与生俱来的探究欲，总是企图解决心中的困惑；第二，要解决的问题是自己选定的，是自己感兴趣的，学习行为是可以自己调控的，相信自己的努力会使问题得到解决，因而充分满足了学生主体性的需求；第三，问题是从生活中来的，这样的知识是有用的。

　　（3）生态园的实践研究活动架起了理性知识和感性知识的桥梁

【案例】亲历孟德尔实验，他们对遗传知识有了深刻把握

　　生态园的实践活动并没有让学生脱离课本，而是使课本知识实践化。学生在学习孟德尔的遗传规律后，对实验过程充满了好奇与疑惑，总想利用学校生态园的便利条件，亲自体验遗传规律的研究过程。在与农学院专家的交流中我们获悉"津优 8 号黄瓜"产生了一种黄色叶色突变体。这个突变体性状遗传方式是怎样的呢？是细胞核遗传还是细胞质遗传呢？一系列的问题激起了同学探求的欲望，于是学生开展了"津优 8 号黄瓜叶色突变体遗传机制的探究"的课题研究。

　　课题研究之始，学生仅知道可以利用孟德尔的遗传规律来解决，但是如何开展探究，利用什么方法，如何操作，并没有明确的思路，他们一遍遍地看书，还是感到课本学习到的理论知识很难在实践中应用。面对困境，教师与同学一起分析讨论，首先运用课本中学到的"假说—演绎法"并明确通过观察性状作为突破点。接下来，教师引导学生讨论第二个问题：确定突变体基因是细胞核基因还是细胞质基因？学生根据已学的知识，经过引导和讨论，独立设计出了初步的实验思路：正交、反交，同时做出了相应的假设：若以黄色为父本，绿色为母本，进行正交实验，再以绿色为父本，黄色为母本，进行反交实验，若正交、反交结果一致，则说明该性状为细胞核遗传，若子代性状总与母本一致，则为细胞质遗传。

　　进入实验实施阶段，在育苗、定植、水肥管理等方面，对生物小组的同学来说已不是问题，他们面临最大的问题是人工授粉。这一操作虽然在课本中有简单的介绍，但还是难住了同学们。为此，老师专门请来了正在农学院学习的研究生相助，她也是我校的毕业生，在师姐详尽的讲解与操作演示中，学生们领悟到真知是从实践中来的。当挥动的毛笔将一团团花粉涂抹在雌花的柱头上，当一朵朵雌花用细线捆扎起来时，同学们都兴奋不已，看到自己的劳动成果，每个人都有了成为科研工作者的冲动。经过半个多月耐心的等待，学生获得了子一代的种子，将种子种下，观察植株子叶的性状，学生惊喜地发现子叶都是绿色的，说明假设成立，黄色叶色为隐性性状。同时正交、反交两组的实验结果一致，说明突变体性状是细胞核遗传。

面对经过辛勤努力得到的研究成果，学生们感叹"原来孟德尔的实验我们也可以做，终于对孟德尔定律大彻大悟了"！

[启示]在传统的课堂上，学生课本知识的学习是"黑板上种田，书本里插秧"，对知识的理解是抽象的，往往以科学家、教师的认知替代了自己的建构。而亲历实验，使学习变成了主动的意义建构。

案例表明，学生知道孟德尔遗传定律的结论，但并不掌握结论的产生过程。按照布卢姆教育目标分类学分析，知道孟德尔的结论只属于认知的记忆层次，是六级分类中的第一级，而完整地设计实验，验证孟德尔的结论，其中的学习行为几乎涵盖了六级分类中的每一级水平，难度陡然增加。学生亲历了孟德尔的探究历程，这种密切结合书本知识的探究性学习，就像是一座桥梁，将接受式学习与发现式学习拧在一起，既发挥了接受式学习系统、高效地传承知识的优势，又让学生体验到了发现的快乐，提高了实践能力，增强了生活中追寻真理的热情。学生们感到也能像科学家一样做研究，提高了研究的自信心。

陈树杰先生在《综合实践活动课程引论》一书中提出了儿童"认知双螺旋"模式："人们通过继承性学习，了解前人的优秀文化成果，掌握人类既有的人文和科学的系统知识；又通过探索、发现等实践性学习，掌握相关技能、方法等经验性知识。两种学习方式，都是人们不可或缺的认知途径，两者的综合作用，既积累了'可以用概念、命题、公式、图形等加以表达的'显性知识，又掌握了大量没有系统性的'无法用语言说出或进行传达的'缄默知识，二者的共同作用最终形成了每个人独具特色的认知风格和知识网络……无论是继承性的系统学习，还是经验性的实践学习，其知识形成和发展的过程都是螺旋式的，将二者结合起来，不妨模仿人类'基因双螺旋'的称谓，将其称为'个体认知形成和发展的双螺旋结构'（简称认知双螺旋）。"

在这个案例中，学生"认知双螺旋"的认知方式体现得很充分。学生学习掌握的孟德尔的遗传规律，既有来自课堂中的"接受"，又有来自亲历的观察实验。这样习得的知识更为丰富、活化而深刻。

（4）生态园的实践研究活动，帮助学生掌握了科学方法

【案例 1】在鹿茸、鹿血对小鼠抗疲劳作用的实验研究中获得研究方法

在鹿茸、鹿血对小鼠抗疲劳作用的实验中，贾晓普同学在老师的指导下，尝试进行实验设计，不断思考并追问：能否得出服用鹿茸、鹿血有抗疲劳作用的研究结论？

——对照，怎样得知服用鹿茸好还是服用鹿血好？

——对比，实验动物分几组？

——各组的饲料分别是什么？

——控制喂养饲料这一个变量，怎样减少误差？

——平行重复，等等

最后设计出对比实验："实验前一周，选用健康、发育良好的同种同周龄同体重小鼠120只，随机分成4大组，每大组设3小组，每小组10只，分笼饲养。饲喂量相同，其他培养条件均相同，此周内小鼠的身体状况良好。一周后进行实验。"

小鼠抗疲劳作用对照实验表

组别	实验前一周起每天每只小鼠饲喂物
对照组 3 个小组	普通饲料、水
鹿茸组 3 个小组	添加 80mg 鹿茸的普通饲料、水
鹿血组 3 个小组	添加 80mg 鹿血的普通饲料、水
鹿茸鹿血组 3 小组	添加 80mg 鹿茸＋80mg 鹿血的普通饲料、水

通过检验小鼠游泳应激后血液的生化指标，他证实了服普通饲料中加鹿茸和鹿血的组抗疲劳作用最强，仅加鹿茸的其次，加鹿血的再次，而普通饲料最弱。在这一研究中，对照、平行重复、单一变量控制等实验方法在运用中得到了不断的强化。

贾晓普同学在做实验

【案例2】从嫁接失败中，领悟到证伪也是科学研究

如前所述，同学们证实了砍瓜被砍后仍能再生长，适逢此时小组的部分同学正在进行嫁接实验，面临着嫁接成活率低的困境，看到砍瓜的这种特性，他们立刻联想到：能不能利用砍瓜的汁液来提高嫁接植物的成活率呢？一个创新的研究课题"研究砍瓜的提取液对嫁接成活率的影响"就这样应运而生。他们的假设是砍瓜汁液能够促进嫁接成活，而实验结果却与他们的假设不同。汁液能"包裹"伤口，但用在嫁接苗上，伤口一旦分别被"包裹"反而成为一道屏障，更难使嫁接苗融合为一体。表面上看，学生的课题失败了，没有得到假设的成果。但是他们通过研究，证明了自己原先的假设是错误的，这本身也是一种成功。老师告诉他们，科学观察和实验的功能往往不只是去证实一种理论，还包括证伪或修正。科学的进步，在很多情况下是通过对"未合理的"猜测进行批判性的检验来实现的。

[启示]方法是人们认识和改造世界的一般工具，方法主要解决"怎么办"，即通往目的地的"道路"问题。科学创造"首先需要创造方法"，现代教育对科学方法的重视越来越高。课本知识的学习本应关注方法问题，但在教学过程中师生往往更为注重接受知识结论，应试教育更强化了对知识结论的掌握。而在生态园的研究性学习中，课题研究需要按照一定的方法和技术路线完成，方法的学习与研究活动如影随

形，这不仅有利于掌握科研方法、提高研究能力，而且也有助于向学科知识学习迁移，提升学习的方法，进而形成科学的思维方法。

（5）生态园的实践活动培养了学生的社会交往能力

【案例】用诚恳的态度和钻研精神打动专家

在课题研究中，还发生了一些感人的故事。如在"不同波长 LED 灯对五彩椒缩短生长周期及高产的影响"的课题研究后期，需要对五彩椒的叶表皮上的气孔进行显微拍摄及测定孔距，所需设备当时学校没有。于是两位同学多方寻找，得知农科院生物中心有，喜出望外，打车直奔 30 里外的生物中心。她们对专家说明了意图，没想到专家回答："这是精密仪器，我们从不外借。"专家的态度是可以理解的，这些仪器价值数万元，一旦操作不当就会被损坏。两位学生虽然碰了钉子但没有退缩，反而反复耐心地介绍自己的课题研究。她们诚恳的态度和钻研精神终于打动了专家，不但让她们使用了仪器，还给予了精心的技术指导。完成了测量夜幕已降临，位于郊外的生物中心已经难以打上的士，专家又开车把两位女生送回了学校。

生态园实践不仅促进了学生的发展，也为教师的成长搭建了平台。《中国教育报》刊登了弭金玲老师的文章《生活是生物教学的源头活水》，文中谈到在生态园指导学生作课题的过程中，促进了自己的成长，生物组教师每人都有多项成果获得市级以上奖励，学生的创新使他们的职业生涯更精彩。如下图所示为天津中学建校以来，教师指导学生获得的市级、全国级奖励的生物科学探究成果。

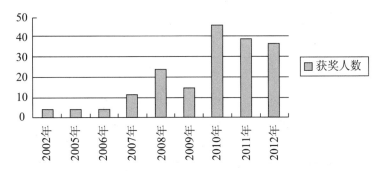

我们不难看出，生物教师的课题指导由面向个别学生扩展到更广泛的学生。随

着时间的推移，天津中学生物科学探究获奖的人次呈现增长趋势，其中有个重要的拐点是 2008 年，正是这一年，生态园建成并投入使用。

（二）做好"三点预设"，优化教育资源开发

社会实践是一本教科书，那么做好综合实践活动课程前期教育资源的开发，就如同学科教学中的老师备课，首先要考虑如何用好教材，设计好这节课的教学内容。

虽然确定了综合实践活动实施的途径，也建立了许多活动基地，但我们每年仍要进一步致力于具体单位或地点的选择和确定，设计好活动的内容。因为社会是发展和变化的，学生也是发展和变化的。

经过实践探索，我们总结提出了"三点预设"的方法。所谓"三点预设"，是指外出活动前，要预先规划设计制订方案，确定学生到什么地方去，开展什么活动，达到什么目的。"三点"即："研究点"——根据经济社会发展和学生需求，选择确定具体的考察和研究的对象；"联系点"——所考察和研究的对象与学科知识有什么联系；"教育点"——考察对象和活动对学生思想品德、个性心理等方面的发展具有哪些价值。

1. 选择研究点

我们把选择和确定研究点的标准归纳为五个方面：体现社会热点；与学生生活密切相关；反映科技发展变化趋势；体现社会存在的突出问题；具有行业的典型性和代表性。例如，我们考察了通过围海造地建成的天津东疆保税港区的第一个集装箱码头，码头岸线长 2300 米，是天津港有史以来岸线最长、投资最大的集装箱码头工程。总投资约 66 亿元，共有 6 个 10 万吨级的集装箱泊位，23 台高大的装卸岸桥，堆积着小山一样的集装箱等待装船。蓝天、白云、碧海、灿烂的阳光，看上去气势恢宏、蔚为壮观。我们认为，这个点具有一定的代表性，是滨海新区改革开放的一个缩影，于是确定了这个研究点，目的是要让学生感受到中国经济"第三极"开发开放的足音。

社会调查和生态考察活动的"研究点"至关重要。"研究点"的选择既要符合活动的主题，又要贴近学生的生活实际，还要具有一定的科技含量和可操作性。选择好"研究点"，活动就成功了一半，这在整个课程资源开发的过程中是难度最大的一个环节。德育处主任邢成凯每年要为选择好研究点而精心策划、四处奔波、到处求人。因为一般的企事业单位都不愿意接待中学生的参观，而且一听说是几百人，难度就更大了。有一年，一个高科技电子企业在我们去的前一天突然告知谢绝参观，让我们措手不及，

原因就是我们人太多，怕影响他们的正常工作。后来，经过多方协调，才勉强同意我们在厂区参观一圈，但坚决不允许学生进入生产车间。当时我们非常气愤，但后来我们也理解了，毕竟人家不是搞教育的，没有哪条法律规定他们必须接待。

2010年参观天津港码头

近十年的经验让我们知道，要想开发好课程资源、联系更多更好的考察单位，让学生们充分受益，要从以下三个方面着手：一是充分利用家长资源；二是广泛调动教工人脉；三是培养教师公关能力，并争取建立一些长期的合作关系或是挂牌成立天津中学学生实践基地。

总之，综合实践活动课程的特性决定了必须要有充足的"研究点"作为课程的保障和支撑。天津中学就是要充分利用一切可利用的资源，为学生提供最好的教育素材，让学生在开放的教育环境中全面成长。

2. 寻找学科知识联系点

考察单位选定以后，接下来就要分析考察和研究的对象与学科知识有什么关联，以帮助学生建立起理论与生活实践的联系，把书本知识学活。例如，参观蓟县沼气池，化学教师贾永金就从中提炼出了若干个与高中化学有关的知识点，如沼气池贮气原理就是化学课上讲的排水取气法的实际应用，夏天沼气池产气快而冬天产气慢是温度对化学反应速率的影响，沼气原料中不能混入洗涤剂是因为受发酵的条件制约等。开发设计"学科知识联系点"是对教师专业能力的挑战，是教师专业发展的助推器，能够直接对课堂教学产生积极的影响。生物组在生态园的课题中提炼了大量的"学科知识联系点"，针对不同的教学内容，每节课都有生动的课题素材介绍。

3. 挖掘教育点

挖掘教育点，即在每个研究点中挖掘和提炼教育素材。如考察天津中水厂时，看到该厂有三套处理污水的膜设备，一套是美国生产的，一套是德国生产的，一套是中国生产的，即天津工业大学设计制造的。通过三套设备的比较可以发现，虽然国产的膜技术产品与美国和德国的产品仍然有一定的差距，但我们却看到了其中的教育价值：第一，过去膜技术一直被少数几个发达国家所垄断，天津工业大学研发的膜技术打破了少数发达国家的垄断，降低了生产成本。这件事反映了我国的科学技术正在努力追赶世界先进水平，可以激发学生努力学习，立志为祖国科学技术的发展贡献力量。第二，核心技术不能靠向国外购买，要靠自己的力量研发。要想不受制于人，必须树立民族自强精神。

2012年考察污水处理厂

"三点预设"看似简单，做好了着实不容易。如同在学科教学中，对于同样的教材，不同的教师的教学设计差别很大，有的教师只能照本宣科，而优秀的教师则能通过联系、拓展等方式，从简单的知识中挖掘出丰富而深刻的内容，挖掘出教育的因素。这取决于教师的业务功底和文化底蕴。对于社会实践这本教材也是一样。前期选择参观和考察资源时，也要具备一双能发现教育因素的慧眼。如在先期走访韩国三星电子公司时，表面看起来可挖掘的教育因素不多。它不像天津纪庄子再生水处理厂那样，污水处理的十一道工序都有鲜明的场景，可以让学生结合所学知识饶有兴趣地看个明白，也没有像东疆港那样气势恢宏，使人产生震撼。三星电子公司还不允许学生进入生产车间，这样长途奔波到这里来参观似乎得不偿失，老师建议取消这个"研究点"，但我实地考察后发现这个点还是有参观价值的。三星电子公司偌大的生产车间，没有几个操作工人，显得冷冷清清，而在三星电子公司的培训区，我看到了一个培训的表格，上面对员工按照进入公司的年限进行了分类，对每一类人员都制订了详细具体的培训规划。培训区的各个教室都在上课，这里倒是人丁兴旺。三星电子公司似乎不是工厂，倒像是学校。过去在蓟县参观过几个劳动密集型企业，车间里密密麻麻布满了机器，每台机器旁都有一名操作工人。我马上意识到，在这一对比中，可以生动地体现出现代化企业的特征：生产高度自动化，企业高度重视提升员工的素质。到这里考察，不是有助于理解现代企业、理解终身学习的概念吗？我在学校推进教学改革，对学生动员培训时曾说过，由于终身学习时代的到来，会学习远比掌握具体的知识更为重要。于是，我决定把三星电子公司定为考察基地，并且设计出研究点：培训区与车间；与课本知识的联系点：政治课所讲述的学习型社会；教育点：自主学习意识的培养。

以下是赵子云老师的天津纪庄子再生水（中水）处理厂考察的设计方案。

天津纪庄子再生水（中水）处理厂考察方案

研究点	联系点	教育点
再生水厂主要设施的布局情况，及水在设施间的流动过程	了解水处理的基本流程	学会分析要点结构关系
膜车间的工作模式及膜技术的基本工作原理	将超滤/微滤和反渗透产水进行混合所涉及的物理基础知识（半透膜技术基础）	将学科基础知识用于解释实际技术应用，提高理论联系实际的能力
我国第一个国产化浸没式膜过滤工艺（天津工业大学膜天膜科技有限公司）用于市政污水深度处理回用的工程	该工艺的主要物理原理基础	了解我国的前沿技术水平，提高民族自豪感，增强民族自信心，增强学生的创新意识，树立高起点上发展高水平的意识

续表

研究点	联系点	教育点
进口膜技术和国产膜技术工作原理和工作效果（处理效率和水质）的差异	国产膜的混凝沉淀＋石英砂过滤＋消毒的工艺与进口膜的微滤＋臭氧氧化＋消毒的处理工艺分别采用的物理和化学技术手段有哪些不同	了解中国最先进膜技术与世界最先进膜技术存在的差距，激发学生不断进取、攀登学术前沿的精神
水处理能力（处理量）和再生水利用方式	分质供水对生产和生活及环境的价值	再生水对经济发展和环境保护的意义
臭氧车间与再生水质的提高方式	臭氧技术与膜技术相结合的处理工艺，臭氧的杀菌净化作用及与物理净化方式的结合	通过跨学科的综合技术在水处理中的应用，体会学科交叉技术的发展对人类社会发展的意义
水进入膜处理设施前的预处理方式	处理过后达到二级排放标准的水，再进入再生水处理厂。经过混合反应沉淀后的水进入膜池。结合学科知识了解沉淀池的物理原理和结构设计	通过物理学沉淀知识与实际应用的结合，体会课本知识的实际应用价值，提高学习兴趣，明确学习动机
天津发展再生水处理的水资源背景	天津是一座资源型和水质型缺水城市，人均水资源占有量仅为 $160m^3$，为全国人均占有量的 1/15，世界人均占有量的 1/60，远远低于世界公认的人均占有量 $1000m^3$ 的缺水警戒线，属重度缺水地区。水资源的短缺严重制约了天津市经济和社会生活的可持续发展	体会再生水利用作为落实科学发展观、循环经济、建设节约型社会的一项重要具体工作，为城市实现可持续发展和水资源的可持续利用所做的努力
再生水发展的国家政策对企业发展的影响	政策因素作为企业发展的区位因素，对企业发展的影响	城市污水资源化，再生水水资源利用产业化，符合国家水资源利用市场化、企业化运作的政策，是天津市创建节水型城市过程中最主动和最大的节水措施，也是解决天津市水资源短缺问题的有效途径。体会政策对引导资源利用方式和企业发展方式的积极作用

(三)精心设计课程实施环节

综合实践活动四条途径的开辟，极大地促进了综合实践活动课程目标和功能的实现，成为课程化实施的重要载体。为了充分发挥这一载体的教育功能，我们又设计形成了各个途径实施的环节。

实施途径环节，实际上就是构建活动的模式。对于教育实践来说，它是实现教育目标的重要操作工具，是在一定的理论指导下，从实践出发，经一定抽象概括和简化形成的，它能较好地反映出某种教育活动的本质特征和基本流程。以下是"以校外实践基地为依托，开展社会调查和生态考察活动"的基本流程。

基础培训阶段

媒体播放、科技人文讲座　　科学探索、通用技术培训　　电子阅览等

（拓展）　　　　（他人案例学习，小课题尝试）　　（检索）

课题准备阶段

确立主题　专题指导　分组选题　收集信息　开题论证　安全教育

⇩

实地考察阶段

⇩

总结交流展示阶段

⇩

反思提升阶段(二次开发)

1. 做好基础培训

基础培训阶段主要着眼于让学生开阔眼界，给学生提供广泛的社会背景知识，介绍调查和研究的方法，进而为社会调查和生态考察做好必要的铺垫。主要做法如下。

第一，坚持每周为学生播放《焦点访谈》，以观看节目的方式帮助学生了解社会

动态和存在的问题，激发其社会责任感。

第二，办科技探索培训班，介绍课题研究的基本方法，辅导每个人做一项课题，培养研究性学习骨干，使其在社会调查和生态考察活动中都能发挥重要的作用。

第三，组织获得优秀成果的同学为下一年级同学开展研究性学习讲座，介绍自己的研究项目、步骤、遇到的困难以及克服困难的方法与获得的成功体会。学校为他们颁发小导师聘书，使他们成为指导下一年级学生做相关课题的"小老师"。

第四，开设电子阅览和图书阅览课，指导学生收集和处理信息。

第五，开设科技人文讲座，让学生聆听窗外的声音。这些年来，我们聘请了很多教授、学者来校讲座，其中还有院士，内容涉及自然科学、社会科学、文学艺术等许多方面。另外，学校的老师和学生也根据各自的专长开设各种专题讲座。

【案例】常津教授使学生心灵受到了震撼

有一次，我们聘请了天津大学的常津教授给学生讲"纳米技术在制药领域的应用"。常教授讲完后，学生提问："能否将纳米技术应用于中草药的研究，使我国的中草药在国际上发扬光大？"常津教授充分肯定了学生的提问，然后讲道："美国市场

天津大学常津教授为学生做纳米技术讲座

对中草药的进入有非常严格的限定，目前，只允许 6 种中草药进入，其中三种是日本生产的，两种是韩国生产的，一种是中国台湾地区生产的。"常教授话音刚落，会场出现了片刻的寂静。那是学生的心灵受到了震撼，我们有着五千年历史的文明古国，是中草药的发源地，但由于技术的落后竟然仅有一种中草药产品打入美国市场！爱国情感的激发会成为学生学习的动力。

2. 搞好课题准备

在赴基地进行实地调查之前，我们用了 3～5 天时间进行了六个步骤的课题准备，为实地考察阶段打好基础。

第一步：确定活动的主题和专题。

确定活动的主题和专题，实际上是综合实践活动内容的选择和组织过程，是课程资源开发的过程，具体讲是素材性课程资源的开发过程。

素材性课程资源具有丰富性、生成性特点。丰富性是指自然、社会和学生自身发展中有许许多多问题，有待人们学习和探索。生成性是指所预设的内容要保持适度的开放性，为此要根据实施情况适时做出必要调整。此外，选择开发课程资源还要注意所选择内容要适合学生的学习能力、有益于学生的健康发展。

上述原则的落实，在开发的过程中难度较大。面对学科教学，教师要依据课程标准和学生，考虑如何用好教材，当然也需要开发课程资源，但不能离开课程标准和教材给定的范围。而综合实践活动课程没有具体的课程标准，也没有统一的教材。开发综合实践活动课程资源给予学校、教师和学生的选择空间很大。选什么主题和专题没有一个严格的统一的标准，看起来似乎不难，想定什么主题活动、选择什么专题都可以，但其实这是一个误解，一旦课程内容安排陷入随意性，就无法实现课程目标。因此，要重视素材性课程资源开发的质量问题，这是保障综合实践活动课程质量的基础。

钟启泉在《基础教育课程改革纲要（试行）解读》中指出："综合实践活动内容的选择和组织要围绕三条线索进行：学生与自然的关系；学生与他人和社会的关系；学生与自我的关系。"

按照上述要求，我们在综合实践活动课程内容的设计上，采用了以"三条线索"为轴线、"主题—专题—问题—课题"四题递进的方式进行课程内容的设计安排。活动的主题和专题，主要根据我校制定的"综合实践活动课程 12 个基本目标"、天津市所能提供的教育资源和学生的兴趣需求确定。主题和专题由教师预设，体现了教师的指导作用。问题与课题由学生确定，体现了学生的主体地位。专题应该有较大的包容度，便于学生在专题中选择感兴趣的问题，并由问题转换成研究课题。每年活动前都由德育处牵头，在天津市内做先行考察并确定活动的主题和专题，编制活动内容计划。如 2010 年暑期社会实践活动的主题是"感受飞速发展的天津"，围绕这一主题，我们选择了以下几个专题：滨海新区的建设和发展、现代设施农业发展研究、现代生物和种植技术研究、新农村建设、八仙山自然保护区生态保护、蓟县工农业发展规划等。学生围绕这些内容选择和确定了一系列课题。

第二步：进行课题研究前期指导。

前期指导，主要是帮助学生了解什么是考察、什么是课题研究、怎样进行考察和研究，并介绍一些与研究主题和专题相关的知识。我们采取聘请专家讲座指导和本校教师指导相结合的方法对学生进行研究前期指导。

专家讲座主要帮助学生了解课题研究的相关背景与方法等知识。如我们聘请八仙山的研究专家、天津师范大学地理学、环境学徐华鑫教授就生态考察的目的、意义、内容和方法进行了全面的介绍。讲座提供了大量的背景知识，激发了学生极大的兴趣，同时也为课题研究奠定了内容基础，如讲座中涉及的植物植被、野生植物资源、水资源等知识，既有学生接触过的课内知识，也有大量的课外知识，这些知识给学生提供了广泛的可以选择的课题。

本校教师侧重科研方法指导，主要从三个方面为学生做辅导。一是具体介绍调查的程序和方法，如植被调查，要给学生介绍样方调查（五点取样法）和线路调查的方法，包括要准备什么工具、人员应该如何分工等。二是结合专题提炼出课内、课外知识的结合点，引导学生应用课内知识思考实践中的问题，这不仅有益于学生学以致用，而且还有助于学生深刻理解书本知识。三是提炼各学科知识之间的综合点，解决现实中存在的问题往往需要多学科的知识，新课程强调学科知识的综合和联系，综合实践活动充分体现了这一点。如水质测试，要测水的酸碱性需用 pH 试纸测 pH，要测水中可溶性电解质的导电性需用电流计，这就体现了物理和化学知识的综合应用。

第三步：分组选题与拟订课题计划。

这一环节是课题研究准备的重要环节，它对后期研究质量影响很大。选题不好或设计过于粗糙，课题研究过程和结果都不会理想，很难达到预期效果。

　　我们的做法是由学生自由结组，选择感兴趣的专题，初步确定课题方向。课题方向主要考虑课题的研究意义和育人价值、可行性、创新性。课题要小而具体，防止大而空。最后经过反复讨论，确定课题的题目，并制订研究计划。

　　在这一环节中，重点是指导学生开发问题，课题研究深入与否取决于问题开发是否深入。一般来说，课题都可以逻辑地展开成一系列不同层次的小问题。教师首先按照"是什么""为什么"和"怎样做"三个方面指导学生搭建课题研究的基本框架，然后再指导学生对每一方面进行下一层次的问题设计。问题是研究兴趣与理性探究的中介，具有强烈问题意识的思维，才能促使人们去发现问题、解决问题，直至新的发现。学生带着问题走进实践，才能保证调查有所收获。此外问题的深入展开，会使活动计划更具体、方案更具可行性，同时更有助于对可能遇到的困难做好心理准备。开发与设计问题，是培养学生发散思维的最好方式，如2005年的沼气池研究小组在设计研究方案中竟然设计了200个问题。经过上述准备，就可以撰写计划，制订方案，具体设计课题的研究程序了。如设施农业小组，要调查传统农业和设施农业的经济效益，计算每亩地的投入、产出，就要先设计好调查表，确定调查对象和问题，事先做好计划。

　　【案例】在对海河桥的研究中学习开发问题

　　宋时慧致力于对《海河桥文化——对海河上游桥梁的调查与思考》这一课题的研究，并获得了天津市青少年创新大赛一等奖。她是如何进行选题和问题开发的呢？最初的设计，她只是注重对海河上各种桥梁的建造时间、建筑特征进行了考察和描述。后来我启发她开拓思路，对问题进行了深入开发，如桥与天津历史文化有什么关系？与天津的历史变迁有什么关系？桥梁建设与城市功能有什么关系？这些桥的审美特征是什么？如何更好地发挥造型各异、承载着厚重文化的海河之桥的旅游教育功能？等等。

　　第四步：广泛收集信息。

　　收集和处理信息的能力是学习和研究的重要能力。世界经济合作与发展组织把知识分为四类：一是事实型知识，即"知何"，"知道是什么"的知识；二是原理型知识，即"知因"，"知道为什么"的知识；三是流程型知识，即"知然"，"知道怎么做"的知识；四是人力型知识，即"知人"，"知道谁知道"的知识。这一分类引入了"知人"，是对布卢姆分类的超越，它的价值在于顺应了信息时代的要求。从某种意义上讲，在信息时代，学会学习比掌握了某些知识结论更重要。收集和处理信息的能力就是重要的学习能力，属"人力型知识"，即"知人"，"知道谁知道"的知识。我们也非常注意从这方面加强对学生的培养。

学生做一个课题，一般至少要参考几万甚至十几万字的资料。他们带着考察任务，查阅资料十分认真。这个阶段，计算机房、图书馆常常人满为患。课题小组都做了周密的分工，按照课题的框架和问题，学生分别收集资料并集体讨论所选择的信息。

【案例】150万字的课题参考资料

为研究地质塌陷，孔维懋走访了焦作市国土资源局、农业局、林业局等很多单位，处处都碰了钉子，他非常沮丧，甚至愤怒。后来通过同学的母亲介绍，进了环保局做调查，但是什么也问不出来。他打电话给俞世泰老师，俞老师说，这很正常。建议他直接去塌陷区进行实地勘察。到了塌陷区，情形马上有了改变，真是柳暗花明又一村。他身上带着摄像机、照相机，当地农民争着把他领到家里介绍情况，以为他是记者呢。在一个贫困家庭的墙上，他看到了一条条裂隙，一个小学生的三好学生奖状被撕扯成了两半，这对他是一个刺激。他立志一定要把课题搞出来，为这个孩子、为塌陷区的老百姓做点实事。他深入田间、农户，了解了很多治理经验，但仅凭实地考察还不够，于是他找到了河南理工大学教授进行请教，教授为他提供的专著有《塌陷学概论》《地质塌陷与防护》《现代林业论》《采煤概论》，再加上他自己浏览中国煤炭网和中国矿业报等，所学习的材料至少有150万字。这些书啃起来很费劲，一个工程师为他辅导了有关地质学的基础知识，这为他的自学铺平了道路。在学习研究及农民提供的经验的基础上，他提出了治理塌陷的四条思路：①塌陷田间植树；②在天台山旅游景区周围塌陷区植树，扩展景区范围；③在焦作市周围建立环形绿化带，将煤城变成绿城；④严重塌陷地区通过注水和回收雨水变成养鱼池。带着这样的思路，他重新走访了环保局等十几个部门，每到一处都得到了热情接待。发改委对他的设想非常欣赏，给市政府打了报告，按照他的设想做了"把煤城变绿城"的塌陷区治理规划。后来孔维懋同学因此项研究进入了美国哈佛大学读博。

  第五步：开题论证。

  这是保证课题质量的最后一关。首先，学校给出评价标准，包括：有明确的题目，选题要有社会意义和研究价值；有科学性和可行性，研究方法科学严谨、研究程序合理、步骤设计清晰；有明确的分工，时间安排合适。每年我们组织开题论证会，先在班级内由各小组对本课题的研究目的、意义和方法进行阐述，然后教师引领学生自评、互评，互动交流。在这个环节中，学生间相互质疑、相互启发、唇枪舌剑，智慧的交流和思维的碰撞使得气氛异常热烈。交流后每个大组选出两个课题组再进行全年级交流。年级由教师和学生组成课题评委会，评选出课题汇报一等奖一名、二等奖二名、三等奖三名。由于建立了评优机制，学生们在准备开题报告时就十分投入，这就使课题研究的质量有了基本的保证。我们还在开题会上设置了点评环节，并设置了最佳点评奖。在每个课题汇报后，学生自由发言点评，给出简单的评价，提出主要的问题。学校要求：问题要切中要害，一针见血，同时给出具体的建议。有时点评学生还要和课题研究者进行对话和交流，这些都促使了课题准备的过程中能吸取更多的合理建议而使研究方案更严谨、更充分。这一措施使得整个开题会所有的学生都能认真地倾听发言，又都能够进行积极的思考，培养了学生的质疑精神。

  开题论证会的最后一个环节，是教师评委经过集体讨论当场要对所有交流的设计方案给予总结性点评：肯定有价值的和合理的方面，指出问题，提出建议。从这些年的论证会情况看，学生在方案设计中容易出现的问题有：①选题与学生生活联系不紧密；②选题大，研究难深入，有些选题甚至超出了自身的研究能力，如"关于现代农业的研究"，现代农业的内容十分广泛；③对选题分析不够，资料收集不充分，导致研究不深入；④研究方法选择不当，研究过程设计不够严谨等。针对这些主要问题，教师评委都尽可能地给予具体指导。我给学生介绍了几个近几年和学生生活联系紧密的课题，如"不同地区学校综合实践活动开展情况的调查与分析"，我还建议学生研究"在工作中做出显著成绩的人与中学学习成绩的关系"。这样的课题研究，对于改变师生的观念及对社会教育观念的转变都十分有意义。韩校长介绍了"从小入手，小题大做，以小见大"的选题原则，郑金玲老师给学生介绍了一些常用

2008 年开题会现场

的研究方法。开题会后，各小组根据有关意见和建议进一步修订和完善了设计方案，多数小组的课题就基本确定了。但有时也会发生课题变更的情况，这也是正常的，反映了学生实事求是、认真严谨的态度。

德育主任邢成凯组织学生赴基地

第六步：严格的安全教育。

这是顺利进行考察活动的保障。行前，我们专门给学生安排了野外考察安全救护方面的指导讲座，包括走山路的要领、识别有毒植物的方法、怎样避免蚊虫叮咬以及扭伤脚踝时应该如何紧急处理等。我们还特别强调一定要遵守纪律。经过这些教育，学生普遍提高了安全防范的意识，掌握了应急避险的常识。

以下是2011年综合实践活动"课题准备阶段"的集中辅导安排。

2011年综合实践活动"课题准备阶段"的集中辅导安排表1(7月1日)

时间	地点	负责人	内容	备注
8：30～9：00	大阶梯	刘洪胜	公布各课题组名单，认指导教师	有PPT
9：00～10：30	大阶梯	赵洪亮局长	讲座：天津港	有PPT
10：30～11：30	大阶梯	田磊	讲座：东疆港	有PPT
13：30～15：30	图书馆、机房	各指导教师	分成两组，3个班/组，分别查资料	
15：30～17：30	图书馆、机房	各指导教师	两组交换地点，继续查资料	

注：邢成凯和刘洪胜负责巡视，查资料以后，学生可以调整课题，由刘洪胜负责调换小组。

2011年综合实践活动"课题准备阶段"的集中辅导安排表2(7月2日)

时间	地点	负责人	内容	备注
8：30～10：00	大阶梯	吴岩	讲座：垃圾焚烧发电	有PPT
10：00～12：00	活动教室	各指导教师	组内研讨，设计流程，准备器具	
13：30～15：30	大阶梯	刘洪胜	全体交流，各组派代表汇报	有PPT
15：30～16：00	大阶梯	姜运利	摄影技巧培训	有PPT
16：00～17：00	大阶梯	邢成凯	外出日程安排及安全教育	有PPT

注：指导教师可将大组学生分成若干小组，并确定小组长，以便于指导和管理。

3. 进行实地考察

实地考察阶段是整个活动的关键一环，最能体现综合实践活动课程"实践性"这一本质属性。把握好实践活动的目的性和计划性，实现对社会生活和大自然的深度感知和体验，可以使学生的自主性和实践能力得到很好的发展。

　　实地考察一般历时 4～5 天，学生们采用多种方法进行调查，如研究某村庄治理的小组就采用录音、记录、照相和摄像的方法。他们对不同年龄段、不同文化层次的村民和村干部进行采访，获得了大量第一手资料。晚上回到驻地之后，组内成员分工协作，将收集到的材料分门别类，使其条理化、表格化、图形化；组长将其汇总，作为论文观点的重要依据；小组内讨论，分析数据，通过辨析形成观点，对其中一些困惑发表各自见解；指导教师下组与小组成员一起讨论，对学生的疑难问题予以点拨指导，记录员记录整理讨论内容，初步形成考察报告的雏形。学校组织汇报会，各组汇报课题调查方法、进展、成果。面对遇到的问题，各组之间可以相互启发。

2003 年学生在蓟县中智农场做调查

　　在整个实地考察阶段，学生和指导教师都十分重视活动过程中的生成性问题，经常调整研究的方向和计划，甚至变更课题。当出现活动预案难以实行时，我们会想方设法地把这些困难转化为教育资源。

【案例】进山突降大雨带来了教育契机

有一年我们组织学生到八仙山进行生态考察，进山前突降大雨，山路泥泞，不能乘车前往。7华里的上坡山路，按常规集体步行，至少要用80分钟，会耽误考察时间。这时我们临时设计了以调查小组为单位的登山比赛，并制定出了详细的比赛规则，结果30分钟学生就都上了山。不仅保证了时间，而且还锻炼了学生的意志，培养了团队精神。徐华鑫教授曾断言说："这样的山路，学生上不来。"看到学生们排着整齐的队伍精神抖擞地出现在山门时，他激动地说："天津中学的学生，都是英雄！"考察遇大雨，乘车上山计划落空，行动受阻，这是"坏事"，然而正是"坏事"的促使，生成了新的教育契机，产生了未曾预知的"附加价值"和有意义的"衍生物"。

4. 组织交流与展示

交流与展示，是为学生搭建展示、对话、分享的平台。在综合实践活动中，每个人对生活的感知、体验和所获得的经验是不同的，因此组织交流、展示十分必要。建构主义十分强调个体与外部环境的交互作用，这个外部环境既包括物，也包括人。人与人之间的沟通、交流与分享，对知识建构具有极其重要的价值。我们的具体做法如下。

（1）组织课题汇报会

每年组织课题汇报会，学生们都会认真准备，争先恐后地表达自己的收获和分享彼此的经验和感悟。

【案例】成果交流不让谁发言都不行

学生们很重视成果交流。2002年10月6日晚，在蓟县实践基地操场，高二年级准备召开成果汇报会。会前突然阴云密布，大风卷起沙尘，气温骤降。为避免学生生病，我临时决定，把发言的学生人数减少一半，每人发言时间限制在10分钟以内。但老师安排时遇到了阻力，不让谁发言都不行。学生找到我说："这个发言稿我写到凌晨5点，我们下了这么大的气力，怎么能不让我说呢？"我说，回学校以后我们再安排一次，下次每人可以讲15分钟，这下学生们又互相谦让了起来。

2003 年社会实践成果交流汇报会

（2）召开成果表彰会

仿照"感动中国十大人物"的颁奖仪式，每年在开学典礼上，我们都会隆重地表彰"科学探索之星"和"自主学习之星"，为每个获奖者撰写一段优美的颁奖词，并颁发证书和奖杯，让这些同学成为学生的榜样。

【案例】"科学探索之星"表彰会的部分颁奖词

当机器的轰鸣声打扰了清晨的宁静，当肆虐的浓烟遮蔽了苍穹的蔚蓝，重工业的崛起丰满了新城的血肉，却迷失了旧城的灵魂。于是，一个身影开始奔走呼告：请拯救凤凰城的灵魂！有请高三(1)班的祝莹莹同学。

"九朝古都"洛阳是人文之祖伏羲的故乡，文明从这里流过，历史经这里转弯。坐落于此的黄河湿地不仅是供人类歆享的财富，也曾是鸟类栖息的天堂。高三(3)班的袁芳同学目睹过它的美丽，也忧心着它的荒凉。于是，她先后 5 次深入湿地考察研究，为重建鸟儿安宁的家园奔波劳走。她愿矫健的翅膀弹拨出人与自然和谐的乐章，愿为牡丹之乡增添新的雍容与辉煌！她就是——袁芳。

腾云驾雾、火眼金睛和 72 般变化，神话中的齐天大圣拔一撮毫毛、吹一口仙气便可幻化出成千上万个美猴王降妖伏怪。我们的陆天宁同学凭借着自己不懈的探索，在现实生活中上演了以一当十的好戏，突破了克隆技术的数道难关，培育出了摇曳多姿的安祖花。奇葩共赏，那何尝不是她醉心科学、勇于探索精神的动人风采？她就是——陆天宁。

她们从四川来到天津，一路风尘，心系故土。谁说家乡灾后重建困难重重，谁说她们正值年少只能一心读书？挥之不去的家乡情结，让她们决心承担规划未来四川的重任，她们义无反顾地选择了设施农业这一课题，废寝忘食、齐心协力。七易其稿的坚持不懈，争论中碰撞出的精彩火花，她们用实际行动诠释了合作的内涵。共同的目标，让她们勇往直前；共同的努力，让她们收获成功的喜悦。她们是——温柔、陈倩、马琴、曾婧、陈莉。

2006 年天津中学参加天津市青少年科技创新大赛的团队

八仙山风景如画，奇花异草令人流连。谁能如数家珍般地叫出各样花草的名称？是他们。几位同学通过对八仙山的细致考察研究，了解了植物的多样性及分布状况，再配上实物照片制成了规范的"八仙山常见植物检索表"，图文并茂，极具参考价值。文中哲理似雪纯，洋洋万言歌永欢。他们是——赵雪纯、牧文哲、郭永欢。

颁奖词不仅表彰了优秀学生，而且彰显了语文教师王津晶的文采与才气。

(3)创造各种展示平台

实践活动结束后，还要搭建展示学生成果的平台。社会调查、父母岗位体验有成果汇报会，社团活动有社团展示周。此外，每年在校园艺术节期间我们都会组织学生文艺会演，动漫社团、民乐社团、相声社团、话剧社团、合唱团都早早地就准备节目，力争把自己的最高水平和才艺展示给大家。每年的演出场面都很欢快、热烈，台上台下互动的场景非常动人。另外，在可能的情况下我们还会为学生搭建国际交流的平台，让学生参与国际交流，拓宽学生的国际视野。

【案例】学生接待加拿大友人赢得了高度评价

2007 年，天津师范大学邀请我为来访的加拿大访问团介绍综合实践活动，加拿大朋友听了以后饶有兴致，提出要到天津中学参观、交流。我决定让在科技创新大赛中获奖的同学用英语来接待这些客人、展示自己。学生们很兴奋，他们前一天的下午接受任务，就立即着手准备汇报材料。用英语汇报是一项极具挑战性的工作，他们紧张地写稿、查字典、翻译、请教老师，一遍又一遍地背诵，一直忙到深夜两三点钟。第二天，在加拿大客人面前，他们神采飞扬地用英语流利地汇报了自己的研究成果。其间，加拿大朋友还不时地向他们提问，他们表现得从容自信，对自己亲历的研究细节娓娓道来，赢得了加拿大友人的高度评价。

（4）出版研究成果集

我们想方设法为学生出书，记录和展示他们的研究成果。2003 年和 2007 年，我们将参加科技创新大赛的成果在《青少年科技博览》杂志增刊上全部刊出。2008 年开始为学生正式出版专集——《探索者的足迹》，至今已出版了 5 册，收录了成果报告 250 余篇。这些正式出版物不仅让学生体验到了成就感，而且还成为其他师生的教学和学习资源。

（5）推荐优秀研究成果参加科技创新大赛

我们每年都会推荐优秀的研究性学习成果参加全国和天津市举办的青少年科技创新大赛和其他赛事，给学生搭建展示才干、体验成功的舞台。天津中学是天津市参加青少年科技创新等大赛人数最多、获奖人数最多的学校。从 2002 年至 2012 年的 10 年间，共获 260 个奖项，其中全国奖项 17 项，天津市一等奖或第一名奖 44 项。我校学生人数只占全市中学生人数的 3‰，但每年获奖数却大约能占到全市获奖总数的 20%。

5. 抓好反思提升

综合实践活动结束后，学生要上交研究成果，获得学分，至此课程似乎就可以画上句号了，但我们觉得这样做，活动的效果会大打折扣。在开展活动的过程中，我们不能仅仅注重做了什么，更要注重做得怎样，在学生心灵上留下了怎样的痕迹。因为，"做"不是目的，"学"到了什么才是目的。我们有时搞了很多活动，也费了很大力气组织，但为什么效果不理想？很重要的一点就是"只问耕耘不问收获"。活动之后的后续工作没跟上，会导致学生活动中的体验、感悟没有经过反思，没有得到很好的升华和内化。

近年来我们注意到了这一点，重视做好活动的后续工作，帮助学生在初步总结的基础上进一步深入反思，更深层地开发活动的育人价值，我们将其称作"综合实践活动的二次开发"。如果说活动阶段是主体对客观世界的开发，那么反思阶段则可以看成是主体对主观世界的开发。反思的过程，让学生的研究历程、感悟、体验内化为自主成长的精神食粮，转化为学校的文化。

因此在组织学生活动中，我们不仅让学生做，还让学生写日记、心得和总结，引导他们关注自己的体验，认真进行反思。教师再适时通过讨论交流、个别交谈等方式促进学生反思，让他们学有所得。

在这个过程中，师生间反复交流、深度交谈，促使学生明确收获、从自己的活动经历、体会中提炼出对人生成长有价值的个性化的体验和感悟。在交流的过程中，教师可以向学生提一些问题加以引导，如在研究过程中获得了哪些经验？经历了哪些困难？遇到了哪些问题？这些困难和问题是怎样解决的？在认识和感情上发生了什么样的变化？思想产生了什么样的困惑？哪些事情引发了态度的转变？哪些能力是以前所缺乏的？哪些能力是通过活动得到显著提高的？

一次参加综合实践活动的 5 个高年级学生给低年级学生做报告，我听了之后感觉他们讲的亲身经历非常生动，但缺乏提炼升华，于是与他们进行了 5 次沙龙式的谈话，帮助每个学生总结了一条经验。

例如，钮晨琳同学原先选择的课题是盐碱地的治理。她查阅了国内外的文献，发现国内外专家对这一课题已经有了成熟的方法，很难找到创新点，研究了两个月都没有进展，她陷入了深深的苦恼之中。一次去姥姥家，她发现屋后长着一片茂盛的柽柳。她问柽柳有什么用途？姥姥告诉她可以编筐，而且能够卖个好价钱。她听后，眼睛一亮，突然来了灵感：把盐碱地的治理转化为盐碱地的开发和利用！于是她调整了研究计划，开始调查盐碱地的野生植物及其利用价值，沿着这条思路找到了课题研究的创新点，获得了天津市科技创新大赛的一等奖，并被选送参加全国科技创新大赛。

她是如何获得成功的呢？我帮她总结为"逆向思维激发创新的火花"。

前面讲过孔维懋研究地质塌陷的成功案例，我帮他总结为"无数次地往返于实地勘察与基础理论之间"，孔维懋颇以为然。

以上各环节环环相接，反映了综合实践活动在时间上的连续性和空间上的广延性，构成了相对稳定的活动基本过程。这一过程的确立非常重要，它体现了综合实践活动课程的过程观，作为有别于学科课程的独立的过程形态而存在，同时与一般的"课外活动"也区别开来。没有这个独特的过程，综合实践活动课程的综合性、实践性、开放性、生成性、自主性等基本特征都难以得到显现。

（四）广揽人才建设指导教师队伍

学科课程有受过专业训练的师资，而综合实践活动课程的师资尚未纳入大学的培养计划。建设指导教师队伍是课程实施的前提，更是挑战。综合实践活动课程属经验型课程，指导教师至少要做到以下五有：有新的课程理念；有广阔的知识背景；有实践操作技能；有外出考察活动组织能力；有课题指导能力。而学科教师受应试教育熏陶已久，学科背景单一，在教学中大多习惯于"讲"，实践操作能力较弱，活动组织只限于校内，对科研方法也不太熟悉。因此，教师队伍不适应是综合实践活动课程难以实施的困难之一。

面对这些问题，我们从以下两个方面加以解决。

1. 挖掘校外人才资源，组建专兼职结合的教师队伍

充分重视校外人才的挖掘。不求为我所有，但求为我所用。我校紧邻大学城和天津市高新技术产业园区，周边社区居民的文化素质也很高，聚集了很多人才，这成了我们宝贵的"人才资源库"，为我们建设一支优秀的兼职教师队伍提供了良好的条件。兼职教师可分为两类：一类是聘到学校专职岗位工作，这类人很少；另一类是志愿者，根据活动计划安排，有活动即来，不定期参加专项工作，这是大多数。

他们来自科研院所、学校、企业、机关等不同行业或部门，有在职的，也有退休的，大都具有高级职称。他们各有专长，有着丰富的实践经验，熟悉某一领域的情况，成为我们开展综合实践活动课程的宝贵人才资源。多年来，我们多方联系，诚恳热情邀请，主动介绍办学情况，提供良好的活动条件，生活给予关心照顾，聘用了许多优秀的兼职教师，他们为我校综合实践活动的开展做出了重要贡献。

【案例】令师生高山仰止的徐华鑫教授

徐华鑫，天津师范大学教授，为建立《八仙山自然保护区》做出了突出贡献。每年生态考察前我们都会请徐教授为学生做报告，为学生做课题指导。2008年，上山前，突降大雨，徐教授给我打电话，让我们更改登山日期。根据他的经验，七里地的泥泞山路，别说是学生，连老乡也上不来。但第二天早晨，我们的学生有如神兵天降，排着整齐的队伍精神抖擞地出现在了山门前，令老人激动异常。"天津中学的学生，都是英雄！"老人如洪钟般的声音在山谷中回荡。他不顾年事已高，亲自跟随学生一起登山。遇到一棵植物、发现石头上的苔藓，他都要把它们的来历、性状、研究价值介绍给学生。他的周围有一大帮虔诚的追随者，不断地有人提问，老人有

徐华鑫教授（前右一）在八仙山路上给学生讲解

问必答，走不了几步，他就要停下来讲解。看着这一幕生动的教与学的场景，我十分感动。徐教授毕竟已是 70 岁高龄，年轻人登山都气喘吁吁，何况他还要不停地讲。我安排了两名学生负责保护徐老师行路的安全，并规定每次提问加讲课不得超过 20 分钟，间隔休息不得少于 30 分钟。但学生屡次"犯错"提问，徐教授更是"不遵守纪律"，兴致所至，滔滔不绝，致使两个负责保护的学生很为难。在八仙山自然保护区，徐教授不仅以渊博的知识，更是以高尚的人格令师生高山仰止。

2. 组建校内指导教师队伍

组建校内指导教师队伍是综合实践活动课程常态化实施的根本保证。

十几年来，校内涌现出了一批热衷于综合实践活动课程的教师。这批教师并不是刻意培养的，而是课程实施的实践造就的。下面我们将典型教师的特点和特质提炼出来，总结组建校内指导教师队伍的经验。

（1）引导教师正确认识课程的价值

不重视解决课程理念，综合实践活动课程的实施就难以推动。如何解决理念？我们的经验是，让教师在参与综合实践活动课程的实践中转变观念。

【案例】由冷眼旁观到"不能自拔"的张勤科老师

张勤科老师原在外地教书，调入天津中学后，曾经认为学校搞综合实践活动是不务正业。后来他参与了社会调查活动，思想逐渐发生了变化，现在已成为综合实践活动课程的骨干教师。

张勤科老师尝试搞科技创新时与学生一起探讨简单的创新方案。没想到学生的设计方案中有两项被天津市知识产权局认可，报送北京申请专利并获得通过，还拿到了专利证书。其中一项专利产生的背景是这样的：一个同学跟她父亲一起乘飞机，下飞机时被限制了人身自由，原因是行李里有毒品。后来经查实，她父亲的包与一个毒贩的包外观一样，结果是毒贩跑了，而她和父亲被耽误了很长时间。这个事件对她有很大的触动，有感于此，她想到了发明一种磁卡式机票，把乘机人的信息输入磁卡，这样检票时就能很快核对出乘客的信息，即使毒贩跑了，其信息也会被留下。

原来中学生还可以搞出专利，甚至能转化为生产力。他的热情一下子高涨了起

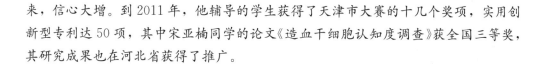

来，信心大增。到 2011 年，他辅导的学生获得了天津市大赛的十几个奖项，实用创新型专利达 50 项，其中宋亚楠同学的论文《造血干细胞认知度调查》获全国三等奖，其研究成果也在河北省获得了推广。

(2)培养执着精神、热情和交际能力

做成一件事，就要有热情与执着精神。综合实践活动课程的实施困难重重，正是靠指导教师的执着与热情，才能克服重重困难，取得课程的顺利实施。

闫为国是天文小组的辅导教师，工作执着能吃苦。每年的冬季，他都会带天文社团到户外进行天文观测。一年去天津宁河县七里海观测流星雨，那天晚上天空晴朗，非常适合观测，但极其寒冷。观测流星雨需要躺在地上，才会使观测的视角最大，看到流星的机会更多。他们每人穿得里三层外三层跟大熊猫一样，还是冻得瑟瑟发抖。相机由于温度过低，快门都打不开了。有闫为国老师的以身示范，每个人都坚持了下来，顺利完成了观测任务。

闫为国老师在火车上与学生交流

汶川地震后，我想开展地震观测活动。我把任务交给了闫为国老师，虽然他对地震观测不了解，但对组织学生活动充满了热情。他马上行动，通过天津地震局找到了国家地震局监测预报中心的刘桂萍处长。他与这些人都素不相识，但他的热情与执着打动了所有的人。他们来我校进行环境考察，参观了学校的生态园并十分感兴趣。刘处长毕业于北京大学,孩子正在念初中,对应试教育十分不满,对学校实践教育理念感同身受。我给她提出建议,由国家地震局在一些中学建立一些观测点,由学生负责观测并把数据上传给地震部门。这样,既能够节约人力成本、大量地采集地震基础数据,又能够培养一批对地震观测感兴趣的学生。建议得到了刘处长的高度认同,当即决定在我校建立一个地震观测站点,配备一台地震设备。天津地震局负责培训学生和指导教师。这件事从提出动议到办成,不足一个月。囩为国老师不辞辛苦,多次往返京津两地,四处奔波,多方联系,充分展示了一个普通教师的外交才能。让教育走出校门,充分开发社会的教育资源,我们就得有这样既热情执着又有交际能力的教师。

【案例】把学生推向北大模联大会的杨敏老师

2005 年,北京大学举办全国首届中学生模联大会,然而我们学校榜上无名,被邀请的都是各省市的百年名校。杨敏老师为此多次造访北大,终于感动了组委会。我校 5 名学生将作为"赞比亚共和国的外交官"参加三个委员会的讨论。

杨敏老师多次到天津市外事办联系,带领学生拜访赞比亚驻华大使馆,得到了热情接待。学生们面对面地和参赞先生进行了友好的交流,十分激动。她还通过南开大学联系到了非洲留学生与我校学生交流,增加学生的体验。组织校内模联会议,准备工作十分繁杂,她既大胆放手让学生自主去做,又细心指导,帮助学生解决困难。代表没有正装,她就把自己的 4 套衣服借给学生,学生住宿有问题,她就带学生到自己家里住,会议开得晚,她就陪着学生一起去吃饭,并把他们逐一送回家。

天津中学的社团活动搞得生气勃勃,杨敏老师功不可没。

(3)发挥教师的专长

每个人的智能和知识结构是不一样的,用人要用其长。把群体中每个人的优势智能和特长发挥出来,就会实现这支队伍效能的最大化。没有有专长的指导老师,就很难指导学生开展高水平的实践活动和研究性学习。

【案例】传媒专业的引路人姜运利老师

姜运利老师曾在本溪钢厂日报社、本溪钢厂电视台当过副总编辑,拥有 20 多年的新闻工作经验，对影视编辑、图像设计、网页编辑业务十分精通。2002 年，他爱人先调到了我校。他找到我，希望帮他在新闻部门找个工作。学校的发展离不开宣传，我问他是否愿意留在天津中学，他说自己没教过学，恐怕有劲使不上。我让他先帮我们把学校网站和校报办起来。

专业人员就是出手不凡，网站各种栏目的设计很有特点，一开通点击率就很高。学校的《天人报》原来排版像传单，他来了以后用专业软件排版，从版面布局、字号搭配到图文安排都非常规范，将其打造成了一份专业报纸。学校一开活动课，他更是找到了用武之地。他编写了传媒校本课教材，按报社、电视台培训记者和主持人的方法培训学生。天津中学校园电视台的节目、天津中学校报，连续几年在全国校园媒体评比中都获得了金奖。

2008 年汶川地震之后，灾区学生来我校学习，他选了其中 4 位学生学习拍摄影视。假期到蓟县开展综合实践活动，天津电视台的记者想跟姜老师借录像带要些视频素材，姜老师说自己用的是硬盘摄像机，如果要录像带，只能先拿学生录的。电视台记者说，学生录的肯定不行。姜老师送去了录像带，当天晚上电视台播出了天津中学暑期综合实践的专题节目。姜老师去取录像带的时候，电视台记者说，画面真好。姜老师说，全是四川学生录的。记者目瞪口呆。

学生在活动中学到的不仅是技术，更有对传媒的热爱。最初跟姜老师学习办报、办电视的一些学生，高考毕业时都选择了传媒专业，像王瑞丰、吴跃、程林等，他们在大学时一显神通，毕业后，做了专业记者。

姜老师说，当初调到天津中学，只是想落个脚，没想到这一落脚，就不想再跳了。他喜欢与学生在一起，喜欢在天津中学工作，在这里他的专长有无限的施展空间。

（4）强调从"讲师"变"导师"

综合实践活动课程是开放性和实践性课程，没有学科教学式的教材，学生的活动在"三条主线"框架内，以自主选择学习内容和直接体验为主。学习任务来源于生活中的真实问题，课程的学习方式也超越了知识传授模式，强调自主学习，强调操作、调查、探究。内容与方式都与学科课程迥异，这些对教师来说是全新的。因此，应该把学习活动的权利还给学生，让他们用各自的眼光去关注自己感兴趣的人或事物，用自己的方式去研究解决自己选择的问题。教师无法包揽一切，也不应包揽一切，但是也不能走极端，不能由"包揽"走向"放任"。学生的社会经验和学习能力毕竟有限，还不能离开教师的指导。钟启泉等人编写的《基础教育课程改革纲要（试行）解读》指出："教师既不能'教'综合实践活动，也不能推卸指导的责任放任学生，而应把自己的有效指导与鼓励学生自主选择、主动探究有机地结合起来。"

事实上，综合实践活动的三个阶段需要教师在很多方面对学生加以指导。如明确任务目标、了解学生的兴趣和需要、引导发现问题、给予方法指导、帮助解决活动过程中遇到的问题和困难、及时予以鼓励评价，等等。总之，指导要贯穿学生活动的始终，教师必须转变角色，由"讲师"变为"导师"。

【案例1】"若即若离"的俞世泰老师

我在耀华工作期间，俞世泰老师是开展科技实践教育的坚定支持者，2000年聘请他到了天津中学。蓟县综合实践活动基地刚建立的时候，他实地考察，拟出了30个专题供学生考察研究时参考。天津中学综合实践活动课程实施所取得的成果里浸透着他的心血和智慧。

2008年俞世泰老师和贾永金老师在于桥水库指导学生做水质调查

俞世泰老师尤为擅长在活动中对学生进行个性化指导，并形成了自己的系列指导策略。如无为而治法，就是以老师的"不作为"催发学生的作为。学生宗小雅，开始研究课题时认真地表示"老师指向哪，我就打到哪"，而俞老师的回应是"我们什么也不指"，只让她围绕课题设计问题。离开了老师的拐杖，她由过去很少提问题，再经"胡乱提问题"，之后学会了提出有价值的问题。入户调查时，俞老师和她约定：老师只陪护，不说话，然而正是这一逼，竟让不爱说话的她逐渐地能与各种人攀谈。当学生的研究走入"死胡同"时，他却不失时机地给以点拨、指明方向。孔维懋研究地质塌陷，因到有关部门了解情况屡遭拒绝而陷入困境，俞老师告诉他："你可以先实地考察，掌握第一手资料。"这一点拨使得孔维懋豁然开朗。此外还有"穷追不舍法"（不断提出问题以促进学生思考）、"精神激励法"（适时予以肯定性的评价鼓励）、"点石成金法"（帮助学生总结、反思、提升）。

俞老师和许多学生成了"忘年交"，他们经常打电话向俞老师汇报大学学习生活或工作情况，遇到问题还习惯性地向他求教，过年他也总能接到很多祝福的电话，对此他感到很欣慰。

【案例2】用QQ架起教育通道的傅钰老师

下面是傅钰老师写的一篇工作日志。

"晚上Q您""9点群里开会""又换签名了！"这是我和学生在对话中常出现的句子，也是属于我和学生间默契的小幸福。我们常说要陪伴学生成长，我想"陪伴"的第一步应该是"走近"吧！走近他们关注的，走近他们喜爱的，走近他们困惑的。当我发现他们人手一部手机，随时随地地"上网""挂Q""转帖"的时候，我就知道，那只胖胖的QQ企鹅，会成为我走近学生的最好"坐骑"。老师可以根据不同的学生群体建立"Q群"，以及时发布信息、共享资源，传递心声、交流情感，为师生之间、生生之间搭建起沟通的平台。如2010年原籍分别来自北京、天津、河北的三名学生，发现由于各地教育发展不均衡，综合实践活动课程的实施存在很大的差异。他们和我商量决定利用暑假的时间，针对三地中学生对综合实践活动课程的认知、实施等现状进行抽样调研。晚上8点准时打开QQ，我和学生在群里同时在线，他们会把各自的数据传到"群共享"，把照片传到"群相册"，而我则会把我的修改意见贴在群里。学生不仅可以随时发问，而且还能在及时的彼此沟通中达成共识。

这样的 QQ 群沟通，在论文的撰写过程中要经历 4 次以上，我会把学生每次发来的论文和我的修改意见一起存在 QQ 邮箱或"群共享"中，避免了指导的随机性、盲目性，以便学生的修改、查找和教师的整理、反思。同样的方法我还会延伸到其他的教育活动中，不仅利用 QQ 进行及时沟通，更将 QQ 的空间作为润物无声的另一片沃土，不仅通过传照片、转帖子、发心情，让学生感受到一个真实的朋友，更通过写日志，和学生交换思想，传递一种无声的教育力量。

如果说我写日志时，是想将我的感动传递给学生，那么当我看到回帖时，我被学生感动了！这就是最真实的教育，触动灵魂的教育。几年实践下来，QQ 和空间已经成为我和学生交流不可或缺的一部分，先后建有志愿者群、团委群、综合实践群等。我们会交流读过的书，看过的电影；会策划要开展的活动，彼此提醒会出现的问题；会讨论社会上、校园里的热点矛盾，焦点现象；更会分享彼此的心情。透过每一次 QQ 头像的闪动，每一次 QQ 空间的浏览，我都能感受到"亲其师，信其道"的传统教育思想在现代化教育媒介下的再次闪光。

（5）要求当好"人师"

《礼记》中有一句话："经师易得，人师难求。"说的是传授知识容易，给学生思想和人格影响难。中国的传统文化十分重视做人教育，重视教化。教学永远具有教育性，除了教知识技能外，教师必须时刻重视教学生做人，时刻注意自身的行为和修养，以自己的才学和人格给学生的成长以潜移默化的有益影响。

【案例】激发航空梦想的王培才老师

王培才老师是天津市知名的优秀航模运动辅导员，一生痴迷于辅导孩子们开展航模活动。20 世纪 90 年代初，他辞掉了校长职务，回归科技辅导员队伍，2003 年年初，一家企业准备生产畅销国外的遥控模型飞机，高薪聘请他，被他婉言谢绝。2001 年我聘请他来学校，他欣然应允，并提出不收取分文。

为了给航模活动创造良好的条件，学校带着他参观了北京的一些学校，准备添置一些最新最好的设备，但是被他谢绝了。他说："我这几十年来辅导青少年的航模活动一贯秉持'因陋就简，艰苦奋斗'的原则，这也是对学生进行素质教育。"学校要给航模活动教室配备新橱柜，他提出还是使用旧办公柜。他还按照实际需要，带领学生用空调包装箱制作了放置模型飞机的立柜，还用学生从家里带来的牛奶纸箱制作了工具箱……这一优良传统一直保持到今天。

王培才老师与航模小组的学生

十年来，他没有休息日的概念，尤其是寒暑假、节假日、周六和周日，在活动室、操场和大厅里，总能看见他和学生在一起。每天早晨6：30就开始了飞行练习，直到上课前才结束。有的孩子大课间也要来20～30分钟，中午嘴里嚼着饭就往航模组里跑。他创办了"假日少年航空模型俱乐部"，实施了"飞上蓝天——航空模型设计与制作"的教学研究，吸引了大批的学生参加航模活动，这里充满了乐趣，没有考试的压力。学生主动学习、自觉钻研，热爱上了科学技术，也喜欢上了物理、数学等学科。每当人们看到他和孩子们亲密无间地搞航模飞机时，可以感觉出是一种共同的兴趣爱好、共同的理想形成的忘年之交，看不出祖孙隔代人的"代沟"。

航模活动促进了学生素质的全面提高，因此得到了家长的理解和支持。他们主动写了航模活动对孩子健康成长的感受的文章，还给学校赠送了锦旗和纪念座镜。

十年耕耘，活动硕果累累。在天津市青少年航空模型锦标赛中，王老师和他所带的团队共荣获团体冠军16项次，个人冠军19人次，个人前六名87人次。2011

年，中国航空学会授予了天津中学"全国航空特色学校"的荣誉。

现在王老师已经年逾花甲，仍不知疲倦地继续努力工作。他说："我这个年纪，早已抛掉了一切贪欲之心、名誉、地位，能以达观平和的心态面对一切，唯一不舍的就是学生和航模。作为一名老教师，我最感到欣慰的莫过于真实地抚摸到自己栽培过的满天下的桃李。我还希望能尽最大的努力完成我人生最后的心愿——在哺育少年的同时培养出一批航空模型活动辅导员。"

二、综合实践活动的育人魅力

从上一部分的叙述中，我们可以初步感受到综合实践活动课程的育人价值。教育的育人功能要体现在学生的成长和发展上，体现在能帮助学生不断取得和体验成功上。本节分别从学习论、人本论、道德论和人格论几个视角加以概括，以使我们形成其育人价值的完整轮廓。

(一)学习论的角度：综合实践活动让学生学会学习和创造

当代社会，一个不会学习和创造的人算不上拥有成功人生。

综合实践活动课程给学生的学习带来的变化主要表现在：强化了问题意识，增强了批判精神，改变了学习方式，培养了实践和创造能力。本书介绍了大量的例子，以下再介绍两则。

【案例1】让国际权威折服的马晓耘

学生马晓耘是天文小组的成员。2003年，他与京津两地的天文爱好者一起观测到了流星雨的奇异现象，并将观测结果迅速发给了国际流星雨组织。但该组织的负责人不相信，认为他们是"过于兴奋"。权威们的态度激起了马晓耘的愤慨，他发愤要找到证据。他给日本的天文组织发信请求提供电子观测记录，但杳无音信。后来他在网上找到了这些资料，计算机连续下载了19个小时。面对浩如烟海的数据，他一时无从下手。他请教老师，但老师也不懂，不过老师帮他找到了北京天文馆馆长朱进博士。他又花了一个月的时间自学了有关无线电观测的知识，学会了整理数据的方法，并设计了计算程序，经过夜以继日的计算，他竟然从日本的自动观测数据中找到了支持自己目视结果的证据，并将此结果发给了国际流星雨组织。在铁的事实面前，这些权威们终于承认了马晓耘等同学的观测结果，并向世界各国予以公布，还邀请他参加国际天文学年会。

马晓耘与同学在做天文观测

马晓耘同学不迷信权威，敢和权威较真，体现了创新的前提是独立思考、自由探索。在信息社会，知道为什么学、学什么和怎样学，远比掌握现成的知识更重要。作为教育者，我们有责任为改变迷信权威的文化心理做出努力。马晓耘的案例在学校的文化长廊中被长期展示，他成为学生具有批判的意识和敢于创造的一个榜样。

【案例2】不上课，成绩反而提高

为了完成研究课题，蔡晓宇同学需要到天津师范大学实验室做实验。每天中午吃完饭就要奔赴师大，晚上9点返回学校，补习当天下午的学科课程，夜里要到一点钟后才能睡觉。这样主动、刻苦的学习精神与部分大学生的厌学现象形成了鲜明对比，感动了师大生物学院的院长。学院不仅提供了研究条件，还义务为她指导，希望用蔡晓宇热衷研究的典型"刺激刺激"本科生的惰性。这样，蔡晓宇只用了一个半月就完成了本来要用半年时间才能完成的实验。

蔡晓宇一个半月没上下午课，学习成绩不仅没下降，反而有了提高，总分由班级第五名提高到了第一名。2009年开学后她要去日本访问，于是在寒假期间，她就自己把开学初的一个月课程都自学完了，老师审核后发现，物理作业正确率在90%以上。这引起了教师的思考：我还没教呢，学生都会了。在推行自主学习时，有的老师对我说，"我讲了他都听不明白，自己学能学会吗?"教师会上，我用蔡晓宇的案例给怀疑论者以回答。

学会学习必须转变传统的学习方式。教师的"专制"和"霸权"会影响主体人格的形成，民主宽松的氛围有利于学生个性的张扬，有利于培养民主社会的公民意识。

以新课程倡导的自主学习、合作学习和探究学习方式而言，其中每一方式都会对学生产生积极的影响。自主学习有利于促进人与自我关系的构建，形成主体性人格和积极主动的人生态度；合作学习有利于促进人与人和谐关系的构建；探究学习有利于促进人与生活世界关系的构建，形成正确的世界观和科学精神。从这一角度看，学生的学习方式不同，会导致育人效果的大相径庭。

（二）人本论的角度：综合实践活动让学生感受到成长的幸福

每个人都渴望拥有幸福，幸福感是评判人生成功与否的重要指标。幸福是一种心理体验，属于精神层面，与每个人的幸福观有关。

教育是为人的成长发展服务的。马克思的学说更加凸显了人的本体价值。追求幸福是人的本性，我们应当把对幸福的追求视为人对自身本质的追求，因此，学校的教育也要以人的幸福为终极目的，但我们看到的却是应试教育背景下学生幸福感的缺失。如何使幸福回归教育？实施综合实践活动课程不失为一个有效的解决途径。

1. 让学生在"爱"中感受幸福

爱是幸福的源泉，一个处于情感沙漠之中的冷漠的人体验不到幸福。前面我们谈到，通过父母岗位体验，许多学生感受到了来自父母的爱。下面说的是学生通过参加社区服务活动体验到了对他人的爱的事例。

【案例】走进"鹤童养老院"体验"爱"与"情"

2010年3月11日，志愿者协会组织了"共此夕阳——慰问鹤童老人"活动。话剧社的同学精心准备了获奖作品《我的疯娘》，老人们被同学们逼真的表演所感动，剧情达到高潮时还激动得流了泪。阎旭同学的一曲《唱支山歌给党听》更是饱含深情，把老人们带回了激情燃烧的年代。以下是学生的感悟：

"这是一次使我心灵颤动的旅程！当我看到老人们坐在轮椅上，等待着我们的表演时，我有一种莫名的感伤。"

"当看到年迈的老人认真地观看我们的表演时，想到有一天我们也会变老，不免一阵心酸。我们应该孝敬老人，关心他们，让他们幸福地度过晚年。"

"或许我们曾习惯于索取，当我们学会奉献爱时，才知晓快乐的真谛。"

幸福不能离开爱与被爱，爱是人的基本需要，爱自己又爱别人的人是幸福的。综合实践活动是培养学生关爱精神的载体。

2. 让学生在审美中体验幸福

不仅"活着"，而且会品味自己的"活"时，人才是幸福的。马克思主义认为，像审美那样生活，是人类最高的生活理想。

【案例1】用相机捕捉生命的色彩和美

高二(2)班的陈泽伟同学是摄影社社长，他的作品以营造意境见长，曾获得全国大赛一等奖。2008年暑期，为参加天津市"节能在我身边"主题活动，他到一家能源公司想要采访拍摄，因为涉及知识产权和产业机密，门卫不让进，他就反复解释，说明原因，找到并说服了总经理，拍到了符合题材的照片，并获得了优秀奖。陈泽伟说："我总是随身携带着照相机，在一花一木间捕捉生命的色彩、感受美好的生活。每次拍摄时，我都觉得自己和美融为一体了。"

【案例2】感受海河桥之美

在对海河上的桥做研究的过程中，学生宋时慧对各种不同风格的桥的美学特征做了分析和提炼。下面是她在文章中所做的归纳。

海河桥的审美感受表

序号	桥名	美学特征	序号	桥名	美学特征
1	慈海桥	时空流转，美景尽收	10	保定桥	乘风破浪，生机勃发
2	金钢桥	对称拱形，柔美划一	11	大光明桥	气势宏伟，富丽堂皇
3	狮子林桥	狮雕细腻，典雅秀丽	12	蚌埠桥	飘带飞舞，柔和空透
4	金汤桥	固若金汤，稳定挺拔	13	奉化桥	轻盈灵巧，动感十足
5	进步桥	造型优美，宛若飞鱼	14	刘庄桥	双柱擎天，独具风姿
6	北安桥	中西合璧，秀丽浪漫	15	光华桥	航母横卧，简洁大方
7	大沽桥	日月双辉，雄姿动感	16	国泰桥	彩虹飞跨，刚劲柔美
8	解放桥	均衡稳固，庄严雄伟	17	富民桥	横空飞架，坚韧不拔
9	赤峰桥	巨轮扬帆，抒情奔放	18	海津大桥	快速通行，连续流畅

从上述案例中我们不难看出，无论是陈泽伟陶醉于"留下所有美丽的瞬间"，还是宋时慧考察研究各种形态桥的审美特征，他们都产生了相应的美感体验。

美感体验是人对事物的整体的、情感性的、诗意的感知和把握，它使人的精神处于一种相对自由、和谐的状态。美感体验对一个人的幸福是不可或缺的，它关系到人的精神成长和满足。审美趣味低下，生活必然缺少诗意。幸福属于精神领域，人若少了对美的感知和体验，生活是不会有幸福体验的。

3. 让学生在追寻理想中领悟幸福

生活的意义是人幸福的根基，而人生理想又是与生活的意义密切相关的。人们往往把自己的生活意义融入自己的理想追求之中。

【案例】生态园活动让他们喜欢上了农业

如今城市的学生生活在水泥森林中，他们极少接触农业生产，对现代农业知之甚少，以为农业生产就是脏兮兮的面朝黄土背朝天的辛勤劳作，社会地位低下，收入低微，让人看不起。梦想的都是体面、干净、高收入的专业。对农业的这种误读和歧视，使他们在人生规划中几乎没有学农学的想法。

随着天津中学生态园实践活动的开展，以及不断地和农业科学专家交流，许多学生逐渐转变了自己的片面认识，对农业科学产生了强烈的兴趣。一位女生在接受记者采访时说："原来我从未考虑过报考农业，但生态园实践使我喜欢上了现代农业，我现在有了报考农业大学的想法。"后来她如愿以偿，被南京农业大学录取。

近年有人对全国 31 个省(市、区)的 175 所普通高校的 47000 余名 2007 级大一学生进行了问卷调查，发现超过半数的大学生对专业选择结果不满意，原因是填报志愿时比较茫然，缺乏对专业的认知。一个学生在高中时还没有自己所喜欢的学科和专业，没有职业意向，学习就会失去方向感。进入大学学习了自己不喜欢的专业，将来从事自己不喜欢的工作，就会常常处于无奈的情绪体验之中，生活就不会幸福。

失去了对理想的追求，也就失去了生活的意义。因此我们要重视在中学阶段就要培养学生对某一学科和专业的兴趣，让其明确自己喜欢什么、适合做什么、能做什么，进而树立自己的人生理想，为自己的职业规划和幸福人生奠基。

(三)道德论的角度：综合实践活动让学生成为有道德的人

一个成功的人，必须是一个有道德的人。德育的实效性一直困扰着我们，我认为，传统德育的弊端在于脱离了生活和实践，与传统教学的弊端一脉相承。如果把德育置于生活的背景下，置于社会实践之中，那么德育就会有另一番景象。

1. 在生活实践中懂得了尊重

人都有尊重的需求。学会尊重，是对一个人最基本的道德要求。

【案例】爸爸是值得尊敬的

下面是七年级(3)班学生韩子鹏写的一篇岗位体验日记。

来到天津中学的第一个寒假，学校开展了"父母工作岗位体验与观察"实践活动，我就体验了爸爸的工作岗位——送报纸(《今晚报》)。说实话，只有小学文化水平的爸爸也干不了有科技含量的工作，跟他去送报我都觉得低人一等。

……看着爸爸俯下身，戴着指套熟练地捻、抻、按、分，没办法，干吧！刚干了没一会儿，我就感觉很累，没想到这么简单的活儿居然会累倒我。想想爸爸每天都在重复这单调繁重的工作，心里觉得很不是滋味。咬咬牙终于干完了，腿早已站麻了，腰和手臂又酸又痛。接下来要去送报了。到了目的地——飞云东里小区，最痛苦的体验开始了。我们一栋楼一栋楼、一层楼一层楼，挨家挨户地送，没跑几个来回，我就气喘吁吁体力不支了。先是摘掉毛线帽，再扯下毛围脖，又解开防寒服扣子。当看到爸爸那单薄瘦小的背影飞快地闪进楼栋里时，我不禁难受起来。爸爸为了这个家，为了我能过得好，每天拼命工作，拼命赚钱，而我呢，我为爸爸做过什么？没有。不仅没有，还看不起他，经常挑爸爸的不是，认为自己什么都懂，什么都是我对，平时都无视他的存在。现在看来，我只是一个不懂事的小孩而已，爸爸是值得尊敬的人。

韩子鹏与父亲在分报纸

在生活中，一个不懂得尊重别人的人，是无法很好地融入社会的，也无法获得他人的尊重。

尽管人与人之间的社会分工不同、权力大小不同、财富多寡不同、学问深浅不同、能力强弱不同，但人格是平等的，都应受到尊重。如果上级官员对下级官员颐指气使，下级官员对百姓趾高气扬；大城市人瞧不起小城镇人，小城镇人瞧不起乡下人……那社会将会是什么样子？一个群体失去了彼此的尊重将无法维系，一个社会失去了彼此的尊重就不会和谐。然而在我们的学生中，仰慕权位和财富、看不起普通劳动者、嫌弃父母没本事没钱的并不鲜见。这样的人将来能为社会大众服务吗？

2. 在生活实践中学会了关爱

【案例】陈化米引发的研究

学生孔祥垚的家里来了一位农民工亲戚，吃饭时觉得他们家的米很香，这引起了他的关注。他了解到，一些包工头为了省钱，给农民工吃的是陈化米。这些陈化米经过黑心作坊的"加工"，一般人从表面上很难分辨出来。为此孔海垚选择了"陈化米的快速检验"的研究。为了取得第一手资料，他扮作工地食堂采购员，"深入虎穴"成功取样。这一课题在全国创新大赛上获奖。一个评委说："看了题目我就受到了感动，一个中学生能够关注到农民工，能关注到大众的食品安全，非常难能可贵。"

继 1972 年提出"学会生存"以后，联合国教科文组织于 1989 年又提出了"学会关心"。爱决定了人同整个世界的关系，只爱自己所爱的"对象"，不是真正的爱。只有当爱那些与个人利益无关的人时，爱才开始发展。我们要求学生所具有的关爱精神，就是能够爱那些与个人利益无关的人。

如何培养学生的关爱精神呢？从弗洛姆的有关论述中我们能得到一些启示。他认为，爱与一个人对事物的了解和认知有关，一无所知的人什么都不爱；对一件事了解得越深，爱的程度也越深。要想让学生学会关爱他人、关爱社会、关爱自然，就应该让他们走进生活，了解自然、了解生活、了解自我。综合实践活动课程给爱的教育提供了这样的环境。

3. 在生活实践中增强了责任感

责任感是尊重和爱的延伸，是道德的核心。

【案例】结合灾后家乡重建，他们选择了设施农业课题

汶川地震后，天津中学接受了 202 位灾区学生来校就读，暑期组织他们与我校学生一同赴蓟县参加综合实践活动。灾区的学生刚刚抹去地震带来的心理阴影，"重建家园"成为他们坚定的信念和难舍的情结，陈莉、陈倩、温柔、马琴、曾婧同学通过对蓟县泗溜镇温室大棚的调查研究，认为发展温室大棚等设施农业将成为绵竹由传统农业向现代农业转变的有力措施。地震震垮了过时的、陈旧的思想观念及生产模式，重建起来的应该是先进的、有美好前景的新农业。于是，她们确定了《传统农业与设施农业比较及对家乡建设的建议》课题的研究。课题研究报告完成后，她们给天津市市委书记写信，希望书记能够支持并向四川省委转达她们的建议。

现代社会对人的品德要求越来越高。只有当每个人在对自己负责的同时，又能对他人、国家和世界负责，对后人和未来负责，国家才会兴盛，人类的未来才会美好。应试教育强调竞争、淘汰，隐含着"学习是为了个人前途"的利己主义思想。综合实践活动扩展了学生的视域，把学生引向社会，让学生把自身的发展与社会的发展自然地联系了起来，这样才能使其感悟到"国家兴亡、匹夫有责"，才能形成"修身、齐家、治国、平天下"的抱负。把学生整天关在教室里为升学考试死读书，学生能有责任感吗？

（四）形成健康的人格

一个人不管多么有才华，如果人格不健康，他的才华也很难得到充分的施展，而且自己也不会幸福。这样的人就不能算作是成功的人。综合实践活动对学生健康人格的形成具有重要价值。

1. 有利于学生关注自我

"人与自我"是综合实践活动的研究领域之一。只有当学生能够积极地关注自我的时候，才能更好地促进学生健康人格的形成。

【案例】通过亚健康状况调查，引导学生关注自我

在《生命与健康》课程中，发现不少同学出现了亚健康状况。于是王华洁同学依此确立了研究课题。

通过调查统计得知，"亚健康"问题在中学生里的发生率为46％，女生多于男生，高中多于初中，重点校高于普通校。她还分析了导致亚健康的成因：学业负担繁重和应考心理紧张，且缺乏自主、活泼的学习氛围，是导致学生出现亚健康的主要原因；家庭教育失当、社会缺乏关心、学生缺少社会实践等也是重要原因。通过研究，学生们说："中学生亚健康范围之大，人数比例之多，表现程度之严重，令人担忧。这不仅影响着中学生的学习和健康成长，也关系到社会和家庭的和谐。"

这项研究获得了全国科技创新大赛三等奖。王华洁同学也通过学习和思考，形成了关注自身、关注他人的意识。

人对自我的认知在一生中有两次大的飞跃。在幼儿时期当学会了使用"我"一词的时候，开始意识到"我"的存在，完成了第一次的飞跃。第二次飞跃是在青少年时期，这个阶段，生理快速发育，出现了成人的特征，心理困惑和矛盾骤增。这种变化非常突然，于是他们开始把关注点从外部世界转向了自身，如果这些矛盾和困惑不能得到较好的解决，就会出现心理危机。对人的成长来说，这是一个关键期，如果家长、学校能很好地给予指导，引导他们自觉地关注自我、正确地认识自我，积极调适，就能较好地帮助他们度过这个时期，使人格获得健康的发展。

2. 有利于学生树立积极的自我意识

自我意识是人格的核心要素，正确认识自我是健康人格的基础。在活动中让学生形成积极的自我意识是非常重要的。

【案例】宗晓娅变了

宗晓娅原来是市里一所名校的学生，但因为学习成绩差、对教师抵触，而产生了严重的厌学情绪，使学习难以为继，父母无奈，便将其转入了初建时期的天津中学。她参加了学校的社会实践活动，确定了课题——"蓟县山区农业产业结构调整的调查与研究"，历时一年完成了论文，并获得了天津市科技创新大赛一等奖。在这一过程中，她的个性发生了明显的改变。

过去，她是一个学习的失败者，性格内向，少言寡语，不好交际，对老师有抵触情绪。后来她变得活泼开朗，乐于主动与人交往，积极参加各项活动，考入国际关系学院后还成了大型活动的主持人。她的家长感慨地说："天津中学的教育是大变活人的教育！"我们与家长共同分析了她个性改变的原因。

第一，过去因自卑存在交往障碍，而在调查中她必须接触农民和干部。不仅要主动交往，而且在遭到冷遇时还要学会千方百计地跟人"套近乎"。因此交往的意识、方式、能力得到了提高。可以说性格改变的切入点是交往。

第二，开始做课题时她处处都想依赖教师，教师则引导她自己做计划，设计问题，收集信息，这使她潜在的主动性得到了激发和释放。

第三，过去厌学是因为学不懂，丧失了学习的兴趣，但她对课题兴趣浓厚，学习也就有了动力。晚上她要看厚厚一大摞文件，家长说，我们看了都头痛，但她坐得住，看得进去。她要从中选择所需要的信息。这种学习的主动性与认真的态度，不久就迁移到了学科学习中，使学习成绩逐渐提升。

第四，过去她曾是学习的失败者，科技创新大赛的获奖使她品尝到了成功，找回了自信。

获奖后的宗晓娅

此案例发人深省。教育为什么？这是每一个教育者必须首先明确的，然而可怕的是我们往往对此表现出"集体无意识"，教育常常"目中无人"。知识不是教育的唯一目的，教育必须关注人的灵魂，唤起心灵情感的变化才能改变人的精神和行为。健康、积极的情感体验与主动学习是同步进行、水乳交融的。适合社会需要的健康个性，只有在与社会的接触中才能形成。宗晓娅的变化是因为自我意识发生了积极的转变。她过去之所以"少言寡语，不好交际"，是因为"学习成绩差"，有严重的自卑感。综合实践活动让她认识到了自己的潜能，发现了新的自我，于是变得活泼开朗，乐于主动与人交往了。综合实践活动为学生提供了良好的学习成长环境，为学生形成积极的人生态度和人生理想搭建了平台。

以上我们通过事例从四个大的方面做了阐述，从中可以窥见综合实践活动课程所具有的不可替代的育人价值。联合国教科文组织在20世纪90年代出版的《学会生存》一书中提出未来教育的目的是"为一个新世界培养新人"。综合实践活动的开展应当把握这一点，实施活动前应自觉地进行这方面的思考和设计。

三、"实践教育观"的学校文化支撑

实施新课程是迄今为止基础教育最为深刻的革命，它不是一个简单的实施操作的问题，必须有学校教育价值观的坚强支撑。文化管理要为教育改革鸣锣开道。

(一)起校名为新学校立意

2000年暑假之前，天津市教育局调我来天津中学当校长，当时，这所新建校还没有校名，我在耀华中学找了几位老师商量起校名的事。一位老师问我，你办学的主导思想是什么？我说，要体现以人为本，以学生的发展为本。两节课的时间，我们起了十几个名字，但都感到不太满意：一是落于俗套；二是不能体现办学思想。如"国兴中学"，体现了我们的教育要着眼于为国家培养人才，但"以学生的发展为本"这一思想却没有得到体现，容易落入社会本位的巢穴。当天夜里，我辗转反侧，不能成眠，满脑子都是关于校名的事。后来迷迷糊糊地睡着了。醒来后突然来了灵感，脑子里闪现出一个成语"天人合一"。天人合一的后边还有一句话叫作"人参天地"，它很好地体现了以人为本的思想。除此之外，它还体现了人与自然的和谐，从中可推衍出可持续发展的含义，而这两条思想，正是现代教育的两大支柱理念。《词源》上关于"天人"还有另一种解释，叫作"杰出人才"。何不取"天人中学"为名？我向几位老师征求意见，他们也都表示满意。我心中的喜悦油然而生。

当时，天津市教育局也在考虑校名。李局长亲自给学校起了校名，就是现在所用的"天津中学"。局长很民主，问我在上述两个名字中喜欢哪一个，我脱口而出，喜欢我自己起的名字"天人中学"。局长说，那就用你起的名字。随后，市教育局下文，宣布"天人中学"成立。

6月，我在上海参加全国高中骨干校长研修班的学习。当天的课程是中国古代教育思想。我向杜成宪老师请教，用"天人合一"之意命名学校是否合适，得到了老师的肯定，但当时在场的东北师范大学附属中学校长和上海七宝中学校长不约而同地说，"天人中学"容易让老百姓误认为是私立学校，老百姓有几个人会去研究教育思想？还是局长起的名字好，"天津中学"听起来多么响亮！两位校长的话让我顿开茅塞。回天津后，我就去找局长请求更名。天津市教育局又一次下文，将"天人中学"更名为"天津中学"。

现在回想起来，天津中学的名字确实很好。我们享受到了以所在的城市而命名的特殊待遇。但在这同时，我们也承担了一份责任。我们必须创造出无愧于这个城市的一流的教育，否则愧对天津的父老。这个名字等于给我们全校的师生以鼓励和鞭策。

其实，办学最重要的还不是叫什么名字，而是贯彻什么教育思想。"天津中学"和"天人中学"两个名字各有千秋。前者响亮，后者深厚，两者都揭示了我们的使命与责任。后来学校办报用"天人报"作为报名，弥补了未能用"天人中学"这一名字的遗憾。

（二）诠释校训凝聚师生的精神

天津中学成立伊始，我就开始考虑以一句简明而富于激励的口号作为校训。环顾各校的校训，立意深刻、语言精辟的很多，但千篇一律的也不少，如求实创新、开拓进取之类。应该说，这样的校训，在开始提出的时候，有着深刻的内涵，且极具时代特点，可惜后来比比皆是，这本身就失去了创新的意味和个性。能否提出一个能高度概括学校办学的价值追求且具有激励和凝聚作用的校训，成了我苦苦思索的问题。这期间，我不断地注意收集各地的校训，当我看到了高密一中的校训"为四十岁做准备"时，立刻感到豁然开朗。这朴实的语言、深刻的内涵、鲜明的时代气息，不正是我所要寻找的吗？我也曾就此立意探讨过，但总未找到满意的表达，由此对高密的同行感到由衷的钦佩。受此启发，略加改动，"为成功的人生做准备"——天津中学的校训诞生了。

有了校训，准备在教学楼入口处建一面校训墙。任伟老师负责学校整体文化设计，他对我说，这里是否要题写邓小平的"三个面向"？德育处的老师也几次强调，上级要求在学校的最醒目的地方要有"三个面向"，这是学校德育工作达标的刚性指标。我没有采纳这些意见，这面墙仍然只题写了校训。

我认为，校训墙是学校的办学追求和学生成长追求的载体，对师生具有激励作用。题写的内容应该能够反映学校的核心价值取向，能够紧密联系学生的生活实际，符合学生的发展需求，能够引发师生主动的思考，对师生的思想和行为产生积极的潜移默化的影响。"三个面向"非常精辟，它是邓小平教育理论的精髓，为中国教育事业的发展指明了方向，特别是对深化教育改革起到了历史性和战略性的指导作用。但小平同志主要是对党的领导干部、教育行政部门的领导和学校领导讲的，不是直接面对中小学生的。教育工作者的职责和任务，是要将这种宏观的战略性要求具体地、创造性地转化为适合学生的一系列教育活动。

校训墙的对面立着一块近两米高的长方体的大石头，其形状如基石。上嵌白色大理石，用英文刻着"学会学习，学会做事，学会合作，学会做人"。这是联合国教科文组织21世纪教育委员会报告《教育——财富蕴藏其中》中的一段话。"四个学会"实际上回答了为成功的人生要准备些什么，所以我们把它叫作"校训石"。

为了加强学校教育价值观建设，让校训所蕴含的教育价值观能够转化为师生自觉的内在追求，我们在全校开展了诠释校训活动，并在校训墙旁边开辟了一个区域，展览教师和学生撰写的释文，另外还精选了部分释文结集出版。

什么是成功的人生？需要为此准备些什么？如何准备？这是一些发散性的问题，仁者见仁，智者见智。思考就有价值，交流更有意义。我们要求各班都要召开以成功人生为主题的班会，为学生讨论交流提供平台，希望对学生的精神生活、价值目标、行为方式进行引领，进而形成共识，促进优良校风的形成。学生们以极大的热情参与活动，各班的主题班会内容丰富，同学们运用诗歌、散文、小品等多种多样的形式抒发了他们对成功人生的向往。

入学后，学校组织开展诠释校训主题班会活动，老师要求每个组提出一个"创意"进行评比，中标的做班会主持人。吴越同学兴奋不已，在母亲的帮助下提出的创意一举中标。他将班会设计为6个环节：1. 阐释"成功"的含义。2. 时光倒流。由一名女生扮演居里夫人，讲述刻苦学习、不懈追求的体会，及乐在其中的人生感悟。

3. 把握当下。由一名男生扮演他们非常喜爱的马老师，这位马老师的家乡位于中国贫困地区，他通过刻苦学习改变了自己命运。4. 放眼世界。由一名男生扮演比尔·盖茨先生，畅谈经过个人努力取得的成功，并由此推动世界科技进步的意义。5. 相约十年。提前发给每个同学一张漂亮的彩纸，写上自己的名字、心愿和目标，然后叠成五角星，在班会现场，依次放进一个密封罐里。将罐子封闭，郑重地交给班主任保存。十年之后，相约回母校、回到这间教室，揭开罐子、展开五角星，朗读心愿、见证成功。6. 老师点评，校长讲话。整个环节既新颖有趣，又能激人奋发。

在诠释校训的班会上，也暴露出了学生的一些问题。在一次班会上，我听到一个学生谈他的"理想"。"我将来要当一个企业家，我要有自己的别墅、宝马车……"非常露骨地抒发了对金钱、地位的崇拜。这样的想法可能不是个别的，折射出了社会上金钱崇拜、权力崇拜的现象。他的发言引起了我的警觉，如果我们的学生把成功都理解成腰缠万贯，那我们的国家和民族的将来是危险的。让学生将个人前途与国家的利益统一起来，让他们走入社会，了解社会，发现社会存在的问题，激发社会责任感，是教育工作者义不容辞的责任。这个学生的发言坚定了我要搞好综合实践活动的信念。

对成功的向往，不仅是学生，也包括教师。我希望通过诠释校训，教师也能有自我发展的意识和规划，能意识到工作的意义和肩上的责任，能在工作中进步和成长，体验到职业的尊严和成功，从而使教师的职业焕发生命的光彩。

年轻教师王津晶写道：

学生说我是他们的大姐姐，甚至一个远离家乡的女孩说我是她的又一个"母亲"，我落泪了，因为我知道这是怎样的褒奖。为了这一声声真挚的呼唤，为了这一个个滚烫的方块字，我觉得即使付出再多的辛劳也是值得的。从那时起，我便以我的工作为生活乐趣，以我的学生为精神寄托。当我清醒地意识到我的生命将挽起35个鲜活的生命，我的言行将会影响35个人的发展与未来时，我真的不能也不敢懈怠，我真的感谢命运让我从事了一份如此平凡而又伟大的事业。

……对教师而言，成功的人生是什么呢？教师的生涯里，没有政治家的扭转乾坤，没有企业家创业的叱咤风云，也没有名人头上的光环，有的只是"平平淡淡"和"润物细无声"。然而，正是这看似"平平淡淡"的工作，却蕴含着巨大的价值。那些政治家、企业家、社会名人成功的背后，无不浸透着教育工作者的智慧与汗水。当得到莘莘学子发自肺腑的感激和赞美，看到学生健康成长时，作为教师会从心底体验到一种成功感和快乐。孟子云："得天下英才而教育之，至乐也。"还有比这更快乐的吗？

2009年我校在一楼大厅建了一面校训墙，主持文化设计的徐建涛老师让我写校训释文。我把在《人民教育》上发表的《关于校训的思考》文章给他。他看了嫌长，让我压缩到200字以内。那年我59岁，退休已提到了日程，于是我写了下面的一段释文，也是献给我挚爱的天津中学的一份礼物。

2000年，怀着创业的激情，我受命组建天津中学。学校应该有自己的理想、信念与追求，应该成为师生共同成长的精神家园。科技日新月异，社会不断进步，弘扬人的主体性成为时代主题。教育是什么？教育为什么？教育做什么？教育怎样做？天津中学的校训："为成功的人生做准备"，体现了对这些问题的思考。什么是成功？准备什么？如何准备？期待着师生用教与学的实践做出回答。学生，为成功的人生做准备；教师，以此实现成功的人生，这，也是我的人生追求。

校训体现了学校的核心教育价值观，是学校的灵魂和旗帜，它应该成为凝聚全校师生的精神力量。但校训言简意赅，用于指导教育实践过于抽象，不利于操作层面的引导。通过深入学习和系统思考，我提出了"五性"的办学理念，即完整性教育、主体性教育、活动性教育、差异性教育和返身性教育。这"五性"也集中体现了我所追求的教育价值观。

（三）追问教育本质引导原点思考

常言说，干什么得吃喝什么。干什么得知道干的是什么、为什么、怎么干，这应该是做好工作的前提。对于多数行业来说，可能是比较简单的事，比如搞建筑的，就是把房子盖得结实一点，实用一点，环保一点，漂亮一点。当大夫的，就是为患者服务，把病人治好了。但对教育工作来说，教育是什么，教育为什么，教育怎么做，回答起来就不那么简单了。有些人甚至想都没有想过。这就容易导致一些问题：也许我们辛辛苦苦费了半天劲，可能我们做的工作是没有价值的，甚至是反教育行为！这样的事见得还少吗？

2007年开展学习科学发展观的活动时，党支部书记田中仁问我：我们搞些什么活动？我建议让教师回答教育三问："教育是什么？教育为什么？教育怎样做？"党总支给每位教职员工发了一张纸，让大家用最精练的语言回答对"三问"的理解。这些问题都是原点问题，是前提性知识，是对教育本质的追问，是对教育价值的判断。这三个问题是相互联系、内在统一的，它们联系、统一在教育价值观这个共同基础之上。我们的教育行为都受教育价值观的影响和制约。正确的教育价值观能导致正确的教育行为，催生着教育的创新；错误的教育价值观则会导致错误的行为，导致教育的异化。

2001年参加华东师大全国骨干校长高级研究班学习

我认真地阅读了教职员工所回答的"教育三问"，并按照袁振国对教育价值观的分类，把老师们的回答分别归纳到社会理想主义的教育观、科学主义的教育观、人文主义的教育观等几个类别。教师会上组织老师进行展示和交流，我又介绍了三个类别中有代表性的人物及观点，让教师的朴素认识能够与大师的观点形成对照，引导教师进行形而上的思考，进而成为有思想有内涵的教育工作者。

下面就摘录几段教师的回答：

朱珠老师说："教育是什么？教育是为了满足一双双渴求知识的期盼的眼，教育是为了让学生最终能扛起一撇一捺成为真正的人。"朱珠老师的回答充分反映出了以人为本的价值取向，关注学生的求知需求。"教育为什么？——乐章；教育怎样做？——和谐。"这是对教育的本质赋予了诗意的理解。

牛成玉老师的回答是："教育是什么？——影响；教育为什么？——成长；教育怎样做？——服务。"他的回答颇有老庄的味道。老庄特别强调教育要以个体的自由发展为目的。有什么样的教育观，就有什么样的教育行为，老师的认识不只是写在了纸上，更是写在了行动上。早自习学生都在看书，牛成玉老师在教室做卫生。天天如此。他认为用自己的行动去影响学生就是教育。学校启动小课题研究后，作为学科组长，他身先士卒，寒假期间从大年初一到初八，闭门谢客，在办公室做了一册书的情境设计。每年正月，毕业的学生都要来看他，邀请他聚会。与学生聚会能够给他带来为师的精神享受，但为了抓紧时间研究课题，对学生的邀请也婉言谢绝了。他的家乡在天水，父亲病故，他匆忙地赶回家，处理丧事只停留了一天，便赶回来给学生上课。他信奉教育就是影响，他以优秀的表现为学生树立了榜样。

当然，教育价值观的形成也不会一蹴而就。理论的澄清，并不意味着一定能导致正确的教育行为。一位各方面表现都非常优秀的年轻教师，深受学生的喜欢和家长的拥戴。她的班级十分注重学生的自主管理，升入初三年级后，班委会做出根据考试成绩由学生自己选择座位的决定，以激励大家努力学习。老师立即表态支持学生的"创意"，第二天早自习开始实施。结果可想而知，班级的最后一排，坐的都是成绩最差的学生。下班以后，我接到了家长的电话，言辞激烈地质问我："天津中学不是说要尊重学生吗？这种选择座位的方法让成绩差的学生受尽了侮辱！"我诚恳地向家长道歉后立即核实，要求教师第二天早自习立即纠正，并向学生诚恳地道歉。

教育价值观的建设不能脱离实践，必须要重心下移。这样，我又提出了课堂教学价值观的命题，让教师结合自主学习课堂教学改革予以思考。在锡林浩特教学设计研讨会上，我在语文组听到关于诗歌教学的争论后，谈了自己的想法："在争论的背后，可能是我们对语文教学的理解不同，是语文教学观的差异。能否每个人都写一句话，表达出你的语文教学观？"26位教师写出了26句话，体现了各自对语文教学的思考，如："语言学习是每个人生存的第一需要""提高语文学习成绩，应对高考""为了让孩子未来的生活更有诗意"……因时间关系，当时没能够就此进行深入的讨论，但教师们开始从观念的高度思考语文教学，无疑是有积极意义的。

教学价值观的建立不能离开课堂，核心是怎样的教学对学生的发展成长是有价值的，哪些知识与技能的学习是有价值的。在对教师的教育中可以利用课例彰显教学价值观。我在"新课程背景下的教学设计"的讲座中，从正反两方面举了各学科的课例，在每一课例后面都要追问："课堂要给学生什么？"

（四）在读书与分享中引导教师做有思想内涵的人

《第五项修炼》一书中提出了一个重要的管理思想——建设学习型组织。这本书我认真读了几遍，启发很大。历史是发展的，教育是变化的，思想是流动的，一成不变的教育是没有生命力的。因此，不断学习、思考与改革创新应该成为我们的一种工作常态。

从建校初，我就积极倡导并推进教师读书活动。优秀教师最关键的因素是爱学习、爱读书。低水平教师的共同特点就是无心学习，除了读教材教参、习题集及休闲性书刊外，基本不读别的书。教师不读书是教育发展的潜在危机。不读书学习的教师不可能培养出爱读书学习的学生。

我们每年都给每个教职员工报销一定的书费，要求教师交读书笔记或读书卡片。对所有的读书笔记我都认真地阅读，大部分都会写几句话，这成为我和教师交流的重要方式。

每学期我们都要组织读书交流："分享思想"。每个人给十分钟，介绍书的梗概内容、提炼出最有价值的思想、谈对自己的工作有哪些启示。读书活动先让教师确定感兴趣的教育专题，并围绕专题读书、搜集资料，形成这一专题的系统理论观点。然后在理论的指导下，设计一个行动方案，在教育教学实践中实施。最后将实施的情况写成案例，请专家结合案例进行个别化的指导。多年坚持开展读书活动助推了教师观念的更新。以下是王红艳老师读《赏识你的孩子》的体会。

　　以前我在每次的考试命题中，总要出一些难题，目的就是想考住大部分同学，难为大部分同学。我认为，学生考不好的时候就会意识到自己的知识有许多漏洞，上课就会更加认真地听，更加信服老师。可是我看到了这本有关赏识教育的书，就意识到我的这种方法是不太可取的。学生在考不好的时候，除了得到老师的批评和家长的责备外，随之丢失的就是无可挽回的学习兴趣。丢失了一次又一次老师和家长赏识自己的机会，在长期得不到老师、家长、同学认可的环境中，他体验不到成功的快乐，学习成绩是很难提高的。所以现在我利用课堂上五六分钟的时间，出一两道能涵盖当堂重点知识的基础题进行测验，当他们考好的时候，我就奖励他们一颗星星，类似幼儿园的小红花。学生很在意这颗小星星，因为这是他们成功的见证。通过这种方法，既使学生完成了学习任务，掌握了知识，又使他们提高了学习兴趣，获得了成功的满足。

　　学校有一位英语教师，是业务骨干，非常敬业，但教育方法较陈旧，对后进生往往采取批评教育、放学后补课、请家长等措施，虽然学生学习成绩也有一定的提高，但效果不明显。学习了多元智能理论以后，她认识到应该改变自己的观念和教育方法了。她开始观察学生的行为特征和特长，从分析他们的优势智能入手，调动学生内在的积极因素。班里有一个学生，活泼好动，纪律散漫，外语成绩很差，但很有表演才能。于是老师经常让他扮演英语课文中的角色，并要求要符合人物的特征。这一招果然有效，表演欲望引发了兴趣。他开始背单词，背课文，主动找老师问问题，英语成绩有了显著提高，由过去每次考试不及格，到期末考试得了92分，纪律也有了明显进步。

（五）让校园环境建设凸显文化的张力

　　学校文化的实质是用怎样的教育价值观指导实践。学校文化的形成是不断积淀的过程。天津中学已经走过了十年的探索之路，初步形成了自己的办学特色，可以做一点文化的总结了。

台北市教育考察团来天津中学，团长吴清基（现为台湾教育主管部门负责人）
对天津中学的文化建设给以高度评价

从 2009 年起，学校开始分区进行装修，学校的装修不能像商场那样一味追求豪华。学校的装修一定要彰显文化，用文化的展示勾勒反映出学校内涵发展的轨迹。让我们在九年的艰苦跋涉后静下心来反思走过的路，同时思考今后的路应该怎样走，以饱满的激情和坚定的信心去拥抱未来。

首先，要对办学实践进行梳理，提炼出内涵发展的基本经验。其次，将这些经验按照文化的结构（物质层面、精神层面、行为层面）和类型（课程文化、教师文化、学生文化、管理文化）进行特征提炼和概括。最后，采用适当的形式，运用文字与图像等物化语言来进行表达，成为环境展示的内容。环境文化展示，就是要经常地对师生形成感官刺激。常看、常说、常听、常议、常想，才能融入心灵形成精神的力量。

1. 以核心价值观为主线进行办公楼的设计

在顾问韩校长的主持下，对办公楼的文化展示进行了天才的设计。对展示的内容、方法、策略、形式进行了创新。内容如下表所示。

楼层	主题	指向	栏目与内容
一楼	固本培根	教育是什么	"校训诠释——追寻共同的教育愿景" "追问本质——做有思想的教育者" "教育的航标——'五性'办学理念"
二楼	润泽桃李	教育为什么	"身边的道德榜样——让善得到生长" "创新精英——让创造潜能得到释放" "多彩的校园生活——个性成长的天空"
三楼	探索求是	教育做什么	"让教育回归生活——综合实践活动课程" "让课堂走向自主与对话——六环节自主学习课堂"
四楼	以道御术	教育怎样做	"开卷有益——打造书香校园" "走向研究——课改成果展示"
五楼	成功航标	教育是什么	"成功的航标——用行动拥抱明天"

(1)固本培根，彰显弘扬学校核心价值观

所谓"固本"，展示的内容要突出学校核心价值观。所谓"培根"，就是要营造文化氛围，把学校建成学习型组织。树立正确的价值观，前提是学习。固本培根是文化展示的基本内涵和指南，是学校文化灵魂的根基。校训诠释栏目，意在从校训入手，构建学校核心价值观；追问本质栏目让每个教师通过回答"教育三问"，引导教师对教育进行"形而上"的思考。

(2)主题递进，用剥洋葱的方法揭示价值观的逻辑内涵

这里说的是展示的方法。我们把各个楼层划分成若干区域，每个区域确立一个主题。我们还希望这些主题之间能够反映出教育是什么、教育为什么、教育怎样做这些问题之间的逻辑联系。

设计的过程也是对教育本质的再认识过程。负责文化设计的教师原先在五楼设计的主题是"放飞理想"，展示的内容是国内外著名的大学。学生们经过六年的学习生活，接受了完整的教育，应该考上一所理想的大学作为中学教育阶段的归宿，但我们在讨论时认为，大学只是学生人生道路上的一个阶段。我们不能回避考大学这样的现实问题，但应该引导学生站得更高、看得更远。因此，设计的教师就把主题改为："成功的航标——用行动拥抱明天"。展示的内容也换成了对世界和中国做出杰出贡献的人士。这样的改动，文化的立意更为高远，有益于师生领悟"为成功的人

生做准备"的深刻内涵。

（3）虚实相生，用生动的事实和故事诠释教育价值观

这里说的是展示的策略。价值观是"虚"的、"抽象"的，存在于人们的头脑中。"虚实相生"即要把"虚"的理念用具体的事物展现出来，成为可见的、可以感知的形象，将学校使命、愿景、理想、追求等"虚"的东西用生活中鲜活的事例来诠释。走进楼道，进入人们眼帘的不是空洞的标语口号，而是一幅幅反映师生生活的照片和故事，让师生从中感悟教育真谛，让故事催生共同的价值追求。

实验楼文化展示

（4）突出特色，用具有鲜明特色的教育实践展示学校文化的个性

这里说的是展示的重点。形成学校特色文化是学校内涵发展的必然结果。文化展示要突出学校文化的个性。从建校之初我们就着手课程改革，天津中学最鲜明的特色文化当数课程文化。因此，我们在文化展示中用了大量的空间展示了"综合实践活动课程化实施"和"构建自主学习课堂"这两大改革的历程与成果。这两大主题都是新鲜事物，需要在摸索中前进，需要通过文化展示不断地总结和提升。之所以把它们作为展示的重点，一个重要原因就是想借文化展示的阵地不断地制造舆论，为改革大声呐喊，鸣锣开道，同时给做出贡献的教师、学生予以鼓励，感谢他们创造了丰富生动的改革实践。开辟充分的空间让他们上镜、上墙，这也体现出了文化建设

的主体是师生。

（5）内容常新，让展示的窗口像一本活页的书连续地反映不断生成的文化

这里说的是展示的内容和形式。学校文化建设要长期坚持，是不断总结提升和积淀的过程。我们通过相对固定的栏目，使得价值观建设和教育教学改革实践有了展示的载体。学校核心价值观形成并变成群体的自觉，不是一蹴而就的，教育教学改革实践也是不断发展的。因此，我们的栏目的内容就要经常更换。我们考虑把多数的栏目都下放给相关的处室、教研组、学生会，让更多的干部和师生参与进来，让展示的内容像是一条流动的金沙江，流动的是水，沉下的是金沙。

2. 以课程文化展示为主线进行教学楼的设计

教学楼展示的主题围绕学校的课程文化展开，是从学生的视角进行布展的。内容如下表所示。

楼层	主题	内容
一楼	家乡历史名人	
二楼	学会做人	"礼仪使你更有魅力" "理想让生命美丽而精彩"
三楼	学会做事	"四条途径开展综合实践活动课程" "综合实践活动课程的育人魅力"
四楼	学会学习	"学会学习将是你一生的财富——六环节课堂教学基本模式" "自主学习的基本要求" "思维导图成果展示" "人类面临的九大问题" "十大前沿技术"
五楼	学会审美	师生美术、书法、摄影作品

教学楼是学生主要的活动空间，因此文化展示的内容更为注重形象性、故事性。大量的图片介绍了综合实践活动课程和自主学习课堂的场景。在这两项改革中涌现出的学生典型都有故事性的案例。学校文化就是要告诉学生如何度过中学时代。身边的典型告诉学生，你也应该这样做，你也能行！除前面介绍过的，再补充两则案例。

【案例1】感动校园的人物：一对执着的父子，两段成长的故事(节选)

父亲孙长亭，1966 年生，天津人，肢体残疾，现任天津市长亭假肢公司总经理。1984 年，在对越自卫反击战中因受伤失去了左腿，被授予"战斗英雄"称号。他没有躺在军功簿上享受国家抚恤，而是刻苦锻炼，顽强奋斗，他在第八届、第九届残奥会和远南残运会上，共夺得 5 枚金牌。

"奥运冠军"与"战斗英雄"的荣誉让孙长亭备感荣幸和自豪，但他并未因此停下拼搏的脚步。1990 年年初，他创办了天津长亭假肢公司，立志为残疾人提供公益服务。从此，他将自己的全部精力都投入残疾人的康复事业中，并获得了全国劳动模范光荣称号。

儿子孙国傲，天津中学 2009 年毕业生。毕业后，孙国傲回到母校，感谢多年来培养他的领导、老师。令所有人没有想到的是，他抱着一箱海鲜，来到传达室，对着执勤的保安，深深地鞠了一躬。"我每天走得很晚，给你们添麻烦了，谢谢！"

初中生刘文桐给教材挑错

【案例2】初中学生刘文桐给教材挑错(节选)

2002 年 4 月 19 日，天津《每日新报》登载了这样一篇文章《中学生给教材挑错》。

"北极星明明在小熊星座上，怎么语文书上却说北极星属于大熊星座呢?"昨天，本报记者见到了一名七年级的学生刘文桐寄来的信，这名学生在信中对语文课本中所讲的知识提出了质疑。

"我特别喜欢天文学知识，而且也参加了学校天文兴趣小组。我清楚地记得，在小组活动时，天文老师告诉我们，北极星属于小熊星座。为此，我们和老师一起查阅了《中国少年儿童百科全书》(自然·环境卷)第63页的相关资料。资料上写的是'北极星属于小熊星座'，语文书上却写的是'在大熊星座当中找到了北极星'，这个北极星到底是在大熊身上还是在小熊身上?"

后来人民教育出版社回应：再版时改正。

"文化"引导着人"怎样做"，也决定了人"是什么样"。学校文化管理的重点在于把人的思想和观念引导到学校所追求的核心价值观上。为此，首先要保持文化的自觉，即要主动地建设文化，而不是懵懵懂懂地干完了后再总结、贴上文化的标签。其次，实施文化管理一定要体现文化的个性。从这一点上说，文化管理鄙夷重复，追求创新。

(六)坚持系统思维，树立育人的全局观念

价值观是对行为的导向。贯彻好价值观还必须有正确的思维方式。文化告诉人怎样做，而思维方式是做的前提。为此，在改革的过程中，我始终强调坚持系统思维和管理，而且把这种管理文化反复地讲给干部和老师。

《第五项修炼》一书提出了构建学习型组织的五项修炼，最重要的一项就是"系统思维"。系统思维强调，人类的一切活动都是一种系统，都要受到细微的、息息相关的事物的牵连。我们在观察和处理事物时必须着眼于整体，而不是只限于对任何单独部分的思考，即我们通常所说的不能"只见树木，不见森林"。作者彼得·圣吉将其视为学习型组织的一项核心修炼予以了充分的强调，他认为目前世界上出现的一系列问题正是由于违反了系统思维的缘故。学校教育工作是一个系统，影响教育人的因素非常复杂，确立系统思维的方式十分重要。

如何进行系统思维呢？育人的系统中要考虑哪些因素？诸多因素存在着什么样的联系？我看了香港学者郑燕祥的《校本管理》一书后受到了启发。书中运用系统思

维的原理提出了学校管理过程矩阵，给我们提供了系统思考学校工作的模型。

在这个模型中，作者将学校管理过程中的要素分成了如下图所示的几个部分：角色类别(行政人员、教师、学生)、过程层面(个人、小组、全体)、效果范畴(认知、情意、行为)。这样，学校管理过程就被三个类别、三个层面、三个范畴，划分成了 9 个层面、27 个单元。每一单元都与其他的层面发生着联系。

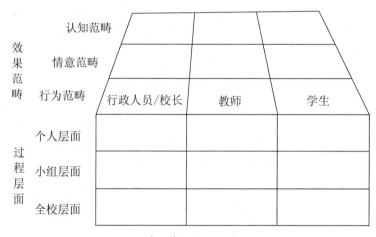

学校管理过程矩阵

以"如何提高学生的学习成绩"为例进行分析。如何提高学生的学习成绩是应试教育和素质教育同样关注的主题，但二者不仅表现出教育目的的差别，而且思维方式即关注的点也不同。如果只就学习抓学习，只关注学生层面的行为范畴，而忽视认知和情意范畴，就容易陷入应试教育误区。素质教育运用系统思维的方式，对学生的行为、认知、情意范畴一并予以重视，使得范畴之间相互促进，学习过程更符合规律。

比如，人们常常问道，综合实践活动要占用大量的时间，会不会影响高考成绩？我们曾经做过一项研究，选择 2008 届学生作为样本。这届学生在 2005 年入学时开设了一门校本课程"科技探索"，学生自由选课，接受研究性学习的系统培训，一年后到蓟县进行社会调查和生态考察，每人完成一项课题研究，研究成果参加天津市和全国科技创新大赛。坚持参加这门校本课程的理科学生有 59 人，文科学生有 28 人。我们为这些学生选择了配对样本，研究综合实践活动对高考成绩是否有影响。

统计结果表明：坚持参加活动的文理科学生的高考成绩均有所提高，但理科差异明显（平均成绩提高了近 70 分）。如何解释这一现象？我们可以通过矩阵进行系统分析，并能从中找出许多影响学生学习成绩的因素。从学生个人层面看，学习与认知、情意和行为有关。

认知范畴影响学习，指的是学生能否自觉地意识到学习的意义，能否掌握有效的学习方法等，对学习意义的认知尤为重要。自觉地意识到学习的意义直接影响学习的动机。

学习为了什么，并不是所有的学生都能正确认识。大部分学生对学知识本身不感兴趣，他们上学的动机来自外在因素。家长、学校、教师反复强调的也是只有好好学习才能上大学，只有考上好大学才能找到好工作，只有好工作才能赚钱多。这对于家庭生活困难的学生能起到激励作用，但对家庭生活优裕的学生则不起作用。

如何解决学生对学习意义的认知呢？我们的做法是让学生参加社会实践活动，在了解社会、关注社会中体验学习的意义，认识知识的价值。在综合实践活动中，我们有大量的实例说明了理解学习的意义对于引发学习动机的作用。同时，学生通过研究性学习，习得了许多过程和方法的知识，对于提高学生的学习成绩都会产生影响。

情意范畴影响学习，指的是在学习过程中，学生的情感和意志自始至终参与其中，并成为制约学习的重要因素。我们在教育中往往对学生的情感重视不够。现在很多学生都不喜欢学校生活，把学校视为关在教室里死读书的地方。统计表明，学生的厌学问题很普遍，不仅是成绩差的学生，连成绩优秀的学生也对学习没有兴趣。

生命在于运动，教育在于活动，爱好活动是青少年的天性，是他们成长的内在需求。扼制了正当的需求就会影响他们的情感，必然会产生厌学情绪。开展丰富多彩的活动是解决厌学问题的一项重要举措。

以上的分析只是就学生层面的三个范畴间的联系而言，学生层面还和教师层面、行政层面发生联系，个人层面还和小组层面发生联系。学生的学习不是孤立的个人行为，要受到小组和学校层面的影响。我们在推行六环节课堂教学模式时，十分强调交流、展示的环节。在这样的环节中，大量地发生着"兵教兵"的活动。这是宝贵的教育资源，如果忽略了个人和小组层面的联系，这样的资源就将被淹没。可见，课堂教学模式的改革，也离不开系统思维。

在给出学校管理过程矩阵后，郑燕祥教授还提出了协调原理，包括范畴间协调、角色间协调和层面间协调，如"层面协调"是说在个人层面、小组层面和学校层面的活动特征彼此一致。学校开展一项活动，从领导、教师到学生，从班级到年级组再到处室必须有一致的意见，否则活动就会被阻塞或变形。这是综合实践活动课程能够顺利实施的必要保证。

总之，遵循系统思维进行管理，在学校管理过程中就能够对某一问题从多个层面进行联系，而且能够从多条途径、运用多种手段"协调"地进行解决。这就能够避免就事论事、头痛医头、脚痛医脚的管理方法，使管理达到一种境界，还能够自觉地按教育规律办事，少走弯路，杜绝反教育的行为。

天津中学在改革之路上，始终把课程视为一个整体和系统，没有将"综合实践活动课程常态化实施"和"构建自主学习课堂"两项改革割裂开来，而是积极探索两类课程的相互促进和融合，所以才能取得一些成果。这不能不说得益于系统思维和系统管理。我们特别强调学校文化建设，而不是就课程抓课程，也是坚持系统思维和系统管理的体现。

四、"实践教育"探索之路的自我观照

很多记者都问过我：怎么做校长？工作中的经验是什么？在本书即将完成的时候，我也把同样的问题提给了自己。再三思考后，我把它归结为三点。

(一)做有价值的事

父母从小就教育我要做个有出息的人，上小学和初中时正是弘扬雷锋精神的时代，我的成长经历和教育背景使我能够踏踏实实、认真做事。感谢通辽，在我33岁风华正茂的时候，让我走上了校长、教育局局长的岗位，给我搭建了实施理想和抱负、干一番事业的平台。

无论是校长还是局长，每天都忙忙碌碌的，总有做不完的事。我们没有三头六臂能把所有的事情都做得完美，我们要做哪些事，需要选择，要有所舍弃，而选择需要做出价值判断。我们应该有自己的教育理想和信念，对自己的工作要有清醒的认识，尽可能地做有价值的事情。我们要有自己的个性和主心骨，不能人云亦云、随波逐流，不能上级让做什么就做什么，上级让怎么做就怎么做。没有思想，没有主见，就失去了自己，我们就成了别人的工具。我们要有"不为浮云遮望眼"的境界，不为暂时的功利所动，不为一时的压力所屈服。教育工作的价值要接受历史的检验。做的一些事，当时可能不合时宜，不能被理解和认可，但如果是有价值的，就要义无反顾，并且能够耐得住寂寞，承受得起压力。

追求一种理想，做有价值的事，虽然可能实现起来会很难，甚至被搞得疲惫不堪、付出很多代价，但只要我们坚持做了，觉得对得起学校、对得起老师、对得起学生、对得起自己的良心，那心里就会充实，就会获得一份安宁，就有了一份终身可以享受的精神财富。

1. 要善于发现问题，更要敢于触碰难题

在一定意义上说，工作就是解决现实和发展中所面临的问题。在长期从事领导的过程中我体会到：要做有价值的事，就不能因为问题棘手而采取回避的态度。当一个教育工作的领导，一定要对现行教育永远保持批判的精神和建设的态度，要坚持深入课堂、教育活动和师生中去，主动发现现行教育的问题和弊端。一定要敢于抓住主要矛盾，采取有力措施加以解决。

说说我在通辽市工作的经历。1984 年，通辽市中考结束后，全市初三毕业成绩汇总摆在了我的案头，这些数字给了我强烈的刺激，虽然已经过去了 30 多年，但至今仍记忆犹新。

1984 年通辽市 4180 名应届毕业生中，只有 2609 人参加了考试（其余的学生从初二开始辍学，辍学生占全体学生的 35%），合格人数为 511 人，占参加考试人数的 19.8%。如果以 4180 作分母，合格率只有 12%。六科总成绩 120 分以下的 715 人，占参加考试人数的 27.5%，加上辍学学生占全体学生的 52%。

以上数字反映了初中教育的三个严重问题：第一，辍学生比例过大；第二，学生成绩大面积不合格；第三，不合格学生中后进生比例过大。这些问题令人触目惊心，还意味着一个年龄组中近 90% 的学生没有得到良好的基础教育，是对教育的社会价值和个人发展价值的践踏，是基础教育彻底的失败！

可当时上上下下对此都麻木不仁，作为教育局局长，我有责任解决这一问题。于是，我从管理入手，推出了一系列改革措施，全力以赴落实面向全体学生的教育方针，并提出了"奋斗三年，改变初中落后面貌"的口号。但凡一些老大难问题，总是需要采取一些非同寻常的举措。我们创造性地出台了一系列改革措施，尤其是如下三个举措，对扭转局面发挥了关键性作用。

举措之一：提出了初中办学评估和教学质量指标考核办法，端正学校办学方向，落实面向全体学生的方针。在全市开展了优秀率、及格率和差生控制率的三率达标活动，并且把及格率达标放在了突出的位置加以强调。同时，根据不同类型的学校分类下达教学质量指标，并对达标校进行象征性奖励。

举措之二：取消重点中学的初中部。1984年我提出了一个设想，取消重点中学的初中部，小学毕业生划片就近入学，试图调动普通学校办学的积极性及学生学习的积极性。当时这一想法尚不被人理解，人们听后觉得是天方夜谭。1984年刚恢复重点中学，人们认为竞争、择优、淘汰、重点这些都是天经地义的。1985年，我开始多方调查论证，奔走呼吁。1986年，终于说服了领导，实施了这一设想。

举措之三：拟定毕业标准，控制签发毕业证，以此来解决成绩差学生的学习动力问题。差生都认为与升学无缘，出路就是参加工作或当兵，而这样的"出路"又不需要什么文化知识，就不会有学习的积极性。转变这种认识，笼统的道理是没用的，要有刚性的措施。以往，我们对毕业证控制不严，不仅没有统一的毕业标准，而且连辍学生也照样能领到毕业证。

这项措施从1985年开始实行。鉴于当时初中大量的辍学生的实际，我们考虑坚持每科60分及格的正规标准会造成社会的不稳定，对差生也不会产生任何激励效果。因此，决定从低分到高分控制2‰左右的学生发肄业证，这样第一年的毕业证分数线为六科总分60分，并规定肄业生可回校重读一年。自此之后，辍学生纷纷返校，如通辽二中1985年毕业660人，其中有回校重读的140名辍学生，经过了半年多的补习，只有23人没有领到毕业证。我们控制2‰应届生肄业，这对差生中的大多数人来说，经过努力是可以达到的，这就从正面为他们的学习提供了动力。而事实上，每年我们总要控制80名左右的学生不发毕业证，这样的事实又从反面对学生形成了一种压力。这样一正一反的作用结果，激励了绝大多数学生的学习积极性，也稳定了教学秩序，促进了学校学习风气的形成。

当然要做成一件事并不容易，只有大的战略举措还不够，还要解决好实施过程中的一些细节问题。比如控制毕业证，说着简单，但做起来要顶着很大的社会压力。

为了保证不让一个未达到毕业分数线的学生领取到毕业证，我发明了钢印分家的办法，即把教育局的钢印卸成两半，一半放在市委书记那儿，一半放在教育局教育科，分别放在信封中封存，并选择了一个原则性特别强的人负责这项工作。再如，为了解决一些学校拉好学生、撵走差学生的问题，我们加强了学籍控制，规定凡是非正常转学，学生的考试成绩一律记入原所在学校。这样，就排除了因学生流动而造成的干扰，使得教师能把精力用在教学上，用在认真教好每一个学生身上，以保证学校沿着健康的轨道发展。

可以说，通辽市的教育改革，对当时我们国家的基础教育而言，在面向全体、大面积提高教学质量方面，取得了突破性的改革成果，内蒙古自治区教育厅也给予了充分的肯定与表扬。《中国教育报》对通辽市教育改革也做了详细介绍，几十封信从全国各地寄到了通辽，许多市县赶赴通辽参观学习。我也因此于 1989 年被评为全国优秀教育工作者。

2. 敢于坚持，把认准的事做到底

一位朋友评价我：是一个理想主义者，有明知不可为而为之的勇气，但也有固执的毛病。

多少年来，因固执也确实犯过一些错误，比如学校的操场和甬道之间种了一行侧柏，在工人修剪时被我制止。我错误地把学生的自主发展理念迁移于此，让侧柏自主生长，认为不要修剪。一两年内看不出什么，但这些侧柏竟"蹬鼻子上脸"，越来越高，疯长到两三米，绿篱变成了绿墙。漂亮的绿荫球场和红色的跑道都被遮挡了，影响了校园的景观。当我发现错误再想纠正时，已经来不及了。

这是在与物打交道时表现出来的固执，与人打交道时的固执，也给工作带来了不利的影响。一次一位班主任请婚假去英国旅行结婚，主管校长已经同意，但他又多此一举地跑来找我请假。我问："你走了，班级谁管？课谁上？"他说："年级组都已经安排好了。"我说："那也不行。结婚应该利用假期，不能在教学期间。"这位老师很老实，哭着说："我们已经定好了旅行社，已经交了定金。"我当时也有些心软，但考虑原则上绝不能动摇，铁石心肠依然没有批准。主管校长找到我，反复提醒我："婚假国家有明文规定，这是教师应该享受的权利，我们没有理由不批。何况工作的事年级组都已经安排好了，不会有任何影响。"我说："学校年轻教师多，如果都在教学期间请婚假，会对教学秩序带来不利影响，这个口子不能开。既然选择了教师职业，为了学生就要牺牲些个人利益。"事后，学校也明确地制定了教学期间不允许请婚假的规定。类似的不通情理的事还有不少，如一位教师的父亲骨折，请假在家照顾老人我没批准等。现在想起来，主管校长说的难道没有道理吗？牺牲个人利益的奉献精神应该提倡，但能够用来作为刚性规定吗？一味坚持原则，丝毫不考虑教师的实际困难和个人感受，算是以人为本吗？现在反思起来，对受到伤害的老师充满了愧疚之感。我非常感激深明大义的天津中学的干部和老师，没有和我一般见识，对我的诸如固执一类的毛病能够接纳与包容。

固执是外在的行为表现，其原因是思想方法片面，处事好走极端。就像上面的例子，思想方法片面如果再加上情绪化，还容易对人产生偏见。1978 年，我当班主任，那时学校经常组织劳动，因我是知青出身，所以对劳动表现看得很重。我班上一个女生长得挺漂亮，爱打扮，但劳动不积极。由于恢复了高考，教育开始步入正轨，学校开始抓教育质量。当时招生没有择优，学生之间学习成绩差异很大，学校准备通过考试分快、中、慢班。这个女生学习成绩不错，应该进快班，但寒假学校布置每个学生交一筐粪，全班只有她没交。这让我很恼火，认为她是典型的"资产阶级娇小姐"，我不能让只重学习不爱劳动的学生进快班，于是就把她分在了中班。若干年后，一天我去饭店吃早点。我把取货牌递给了售货员，当我们的目光相遇时，双方一愣，竟然是那个女生。由于没进快班，她失去了上学的机会，现在是一名饭店服务员。她出众的外表似乎与售货员的衣着很不协调。毕业若干年后偶遇的师生，没有惊喜的神色，也没有任何寒暄。她把一碗滚烫的豆浆递给我，淡然地问："国老师，那年分班，我的成绩不错，为什么分在了中班？"我记不清当时是如何搪塞的，草草地吃了几口饭，就逃离了饭店。现在回想起来，是我的偏见改变了她的人生。诚然，当时上了快班也有不少没考上学的，但我剥夺了她的机会。现在的愧疚已经于事无补，但应该引起深刻的反思。作为教育者，应该对学生宽容，不能总是用"好学生"的标准来处处苛求学生。不能因为学生的缺点而形成偏见，偏见有违教师的职业道德。

其实，很多事物往往难分绝对的好与坏，个性也是这样。促成成功的固执还可以叫执着。1984 年，我在通辽市教育局副局长任上推行控制毕业证措施时就遇到了很大的阻力。

通辽市委的一个领导通过下属找到我，其亲属当兵要办一个高中毕业证。在当时，这是轻而易举的事。通辽学生就业渠道很窄，当兵是一个不错的出路。对此我当即不假思索地回答："市委领导不能带头搞不正之风。"那时正是"初生牛犊不怕虎"的年龄，但不久就遭到了报复。

来教育局前，我在通辽一中当副校长，享受副处级的工资待遇，而教育局是科级单位。市里把我调到教育局本意是提拔，因而保留了原来的副处级待遇，但这成了那位领导的把柄，他要求把我的工资降回副科级。人事局局长无论如何解释都无济于事，他只是一味地"坚持原则"。于是我的月工资由 105 元降到了 75 元，让我着实领略到了"原则"的厉害。

当时心中十分愤懑，但我也从未后悔。因为经过两年的艰苦努力，通辽初中学生的辍学问题得到了有效控制，合格率以每年 15％ 的速度增长，如果当时没有控制毕业证的坚决执行，辍学问题的解决和合格率的提高都将是天方夜谭。这样的成绩让全市干部教师受到了极大的鼓舞，对我来说更是一个安慰。体验了成功，体验了自身的价值，足以抚慰受伤的心灵。1988 年市里又让我回通辽一中任副校长，并恢复了原来的工资。

1991 年，我担任通辽市教育局局长，发现初中学校之间严重分化，好学校一个班多达 80 人，椅子都挤到了讲台边，而差学校一个班冷冷清清仅十几个学生。针对这一问题，我下决心要在秋季开学时治理薄弱校，并从控制班额入手。规定所有班级人数不许超过 56 人，否则校长就地免职。我在市领导听取汇报时，详细阐述了治理薄弱校及控制班额的意义。我特别强调了，以往我们过于关注通辽市能考上多少大学生，但多数大学生毕业后都不回来工作。将来振兴通辽的主力军必然是这些考不上大学的学生，今天的教育就决定了通辽的明天。

教育局的思路和计划得到了市领导的坚决支持。市委书记戴刚表态："所有领导不许给教育局写条子，彻底解决班额问题。"市领导的支持使我信心倍增，我开始紧锣密鼓地执行控制班额的计划。如同控制毕业证一样，这项措施也遇到了阻力。

通辽市当时归哲里木盟（地区）管辖，一个盟里的领导打电话严厉地质问我："一个班只能 56 人，57 人怎么就不行？你们这是存心激化社会矛盾！"我知道所谓激化矛盾指的是他再不能随意地往学校安排学生了。我平静地回答："您不懂教育。"没有给他震怒的机会就挂断了电话。

　　顶领导好办，压下级有时却让我为难。一天早上5点多，一位校长把我从睡梦中叫醒，坐下即叫苦不迭，他们班子研究了一宿招生问题，难题不断。虽然我们在政策上给每个学校安排了有限的指标解决特殊问题，但也只是杯水车薪。方方面面管着学校的，哪个也得罪不起，过去帮助过学校的，拒绝也实在有些不仁不义。校长最后一句话是"我这校长真是没法当了！"说完之后，竟然号啕大哭。这位老校长十分敬业，把一所薄弱校变成了一所先进校，在社会上享有很高的声誉，门庭若市，遇到难题可想而知。我当时41岁，而他接近退休，且一向是我尊重的长辈。看到一个勤勤恳恳干了一辈子的校长痛哭的样子，我实在于心不忍，脑子里闪过了放他一马的念头，但我马上又意识到，一旦一个学校突破，全线崩溃就在所难免，治理薄弱校、控制班额的目标就会付之东流。一场重大战役总是要有担任阻击任务的部队，必须有局部的牺牲才能换取全局的胜利。待他平静后，我与他推心置腹，说服了他为全市的利益做出牺牲，咬紧牙关，坚决地顶住压力。正是有了这些深明大义的校长的支持，控制班额才能一举成功。

　　回到天津工作以后，不断有朋友好心地劝说我要改一改倔强的毛病，尤其当一把手，必须要为学校创造良好的外部条件，不能总顶撞上级。随着年龄的增长我也意识到自己的问题，有所收敛，但有时却还是改不了。

　　2003年6月，市教委一个领导给我打电话，传达了市委领导的指示，为了能让更多的老百姓的孩子升入好学校，所有示范校要扩大招生，天津中学要由6个班扩大到10个班。市委领导的思考无疑是正确的，但天津中学经过了三年的整顿，教学秩序才刚刚步入正轨，突然扩班会马上面临师资、校舍的困难，同时又将出现生源质量下降、教学持续混乱的局面，三年的努力将前功尽弃。一所新建校是经不起这样折腾的，于是我把困难简单地跟领导反映，但领导的态度十分坚决，告诉我要以全市的大局为重，都扩班，不可能让你搞特殊。于是，我倔强的脾气又按捺不住了，告诉他："您可以扩班，但您再选一个校长。"

　　后来全市的示范校都扩大了招生，唯独没有给我校扩班，使得我们获得了一年宝贵的喘息的机会。顶了领导，我也做好了挨整的准备，但出乎我的意料，这位领导并未将此事挂在心上，也没有任何报复的行为。这位领导退休后，我每年都会去他家探望。

　　这十多年来，在天津中学我下的力气最大、耗费心血最多做的两件事：一是实施综合实践活动；二是构建自主学习课堂。所经历的困难不是几句话能说得完的，没有坚持到底的精神是不可想象的。事无所祈，心存坚毅，这是成就事业不可缺少的品格。

(二)让学习成为一种生存状态

我们这一代人因"文化大革命"中断了学业，缺乏系统知识的学习始终是我一生中最大的遗憾。先天不足后天补，但开始学习也走过很多弯路。1973年，作为工农兵学员进入了东北师范大学。当时的喜悦真是无以言表，但是，在那个年代，文化课学习被彻底削弱。学校对学生放任自流，有的学生三年里仅上过几节课也无人过问。不过这倒是给我开辟了一片自主学习的天地。

2010年在上海车站候车时向付强请教化学

1. 学习的"先天不足"促使我养成了学习的习惯

我当时的想法是，毕业后去中学当数学老师，中学老师需要什么，我就学什么。我们班里的学生有小学没上完的，也有高三的，教育程度参差不齐。刚开学时班里补初等数学，我在农村已经自学过高中的课程，嫌老师讲的进度慢，就自己在宿舍看书做题，遇到不会的就请教老高三的同学。等开高等数学课了，我去听了几节，老师讲得不好，大家都没兴趣，我也就没有再去上课了。内心想的是，中学也不教高等数学，我学这些干什么？中学老师需要知识面广，于是我就学习历史，范文澜的《中国通史》四册书我做了详细的学习笔记。1974年"批孔"，我借来了中文系的《古代汉语》教材学习，还学了政治系的《政治经济学》。一个数学系的学生，除了数学书不看，其他的书都看。

这样愚蠢的认识让我付出了惨痛的代价。工作以后，我才意识到，没有高等数学的基础，不可能成为称职的教师。1978年，我又报考了吉林函授学院补高等数学。这一补，足足用了7年的时间。

那时我教两个班并当班主任，还担任数学组长，每天的工作十分紧张，所有函授课程都要利用晚上的时间。1978年，孩子出生，爱人中午带孩子，让我能够有半小时的午睡。晚上吃完饭收拾利索要到9点，我开始学习到12点。1980年，岳父给我们从老家请了个保姆看孩子，大大减轻了我们生活的压力。那年，我又参加了一个俄语学习班，两年的时间念完了同济大学编的四册《俄语》教材。现在想起来，如果我在大学期间学好高等数学，那这7年的时间我就可以看许多与中学教育有关的书了。

我希望年轻的教师和校长能对自己的学习有个规划，最好能结合自己的工作围绕学什么列个书单，系统地夯实自己的理论功底。但这7年时间，倒是培养了我的学习毅力和习惯。那时没有电视机，无论寒冬酷暑，晚上的学习成了习惯。我的孩子上小学三年级时写的作文："晚上爸爸天天看书学习，有时家里接待客人到很晚，客人走后，爸爸仍然要学习。"

多少年来，凡是出差，我随身都要带着书。一次从北京返回通辽，早上8点，我在卧铺车上开始学习，一直到下午5点到通辽，除了午饭和午睡一小时，一分钟都未耽误。车厢内有打扑克的，有喝酒聊天的，还有列车有节奏的咣咣唧唧的杂音，这些都没有影响我，我只是在认真地看书做题。下车时，对面一个素不相识的乘客说："您的学习精神令人钦佩。"

一次去厦门，到机场后发现飞机晚点，我就找了个清静的地方看书，飞机要起飞了，广播里几次喊我的名字我都没听见。幸亏改建前的天津机场候机楼面积不大，机场服务员找到了我，我仓促地提着箱子上了飞机，飞机立即关闭了舱门。在第一次组织学生去蓟县考察时，我提议在火车上组织自习，就是源于自己有这样的学习经历。我希望学生们都能够养成抓紧点滴时间学习的习惯。

2. 因工作需要而学习

结合工作需要读书，读书才更有针对性，更有动力，学得也更深入。1984年，我任通辽市教育局副局长主管中小学教学业务。此前，我教了8年的数学课，当了3个月的校长，对如何做好教育局的工作几乎是一无所知。9月开学前，我需要在全市校长会上做关于学年教学工作的报告。此前，我在中小学中进行了一个月的调查，确定了把"大面积提高教学质量"作为今后教学工作的目标。

为了准备这个报告，我大概用了半个月的时间，在市教研室的阅览室翻阅了所有的报纸杂志并做了摘录。学习的功夫下到了，又能紧密联系实际，我的报告得到了基层干部广泛的认同，与会者感到振奋人心。

在通辽搞"三率达标"时，我集中一段时间学习了管理理论。学习了张燮的《学校管理心理学》，并运用目标管理理论指导教学质量考核方案的制订，这一方案在实施中取得了很好的效果。经历了这些，使得我对理论的价值有了更为深刻的理解。结合工作，大量地阅读，为开展工作准备前提性的知识，成为我此后工作的一个习惯。

我是"文化大革命"前的初中毕业生，高中课没学过，工作中除了数学，别的课程都是外行，这始终是我领导教学工作的一块短板。我提出构建"六环节教学模式"后，要深入课堂听课指导，要从课堂中提炼课例，为此我加紧了其他课程的补习。在学校补高中课程随时随地都有老师。

2010年暑假，我和爱人去美国探亲，我们的小孙子将于8月底出生。在喜悦的等待中，我又开始学习高中物理和生物。高中物理曾在通辽时学过。力学是自学的，逐章逐节地看书做题。电学是跟着周传文老师逐节听课学的。现在年头多了，忘得也差不多了，我决定再学一次力学。一天在做题时遇到了问题，就随手拨通了徐建涛老师的电话，好半天对方才传来声音。他的几句话让我豁然开朗，看来是找对人了，但时间不对，力学的困惑让我忽略了时差，当时正值国内深夜，我把人家从睡梦中吵醒了。睡梦初醒即有清醒的物理思维，也足以体现了他的功底。

在学校工作，每天都要和老师打交道，处处都有老师，处处都有学习的机会，这是校长学习的宝贵资源。一次观摩市里的语文展示课，内容是高一的《故都的秋》。课上自主学习的各种手段运用得淋漓尽致，但我觉得似乎学生都没有学懂。我看了这位教师教案上的教学目标设计："品味描绘秋景的语言，学习描写景物的方法和借景抒情、寓情于景的表现手法。"这句话告诉我们，学习这篇散文要学习借景抒情、寓情于景，而常识告诉我们，散文、诗歌都是借景抒情、寓情于景的，这样的目标没有给我们提供要学什么的任何信息，只是一句正确的废话。教师应该揭示《故都的秋》中，郁达夫借的什么景，抒的什么情，怎样借景，怎样抒情，他的借景抒情有何特征，这些内容应该通过教学目标的设计予以体现。我是语文教学的外行，知道这样的目标不行，但让我写我也不会，就如同我知道菜不好吃，但好吃的菜我也炒不来。于是我就请来了孟庆泉、吕燕津两位老师，向他们请教。简单的一个目标表述竟然颇费思量。三个人在一起交流了三小时，由吕燕津写出了核心目标表述："感悟抒情散文的抒情方式之一——'于寻常景物中寄托个性深情'。"

我在"新课程背景下的教学设计"这一讲座稿中引用了这一素材，及各个学科的不同课例。讲座后很多老师都说"国校长精通各科教学，太了不起了"，其实我只不过是现学现卖，把从学科老师那学来的再还回去而已，精通各科则纯属不实之词。

3. 在交流、讲座、研究、写作中不断提高理论素养

读书中遇到一些问题，我就喜欢找几个人一起讨论，这样往往能擦碰出火花。当校长的一定要有学者、教授做朋友，这样就可以经常向他们请教。在通辽市推行"掌握学习"时，我们三个伙伴同时看了布卢姆的《掌握学习》和《教育目标分类学》。那两位同志都是老大学的毕业生，理论功底比我强。我自己看这类书很吃力，但大家一起看，边看边交流，理解起来就容易多了。我之所以在推进"自主学习课堂"的过程中特别强调"交流"和"展示"，也是基于我自身的学习体验。和老师聊天也是很好的学习方式。我在耀华工作时，工作中遇到不顺心的事常向一位挚友倾诉。他是教语文的，博览群书，出口成章。一次听我发完牢骚后，在我的本上写下了"看庭前花开花落，望天外云卷云舒"，让我不仅解开了心结，还欣赏了诗词之美。我们每次交流都有一段诗词相赠，潜移默化地也给了我以文学的熏陶。

通过准备讲座稿促进学习是十分有效的方法。看完布卢姆的《掌握学习》和《教育目标分类学》这两本书，我就着手准备讲座——"布卢姆掌握学习理论简介"。把书看懂了不容易，能够给别人讲明白更不容易。我反反复复地又看了好几遍书，两位伙伴也给了我很大的帮助，帮我列讲座提纲和细目，每一部分都要进行讨论。其中一位是写作功底很深的语文教师，还在语言和修辞方面给我把关。当我给通辽一中的老师做完讲座之后，我觉得对布卢姆的理论理解得深多了。

工作以来，我搞了很多讲座，准备了很多讲稿，如"高考应试心理与答题技巧"

"从传统到现代——学校德育的思考与实践""为成功的人生做准备""中国教育出了什么问题""做一名有道德的教师""教育是什么""用理想和信念指导实践""新课程背景下的教学设计""综合实践活动课程常态化实施"等，内容涉及德育、师德、课程论、教育学原理、管理理论、教育心理学等领域。这些年来除了给校内学生、教师、家长讲外，还外出到二十几个省市讲座。这些讲座稿加起来有二十几万字，为我写作这本书也奠定了基础。

工作以来，我也不断地写些文章，不仅可以促进反思，及时梳理总结工作中的经验，还可以对工作进行理论思考，促进理论学习。我写的头两篇文章就是关于推行布卢姆的"掌握学习"的文章，发表在《内蒙古教育》上。后来，又在各种报刊上陆陆续续发表了二十几篇文章。

做课题研究也是促进学习很好的方式。2002年参加全国"多元智能的应用"课题，我和课题组集中学习了加德纳的多元智能理论，实验取得了很好的成果，实验班的学生们都获得了很好的发展，中考成绩也一炮打响。2009年我们申报了国家级课题"综合实践活动课程常态化实施的研究"。课题研究的前期要集中学习理论，我通过上网，查询这一专题的参考书目开列了书单，让学校综合实践活动的指导团队一起学习。我读过的书，都进行了摘记，并整理出"理论摘记"提供给大家参考。分条缕析的"理论摘记"简明扼要，对于经验总结有极大的帮助。

现在读书已成为我工作的一部分。如果说我在工作中取得了一些成绩，那就是得益于学习。在终身学习的时代，不会学习的学生将无法适应未来，不再学习的教师将无法得到发展，不能结合工作学习的校长将无法领导学校进行成功的改革。

其实不仅工作中需要学习，生活中也需要学习。我的业余爱好很多，喜欢摄影，也看过很多摄影的书。我的一些作品挂在楼道和办公室，成为校园文化的点缀。摄影的喜好，培养了我的基础审美能力，学校的所有装修的颜色造型都要由我把关。

我喜欢下围棋，买了很多围棋的书，网上下到五段水平。围棋中蕴含着许多哲理，能给管理和生活带来很多智慧。在通辽一中工作时，学校有一个围棋俱乐部，多是些年轻的教师。我给年轻教师开会时，有时就使用围棋术语："我们要给自己的职业生涯做两个'眼'，一是业务水平，二是工作态度。有了这两个'眼'，才能谋求发展和开拓，才能立于不败之地。"

下乡时，我得了腰疼的毛病。我买了本赤脚医生的书，学习针灸疗法。这样的疗法不用吃药，既简单又节约。我又买了各种尺寸的银针，来大队的一个解放军战士教我如何下针，我就在自己身上实习，给自己治病。农村缺医少药，一个老妇人牙疼难耐，竟"慕名"上门求医，我几针下去，她连说见好。别人揶揄说是因为我下手太狠，针刺的疼痛掩盖了牙疼。

1978年春节，内弟结婚前，双方父母见面，那个年代还不兴去饭店，岳父把张罗酒席的任务交给了我。我没有受过烹饪专业训练，就去新华书店买了本菜谱，通读过后，考虑了荤素搭配、颜色样式，及自己技术的最近发展区，选择了十个菜品，做出了一桌丰盛的菜肴，竟然也颇受客人称赞。这是"急用先学、立竿见影"的成功案例。

学习是什么？我想它应该是我们的生存状态。

(三)在执着追求中感悟人生与幸福

我有着自己的教育理想。通辽、耀华中学的有益探索，都留下了我追求的印迹。特别是在天津中学的十几年里，我尽力按照理想蓝图"施工"。回首几十年来走过的路，内心还是充盈着成功的喜悦与欣慰。

1. 理想追寻之路上给了我自由创造的空间

自由创造与人的生命本质和高级需要的满足直接相关。创造是人生命存在的本质方式，人的生命力只有在创造活动中才能被激发，人也只有在自由创造的过程中才能获得发展与幸福。教育工作可以让创造性得到淋漓尽致的发挥。创造能力的展现，可以给人带来享受。我喜欢创造性的工作，要想成为幸福的人，就应该以创造性的劳动去实现自己的生命价值，去为社会发展尽一份责任，并享受生命力焕发所带来的欢乐。

做教育虽然经济报酬不高，但这里给了我一片自由创造的天地。回想自己走过的路，我的职业生涯始终处于自由创造的状态之中，而且我不满足于仅仅有想法，还一定要让想法得到检验、调整并变成现实。来到天津中学以后，我进行了一系列有创造性的建设工作。

2001年，建立了综合实践活动基地，为综合实践活动课程的实施提供了有效的载体，创建初中实验班，进行整体改革实验，使学校的社会知名度迅速提升。

2003年，我提出了"综合实践活动课程化实施"的思路，构建了实践操作系统，形成了稳定的课程形态。

2005 年，启动了课堂教学改革，形成了"天津中学六环节课堂教学基本模式"。

2008 年，建立了生态园。阅读《帕夫雷什中学》时，对苏霍姆林斯基十分钦佩。他是世界级的教育大师，我只能望其项背，但我没有把对大师的崇敬停留在精神的向往，我用生态园上交了一份学习的心得。

2009 年，我们把学校文化建设和环境建设结合在一起，让学校的每一个角落都充满文化的气息和张力，让师生的生动故事诠释学校的价值观和课程理念。走在楼道里，犹如置身于博物馆与展览馆的氛围之中，许多外地和本地的校长和教师对我们的文化展示都十分欣赏。

2011 年，由天津中学发起成立了跨区域的教学设计研究联合体。

建校以来，我积极探索管理改革，先后实施了文化管理、扁平化管理和项目管理。这些改革为凝聚人心、提高管理效率、推动各项工作起到了有力的支撑作用。

创造是快乐的，这种快乐不仅来自诸多宏大的创意，而且来自许多细小的创造。细节创造是充满了乐趣的游戏，比如建校之初，为了让教师树立尊重学生、尊重家长的意识，我提出召开家长会时必须为每位家长递上一杯茶。

2012 年学校投入了 400 万元用于食堂改造，更换下来的旧灶具堆积在外面准备卖废品。我看见后让后勤挑出了一部分，在食堂外面做了一个展台，并放上旧灶具。墙上还用照片展示出了新灶具，以让学生感受到学校的变化和发展。旧灶具的上方还冠以"发展就是对旧事物的改造"的主题，于是这些废品就具有了教育的价值。

为了解决食堂售饭时窗口人头攒动争着伸手买饭及排队加塞的现象，我让工程队仿照飞机场进关处的样式，在距离售饭口一米的地面上制作了一道黄线。德育处就以"培养黄线意识"为主题，教育学生遵守规则，窗口前混乱的场面不见了。

工作中的创造如同下棋，每下出一步高招，都会带来喜悦。但是，出招前有时要经过苦苦的思考。工作的推行也是如此，经常会遇到挫折和障碍。就以办初中实验班为例，2003 年，正当实验班取得了显著成效的时候，上级决定实验班停止招生。我多次讲过："初中实验班寄托了我们的教育理想和追求。"天津中学是一所新学校，生源较差，高中很难与老学校竞争，但初中学生可塑性更强，改变的可能性更大。建校之初我花费心血最多的就是初中的整体改革，而且短短的两年时间就取得了很好的社会反响。那时天津中学高中声誉依然很差，甚至有"流氓学校"之恶名，但初中实验班的声誉却很好，招生时应接不暇，趋之若鹜。停止实验班招生是对我的沉重打击。

我感到自己人微言轻，很无助，心里充满了抑郁与愤懑。我写下了这样的几行文字："我种下了一棵幼苗，憧憬着枝叶繁茂的参天大树。每天为它浇水、施肥、松土。它一天天地长大，青翠欲滴的枝叶引来赞誉无数。忽然一阵狂风，把它连根拔起，粉碎了我的梦想，摧残了……"我正写着，党支部书记田中人进来了。田中人是建校初与我同舟共济的战友，我们一同支撑着学校艰难的局面。他理解我，知道我的追求，尽全力地支持我。我把写下的那段话念给他听。念完了，我突然失声地哭了。面对建校初的那么多困难和压力，我没有掉过眼泪，这次的痛哭把几天来内心的苦闷、抑郁、愤懑充分地发泄了出来。后来，在教委主任的亲自过问下，又恢复了初中招生。

在工作中不可能一帆风顺，经常会遇到很多不顺心的事，不可能让你整天都心情舒畅，有乐，也总有苦相伴。其实有困难的事做起来更有意义。有的时候，我们甚至要经受"我不下地狱谁下地狱"的体验。也正因如此，当目标实现、成功到来的时候，才会有"路回峰转""柳暗花明"的喜悦，才会有"回首向来萧瑟处，也无风雨也无晴"的从容与淡然，才会有"子规夜半犹啼血，不信东风唤不回"的自信与坚定。

2. 理想追寻之路上感受到了真情和友谊

我在通辽工作了 16 年，包括当校长和局长的近 9 年，我一直都很怀念那段生活。我的身边聚集了一批志同道合的同志，我们共同做了一些有价值的事，大家彼此理解、信任，一起克服困难，共享快乐。每当回到通辽，与当年共事的同志回忆往事时，大家依然像当年那样充满了激情。大家说道："国家现在提倡教育均衡发展，就是我们 30 年前做的事。""我们 30 年前大刀阔斧所干的事，就是今天我国基础教育需要解决的突出问题。""在教研室抓薄弱初中的 8 年，是工作最紧张、最累的 8 年，也是这辈子最有意义的 8 年。"大家回忆着过去一段段故事，如推行就近入学时，一位科长骑着自行车一直跟随假户口的学生到家。有一位同志本来有机会调到上级机关工作，那里的条件比通辽市要好得多，我当局长时所有的讲话稿都经过他的把关、润色，为了辅助我他选择了留下，但我回了天津，觉得对不住他。他说他不后悔，因为大家一起做了一件非常有价值的事。现在我们成了很好的朋友。

1992 年，我和爱人准备调回天津，时间定于 12 月 3 日。启程前，白天我去一所所学校道别，在校门前与校领导合影。在教育局工作的 5 年，每所学校都留下了我的足迹，这些合影将是我珍贵的纪念。晚上则在家接待一批批的朋友、同志和学生。

通辽当时有两趟直达天津的快车，168 次早上 6 点 8 分发车，144 次早上 6 点45 分发车。为了尽量不让送行的人起得太早，我选择了 144 次列车。内蒙古进入 12月，天气已经十分寒冷，夜里要到零下十七八度。我们俩 6 点来到车站贵宾室，这时送行的人已经来了不少，贵宾室已经进不去人了，我们只好来到了站台。这时，天还没有亮，站台上为我送行的人黑压压的一片。人们的眉毛、头发都染上了白霜。列车停稳后，我们上了卧铺车厢。我站在车门口向送行的人群挥手告别。一声汽笛长鸣，列车缓缓启动，我将离开我所挚爱的生活工作了 24 年的通辽，我将离开我所依恋的志同道合的同事、朋友，我强忍着不让泪水流下。

1992 年离开通辽时在通辽车站与送行人告别

那天同行的还有天津的老乡周俊英，在爱卫会当主任。车长问她："你们通辽什么干部出门？这么多人送，这么大排场！"周主任告诉他是教育局局长调回天津工作。车长说："局长回家了，没权了，还有这么多人送行，看来是个好官。"24 年过去了，这句话我一直铭记在心。不少人曾经开导我头脑要灵活一点，但我不改初衷。24 年前那个寒冷的早晨，那片黑压压的人群，车长的那句话，给我的终生带来了温暖。

　　回到天津工作以后，接触的面更宽了，又结识了许多朋友，在他们身上我学到了很多东西，他们也给予了我很多帮助。尤其是天津中学的干部教师，同我共同经历困难、走过坎坷，共同分享着成功与喜悦。学校的发展靠的是群体的智慧和力量，校长只是个领路人。我非常感谢他们，没有他们我会一事无成，他们永远是我美好记忆中的重要组成部分。

2004 年与通辽一中 83 届学生聚会时合影

　　还有让我终生难以忘怀的是师生间的情谊。1980 年，还是在通辽一中当教师的时候，让我接了一个快班当班主任，这既是信任，也是一种荣誉。其实有很多比我资历老的教师能够胜任，但通辽能够慷慨地给予青年人发展的机会和平台，这是我感激通辽、对第二故乡始终魂牵梦萦的原因之一。这个班 1983 年毕业，是我当教师带得年头最长的一个班。这个班带得挺成功，不仅学习成绩好，各个方面的表现也都很优秀，高三时被评为自治区优秀班集体。高考在通辽实现突破，有 5 名同学考上了清华、北大。在此之前，通辽还没有考上清华、北大的学生。高一年级，学校举办歌咏比赛，我们班的参赛歌曲是《年轻的朋友来相会》。这支歌蓬勃向上的时代精神鼓舞了一代年轻人，现在成为经典老歌。比赛结果是我们获得了优秀奖。此后每天下午的课前，我们都要唱一遍，它就成了我们的班歌。歌词中有一句"再过 20

年，我们来相会"。毕业时，大家约定，20年后无论我们走到哪里，都要回母校聚会。20年里，全班的52名同学各奔东西，留在通辽家乡的不足20个人，但这份约定都铭记在了每个学生的心里。2003年，我去美国密歇根大学学习3个月，我们的聚会为此推迟到了2004年的"五一"。聚会时的场景令我终生难忘。

那天，在通辽科尔沁草原著名的风景区大青沟的蒙古包中，83级高三(1)班的聚会开始了。来自全国各地的40名同学参加，有的是从国外风尘仆仆地赶来的。音乐响起，彪悍的蒙古族青年跳着舞蹈，美丽的蒙古族姑娘唱着祝酒歌给我和我爱人献上哈达。捧着装满酒的银杯，不胜酒力的我一饮而尽。我们又集体合唱了带给我们许多美好回忆的《年轻的朋友来相会》。

之后，学生们纷纷谈起了自己的感想，汇报20年来各自的人生经历。他们满怀深情地回忆着略显青涩但却激情洋溢的中学时代，回忆着师生和同窗的深厚情谊，回忆着这个班级给予他们终生难以忘却的美好印象：

"高中的三年里，国老师每天下午带着全班同学坚持跑1500米，不仅强健了我们的身体，还锻炼了我们的意志。这事说起来简单，但坚持三年可不容易。"

"高考前一天我心情特别紧张，那天下着小雨，国老师来到我家家访，与我聊天，使我紧张的心情得到了缓解。"

"高二时，学校的一个低年级学生从单杠上摔下来做手术要输血，国老师到班里说明了情况，动员大家自愿报名，当时咱们班的男生没有任何犹豫都举起了手。到医院后大夫说用不了这么多人，国老师二话没说伸出了自己的胳膊。回学校以后，国老师一天也没休息。这件事给我留下了深刻的印象。从参加工作那一天起，我为自己制定的目标就是要向我们的老师一样做人、一样工作。"

那天，我忽然悟出了一点为人之师的感觉：在学生的人生轨迹中有你渗入的心血，有你施加的影响，学生心目中有了你的位置，你的生命就和学生联系在了一起，你就有了一笔可以终生享用的精神财富。这是为人之师的神圣与光荣。

其实，在我的人生道路上，处处都得益于学生的影响。我们班的班长上课总是与同座说话，我多次点名批评他也不改。后来了解到，与他同座的同学学习基础差，听不明白的地方，他就给点拨。还有一次上自习课，几个同学偷着出去玩排球，我批评后问："谁带头出去的？"他立即站起来把责任揽到了自己身上。我虽然严厉地批评了他，但对他敢做敢当的义气还是暗暗佩服。班里有个农村学生家境贫寒，患有风湿性心脏病。他组织学生捐款，并定期去家里给他补课。这个人无论走到哪里，身边都会有许多朋友。后来他考上了北大，1984 年我去看他，到了宿舍，他一直陪着我说话，他的同学有的给沏茶，有的给打饭，既热情，又周到，自始至终他并没有发出指令。我们班的学生这样的"义气"蔚然成风。这不是简单的哥们义气，而是人与人之间真诚的情感，是敢于担当的精神，是超越了利益的无私帮助。

3. 理想追寻之路上体验到自身的价值

在几十年的从教生涯中，我看到了一届又一届的学子不断地成长起来，他们跨出了校门，走向了成功，这令我十分欣慰。

前几年，我的一个 1980 年毕业的学生，大学毕业于石家庄陆军指挥学院，这次要提副师长，一到天津就要来看我，一见面即行了一个标准的军礼。我突然感到一种幸福，这是我们当老师的一种特有的精神享受。

2005 年春节，我接到了刚考入北大的学生陈晔的拜年电话，寒暄后我问她："在咱们学校，你是尖子，但现在你周围的同学都是各省市的尖子。你是否感觉到压力？"听筒中传来陈晔轻松的笑声，她说："原先我也以为跟这些状元在一起学习压力会很大，但过了一段时间，我发现很多状元是属于高分低能的那种。我不仅没有感到压力，反而很有信心。原因是我在中学参加过的课题研究等活动，对今天的学习很有帮助。国校长，当时我们参加活动时还体会不到它的意义，到了大学，才越来越理解了。"这些年不少毕业的学生在回校与我交谈时也都表达了类似的感受。我想，我所追求的实践教育是有价值的。

2005 年我去张家口教育学院给校长做讲座。晚上吃饭时，当地领导陪我在主桌。校长们来给我敬酒，其中一位校长坐下就与我畅谈起来，说的都是听了讲座后的感受，已经进入了一种相见恨晚、旁若无人的兴奋状态，主桌的领导只能看着我们。那位校长走了之后，一位领导说，我们的校长真不懂事，酒桌上光谈工作，也不让国校长吃饭。但我恰恰感到很欣慰。我讲的，是校长们需要的，也说明了我的工作与思考是有价值的。

还让我体验到自身价值的是，在天津中学的十多年里，我尽自己的能力为打造一所优质学校而努力，而且取得了显著的成效。就像看着自己的孩子在成长，学校的进步让我感到无比的欣喜。建校之初，举步维艰，头两届招的是全市收底的学生，招生分数线排到了 60 多位。到了 2003 年局面已经有了明显的改变，排在了市直属

上图是应山东省教育厅邀请为全省教育局长、高中校长做
"综合实践活动课程文化探索"的报告,下图为会场

中学的第 27 位。在生源竞争空前激烈、全市学校招生位次大体稳定的情况下,我们学校位次逐年上升,2008 年进入了前 12 位,提高幅度之大在天津市是始无前例的。2009 年我校获得了教育部授予的"全国优秀教育先进集体"的光荣称号;2010 年,《综合实践活动课程课程化实施》项目获教育部课程改革成果二等奖;2014 年,《走向实践育人的综合实践活动课程常态化实施研究》获国家基础教育课程改革二等奖。

2005 年,教委准备调我去南开中学当校长。这无疑是领导对我的肯定与信任,也体现了我的自身价值，但后来发生了变化。当时自己也感到有些郁闷，但今天看来没有去成是好事。如果我真的去了南开中学，我在天津中学的努力和追求很可能就会半途而废。干点实事比虚荣心更有价值。令我感到安慰的是，经过十几年的努力，我的追求已逐步成为美好的现实。如今我已超过了退休年龄，如果能活到80岁，那时天津中学将有30年的历史。我将挂着拐杖去校史馆，在那里重温天津中学走过的艰苦历程，看看天津中学创造的新的辉煌，看看从天津中学走出的一届届优秀的学生。这，将成为我晚年的一种幸福的精神寄托。

2012年10月22日，天津市教委和《中国教师报》举办了"国赫孚教育思想研讨会"，来自全国十几个省市和天津代表700多人参加了会议。22日上午，我和天津中学的教师介绍了综合实践活动和六环节课堂教学模式。持续三个半小时的会议，会场下面鸦雀无声无人走动。下午天津中学从初一到高三的课堂全部对外开放。以下是一位参会校长写的博客。

追道者永不谢幕！

昨天参加天津中学校长国赫孚先生的"实践教育"办学思想研讨会，当与会者被他对教育的热情与高瞻远瞩所倾倒的时候，会议已接近尾声。"我是共和国的同龄人，40多年的教育生涯，到了该谢幕的时候了，见好就要收嘛！"国校长已超过耳顺年龄，因身份特殊一直坚持在一线岗位上。国校长的语气有些低沉，听得出将要离开自己挚爱的岗位之时那丝悲凉与不舍！"如果我能活到80岁，再过18年，我将挂着拐杖，来参加天津中学30年校庆，我将重温天津中学的发展历程，把她新的辉煌作为我晚年的幸福寄托！"激昂的语气感染了在场所有的人，掌声经久不息！

我忘情地鼓掌的时候，泪水已充盈眼眶中！

国校长是我的良师益友。在一次校长培训中有幸与他相识，我本是来自一所普通乡村中学的学员，聆听国校长的讲座被他的个人魅力所感染，也被他对教育的深刻解读所折服！讲座中他的只言片语常常令我为之一振，我们对教育的敏感有很多相似之处，但是我远没有国校长的深刻。为了向国校长讨教，国校长讲完课去用餐，我在餐厅外坐等。

由于有领导作陪，这顿餐用了不到三个小时，我一直坐等门外。当国校长出来后，得知一个年轻的后生傻等了这么长时间，他感动了！仅仅聊了几句，就欣然来到我们这所名不见经传的乡村中学。国校长看后给我留下了非常中肯的指导建议。国校长走后，我把他的指导建议及听他讲课时记录的资料仔细地咀嚼，并调整了下一步的工作方向。岔河中学的办学品位也因此得到了质的飞跃。也是从那时起，我与国校长成了好朋友！

天津中学由于重新装修顺便将校园文化做了些调整，国校长邀请我去天津中学参加这次校园文化论证会。到了会场，一看人员不多，但逐个介绍无一不是天津教育名流。在场的应该数我年龄最小，没有显赫的职位，没有显赫的名声，来自偏僻的乡村中学，真的感觉有些不自在。可是国校长在向人介绍我的时候，却加上了很多定语："这是一个特别有思想的、特别有思考的、特别有胆识的……"我听后都感觉很脸红。也是从那时起，国校长在不同的场合介绍我的时候基本都是这些定语，不过现在加上了："这是很有影响力的！"我能听出这是国校长对我的勉励。他想更加激励我向前。

天津市有一个农村中学校长培训项目，国校长力推我为这个培训项目做一个讲座。为了搞好这次讲座，我做了精心的准备，特别是我讲完后，在场的一个专家做了点评，回来后我马上修改了我的讲稿，思路也更加清晰了！目前这个讲稿也因此成型。今年暑期我应邀去福建、廊坊等地的多场讲座都得到了一致的好评。

从素不相识到莫逆之交，每每天津中学有重要活动，国校长总是忘不了我。"斌利，带着你的弟兄们过来，我知道你那资金紧张，一切费用我来承担！"我的忘年朋友之所以对我如此的倾情，我明白：国校长所做的一切都是在立人！

他的教育情怀不仅仅倾注在天津中学，他早已突破了小小的围城，有谁不被他这博大的教育情怀所感动呐？

国校长说今天这次会议是他教育生涯的一次谢幕，听后心里一阵酸楚，鼓掌！——泪水涌出！

昨天回家开了几个小时的夜车，很累，但是我还是控制不住自己，躺在床上捧起国校长的专著——《国赫孚与实践教育》。

人生有三不朽：立德、立功、立言，其中最高境界是立言。我捧着《国赫孚与实践教育》在思考：国校长的教育思想必将得到传承，这传承者不仅仅在天津中学这块狭小的天地，他的教育思想一定会影响我们所有对教育痴情的人。

最后不禁要问一句：国校长您能谢幕吗？

下 篇

课堂重构

引　言

　　本书上篇是学校进行综合实践活动课程的探索。综合实践活动课程是课程改革的难点与亮点，但不是课程改革的全部。下篇课程重构将探讨课堂教学改革。课堂教学是学校中最基本和最主要的教学活动，是实现课程目标最重要的载体，因此是课程改革的重中之重。如果不触动课堂教学这一传统教学最顽固的堡垒，课程改革不可能成功。

　　课堂重构就是从课堂教学存在的问题出发实施课堂教学改革。但不是局部的、着眼某一方面或某几方面的改革，而是全面的、系统的改革，是从构成课堂教学的要素出发，分析每一要素对教学具有怎样的影响和存在哪些问题，各要素间的联系是什么。在此基础上构建起系统的课堂教学的理论与实践操作范式。

　　课程改革实施以来，理论界和教学一线的教师一直在课堂重构这一领域不懈地探索，积累了大量的实践经验，形成了许多研究成果。但至今似乎还没有形成被普遍认同的系统的理论与实践操作范式。作为一个校长，我对课堂重构有着浓厚的兴趣。但由于理论功底的欠缺，涉足这一研究领域时常感到力不从心，好在我还有大量的实践经验。我在学校做一把手，但主要精力未放在管钱、管物和高考、招生等工作上。几乎所有的事务性工作都交由踏实敬业的副校长分管，他们干得也都很出色。这使我能够有时间深入课堂，能够静下心来思考课堂教学改革的问题，能够心无旁骛地读几本书、写点文章，能够将思考付诸课堂改革实践。退休之后的两年多时间，我又马不停蹄地辗转于内蒙古、河北、天津、海南的一些学校，每天就是听课，与教师交流，搞校长和教师的培训。我谈课堂重构，主要就是从我的实践经验出发，不可能做到理论思考上的缜密与完备，这必然带来本书理论研究的不足。但我希望我的实践探索能给同人以启迪。

　　我认为，课堂重构就是要：重构课堂教学模式，让课堂走向自主与对话；重构课堂教学内容，让学习内容指向核心素养；重构师生关系，让学生成为学习的主体、教师成为师生学习共同体中的首席；重构课堂教学价值观，让立德树人成为教师的自觉追求；重构教研机制，打造教师成长发展平台。这些思考源于自己的学习与课改实践，对于课堂重构这一系统改革的话题，挂一漏万或偏颇之处在所难免，望能得到批评指正。

课堂教学在操作层面有两个基本问题。一是教什么？二是怎样教？教什么是教学内容的选择和设计，怎样教是教学的方式、模式的选择和设计。两个基本问题的相互依存、相互配合，共同保证教学实施的有效性。在操作层面之上还有两个问题：一是教育原理的支撑；二是课堂教学价值观的选择。这两个问题对教什么和怎样教具有指导和决定的意义。

本篇第一章"综合实践活动撬动课程教学改革"，记述了天津中学课堂教学改革的探索历程。后三章分别从三个视角，即教学模式、教学内容设计、教学研究机制，对改革实践进行具体介绍。这三个方面存在着内在性关联，构成了重构课堂的系统架构，形成了整体性改革。

新课改以来，各地创造的新的课堂教学模式如雨后春笋，说明了人们对模式构建的必要性的认同。但同时也出现了一系列"模式化"的问题，一些专家因模式化的问题而对模式采取全盘否定的态度，这是因噎废食。我认为，重构教学基本模式是课堂重构的前提与抓手，模式是工具，是理念、理论转化为实践操作的桥梁。"重构教学内容"，既能保障学生在有限的课时内能获得最有价值的优化的知识，又是课堂教学模式有效性的保证。教学内容的肤浅化和应试化常常使好的模式落入形式主义的窠臼，成为表面上热热闹闹的花架子。"建立联合体——让教师走向合作与研究"是新的教学模式与教学内容设计得以实施的基本保证。任何一项教育改革，如果不指向教师的学习与成长，都将是徒劳的。

下面简要介绍后三章分别想解决什么问题。

传统教学方式的主要弊端是：以教师为中心，以教为中心，视学生为被动的接受者，教学中采用"满堂灌"的讲授方式，把知识结论告知给学生，剥夺了学生主动学习、独立学习、自我监控学习的自主学习机会和合作学习机会。学生的主体性被削弱了，学习的社会交往特性被忽略了。为解决这些弊端，我们构建了"六环节"课堂教学基本模式，让课堂走向自主与对话。第二章"重构教学模式——让课堂走向自主、合作、探索"介绍了这方面的思考与实践。

当前课堂教学在内容设计方面，普遍存在着肤浅化和应试化的弊端。所谓肤浅化，就是过分重视事实性知识学习，轻视原理性知识学习；强调"知识与技能"，忽略了"过程与方法、情感态度与价值观"。所谓应试化，即过分重视习题训练。课堂教学变成了习题训练课。肤浅化与应试化严重削弱了课堂教学的育人功能，离培养学生的核心素养相去甚远。针对这些问题，我们开展了教学目标、情境、问题、练习题四项设计活动。教学内容设计以教材为基本文本，是对教学内容进行选择、补充、重组、挖掘的"用教材"过程，是以落实"三维目标"培养学生核心素养为出发点与归宿。第三章"重构教学内容——让课堂成为滋养学生核心素养的沃土"介绍了我们在这方面的探索成果。

但无论是教什么（教学内容），还是怎样教（教学方式），最终的实现还是取决于教师。因此要改变教学内容肤浅化、应试化和教学方式"满堂灌""填鸭式"的问题必须从改变教师入手。通过改变教师的工作方式，让教师从教书匠走向学习型教师，从单干走向集体研究，从而达到提升驾驭课堂教学的能力。改变教师的工作方式，必须建立有效的机制。第四章"重构教研方式——让教学联合体成为教师学习成长平台"总结了我们在这方面的实践探索成果。

简要介绍了前四章的内容后，我还想再说明一点，我在前面谈到过，深入系统的理论研究不是我的强项，我对课堂重构的观点大都是从天津中学的课堂教学改革实践中提炼的，有大量的案例做支撑。我把这些实践经验整理成《课堂重构》的讲稿，在二十几个省市进行过讲座，受到了一线教师的欢迎。第二章至第四章都是在讲座稿的基础上修改而成的，具有一定的可操作性，成为本书的一个特点。但这绝不意味着理论的思考和价值选择无关紧要。教学原理与课堂教学价值观对教学内容设计和教学方式的选择具有根本的指导作用。课堂重构必须回答怎样运用教学原理和秉持什么样的价值观。这些问题保证了课堂重构的方向。教学原理的内容十分丰富，李松林、金志远教授归纳了以下六个方面的理论：马克思关于人的全面发展理论，教学认识论，现代学习论，现代课程教学论，主体、活动和交往理论以及文化与价值理论。学习、运用这些理论指导实践需要我们坚持不懈地努力。2012年，我向北师大郑葳教授请教，她向我推荐了《人是怎样学习的》一书。后来看到北师大、华东师大的学者对这部认知心理学的著作都给予了高度评价。书中提到了三条教学原理：学生已有的知识会促进或阻碍其学习；学生组织知识的方式会影响其学习方式和知识的运用；要成为自主学习者，学生必须学会监控和调节自己的学习方法，培养元认知能力。我把这部书读了三遍，感觉很有收获，也运用了这三条原理对模式建构和教学内容设计的有关案例进行了阐释。

课堂中出现的问题大都可以追溯到教学价值观问题。郭元祥教授指出："课堂教学需要通过知识处理，追求学生在认知方式、情感体验、思想境界、处事方式等维度发生实质性的变化。课堂教学的发展性要求课堂教学超越功利性或工具性的应试诉求，忠诚于教育的本质追求，切实体现'育人为本'的教育价值取向，完整达成教学目标而体现出来的高阶发展性品质。"我在重构课堂的实践探索过程中也始终在思考和自我追问究竟追求和构建怎样的课堂教学。我认为，有三点是带有根本性的：第一，教育不能扮演压制者角色，课堂不是"心灵的屠宰场"（卢梭语），要帮助学生学会自主学习和生活；第二，课堂不是预设好的教学机器，而是充满生命活力和灵性的社会交往对话场所，过程性、开放性、生成性远胜于完美的预设；第三，学会学习比学会了什么更有价值。问题和批判意识、自我监控学习能力、把握表层知识背后的学科思想和方法的能力、阅读能力的培养，比培养应试能力更具有发展意义。这三点认识贯穿于我的教学改革实践中，在后面的阅读中是可以感受到的。

最后还有一点我觉得在重构课堂实践中也是不可忽略的，就是把握好师生角色的定位与转变。由教师是知识的传播者、课堂的控制者向学生学习的伙伴与引领者的转变，是新课程改革对传统教学教师行为方式的颠覆，但在实践新的理念的过程中，又出现了放弃教师引领、对学生的学习行为放任自流的倾向。这一点必须高度重视。在自主学习的课堂中，学生的自主学习是在教师引领下进行的，必须强调教师的引领作用。具体体现在两个方面：教学内容的选择和设计；学生学习活动的组织，学习活动前的引领，学习过程中的指导、点拨、提升，包括课堂生成问题的处理。在书中我以教师指导案例的形式，诠释了课堂中师生间的交流，特别强调了教师的作用。引领远比讲授难得多，这需要对教师的培训。还有需要改变的是学生。新课程强调了学生主体性，这完全符合学生的心理需求，能够得到学生的普遍欢迎。但开始启动时，学生也会有一些模糊的认识和不适应。2005年启动课堂教学改革时，我召开学生座谈会征求意见。一个学生就说："我们来天津中学就是为了考大学。高考考什么，就给我们讲点什么。搞什么自主学习，纯粹是花架子！"看来做惯了学习的奴隶，让他做主人时，他还有些不知所措。要让学生明确自己在课堂中的角色定位，也需要开展学生培训，大体上要讲自主、合作学习的意义以及方法，同时还需要教师用新的教学方式引导促进学生学习方式的改变。

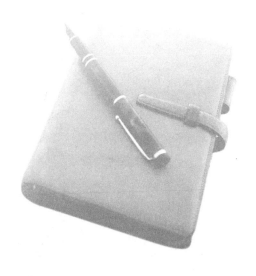

综合实践活动撬动
课程教学改革

一、"六部曲"拉开教学改革的序幕

新课程改革是课程系统重建的过程，无论从什么地方切入，最终一定要进行整体构建，所不同的是如何选择切入点。我们的切入点是综合实践活动课程。

有一个现象值得思考：按说学科课程直接与高考挂钩，涉及学生的前途，学生似乎应该更重视学科课程，学习的热情应该高于参与综合实践活动。但是我们看到，对学科课程的学习，学生普遍存在厌学现象，而在综合实践活动中，学生却表现出高昂的热情。综合实践活动的魅力究竟在哪里？我思考的结果是，可能综合实践活动课程中的理念更符合学生发展的内在需求。例如，基于生活情境的学习，使书本知识与实践操作结合起来，知识被活化了；基于问题的自主学习、合作学习、探究学习，改变了教师主宰课堂、单向灌输的传统模式，学习方式更符合人的探究本性；旨在促进学生生命体验与感悟的情意性学习，唤醒了学生的激情，让学生感受到了生命的存在；为发展而学习，把学生从为"分数"而学的焦虑状态中解放了出来，使被异化了的自我得到了复归。

概括起来，我把综合实践活动课程的理念归纳为五个方面：面向生活、立足实践、自主探究、对话合作、自主发展。

经历了综合实践活动课程的洗礼，师生的观念与行为方式都发生了转变，我们也取得了宝贵的改革经验。于是我们决定把综合实践活动课程中所形成的理念，向学科教学延展，并于 2005 年开启了落实新课程理念、探索"自主学习课堂教学模式"的进程。

课堂教学改革需要改变教师多年来养成的行为习惯和思维方式，这是一项十分艰巨的工作。我们是通过"六部曲"转变教师的观念和行为的。这六部曲是："看"，即学访参观；"听"，即讲座和经验介绍；"学"，即读书；"思"，即反思感悟；"谈"，即论坛交流；"做"，即做课。

从 2005 年开始，学校先后组织教师到洋思中学、杜郎口中学等十几所改革先进校学访，给教师提供鲜活的感性认识。学访回来，我逐一听了每个人谈的学访感受，同教师交流。多次组织论坛，让教师谈感受，在学校营造课堂教学改革的舆论。但我清楚地认识到，我们不能长时间地纠缠于认识问题，空而论道，观念的转变还应依赖实践的变革。我们把"先学后教"作为课堂教学改革的突破口。每个教研组都要确定一个研究题目，做一节研究课，写一篇借鉴洋思经验改革课堂教学的经验总结。从此拉开了教学方式变革的序幕。

2009 年赴杜郎口学访

我们每到一所学校都尽可能地采用参与式的学访。在德州跃华学校的学访最为成功。跃华学校"先学后教，当堂训练"模式运用得已经十分成熟。去洋思中学路途遥远，而去德州学访交通方便。光是我带老师去跃华学校学访就有 5 次。一来二去和跃华学校的司校长就成了朋友。司校长是一个典型的山东汉子，为人热情淳朴，学访给他添了不少麻烦，但他从无半点怨言。他尽可能地为我们提供条件。2007 年学访，司校长为我们每一位老师安排了指导教师，我们的老师不但听课，而且与德州跃华学校的指导老师讨论交流，最后每个人还做了一节课。做课前一天晚上，老师们一直到夜里 12 点还在讨论研究。回来之后，都能够把跃华的课堂模式运用于自己的教学实践中。感谢跃华学校，感谢司校长，我们本来素不相识，因教学改革我们有了共同的语言。他们给了我们无私的帮助，我们之间也建立起了真挚的友谊。天津中学的课堂教学改革如果有了一点成绩的话，要感谢所有学访过的学校。

外出学访也是件辛苦的差事。第二次去德州学访，我和刘冬梅、刘宏胜、史成泉几位老师上午 10 点多出发，12 点半到德州后匆匆忙忙地填饱肚子，马上就到学校连

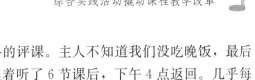

续听了 3 节课，然后分别参加了两个学科的评课。主人不知道我们没吃晚饭，最后化学评课一直到晚上 9 点半。第二天又连着听了 6 节课后，下午 4 点返回。几乎每次出去，都是来去匆匆。不光是累，挨冻也给我留下了深刻的印象。有三次到山东、河南学访，是在 11 月底和 12 月初。黄河以南没有暖气，一天到晚手都是冰凉的，晚上蜷曲在冰凉的被窝中瑟瑟发抖。能够战胜寒冷的，是心中的课改热情。

2009 年，在进行了一段改革实践的基础上，我们继续加大学访力度，组织了 80 名教师去杜郎口、昌乐二中学访。这次活动对教师的触动最大。刚开始课改时教师们说：“我讲他还不明白，让他们自己学能学会吗？”看了杜郎口的课堂，老师们在路上纷纷议论“我们是得改改了”。回来后趁热打铁立即组织论坛，讲台上摆了 4 个沙发，每个年级组出 4 位老师围绕着自主学习的话题聊天，没有人念发言稿，说的都是真心话。刘冬梅老师用自己的课堂教学实践印证了自主学习的好处，都是她自己做过的事，讲起来自然流畅。这次论坛话题集中、力度大，24 位教师发言，形成了有利于改革的舆论导向。

我们的课堂教学改革是从学洋思、杜郎口开始的。近年来对杜郎口的批评开始见诸报端。我的看法是，洋思、杜郎口颠覆了传统的课堂教学模式，做出了类似哥白尼的贡献(专家语)，是中国教育的两面旗帜。洋思、杜郎口的教学也并非完美无缺。课堂中学生的主体性发挥得淋漓尽致，而教师指导的能力和水平却略显不足。我们没有理由苛求农村学校的师资水平，更不能因此而否定他们的先进教学模式。课改是一个不断完善的过程，需要在学习借鉴成功经验的基础上针对存在的问题进行新的探索。我认为当前主要的问题在于如何发挥教师在自主学习课堂中的作用。我提出了“学习洋思杜郎口，超越洋思杜郎口”，并形成了天津中学课堂教学改革的逻辑：课堂的效能在于模式，模式的运用在于教师，教师的水平在于研究。

二、“三项策略”启动自主学习课堂

改革初期，分别对应着教法、学法和考法，我们制定并实施了三个基本教学策略：先学后教策略、画知识树或思维导图策略、形成性检测矫正策略。

(一)"先学后教"策略

这个策略是从洋思经验借鉴来的，也吸纳了其他课改学校成功的教法，如上海育才中学的"八字教学法"、邱学华的先练后讲"尝试教学法"、黎世法的"异步教学"等。建构主义告诉我们，知识不是被教师植入到学生头脑中的，而是学生基于自己的知识经验主动建构的。

2009 年召开"困惑、启迪、思考、超越——杜郎口、昌乐学访论坛"

"先学后教"不只是一种方法，而应是一个原则，要真正把学生解放出来。有些老师放不开是因为不相信学生。过去教师认为讲得越细，学生学得就越容易，课堂教学效率会更高。但是我们没有想到，这样做会养成许多学生不动脑筋的习惯，只是被动地听课，不愿主动地学习。其实书本上的许多知识学生通过自学都能够解决。综合实践活动中，中学生为研究解决一个问题需要看很多资料，有些是很专业的知识，还有的是大学的知识，学生通过自学也学懂了。另外，学生自主学习，不是说学生只自己闷头读书。学生与学生之间讨论交流、"兵教兵"也是一种自主学习的方式。学生给学生讲，有时能够讲得更明白。因为他们是处在同样的知识起点，他们的思维有着相同的特点。而且在讲的过程中，有收获的不仅是不会的同学，会的同学其实收获更大。对讲的同学来说，不仅锻炼了他的表达能力，而且会促使他把一

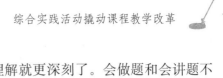

些内隐的知识转化为显性知识，这样对知识的理解就更深刻了。会做题和会讲题不一样。会做的不一定能够讲明白，讲明白了，一定理解得更深刻。有时，题目做对了，不能讲明白，一定是在解题思路和思维中存在着漏洞。另外，在讲的过程中，有时要受到同学的质疑，在学生相互碰撞中，学生的解题思路会越来越完善，对概念的理解也会越来越深刻。

(二)画"知识树"和"思维导图"策略

学习究竟要学什么？学生每天要大量做题，似乎题做对了考试就能考好，从而就很好地完成了学习任务。这是一个误区。学习一门学科，必须掌握这门学科的基本概念、原理和规律。做题只不过是为了更好地掌握基本概念、原理和规律的手段。一门学科的基本概念、原理和规律是有内在联系的，这种内在的本质联系就构成了这门学科的知识结构。因此，掌握知识结构是更为重要的学习手段。知识结构的掌握是做题的前提，尤其在毕业班总复习阶段，这样的手段更为重要。因为建立知识结构的过程首先是看书，然后从中提炼知识点，最后是寻找这些知识点间的联系，在此基础上把知识点组织起来，形成知识网络。这个过程，是学生自主学习和独立

2007年初二学生汇报知识结构图

思考建构知识的过程。这种网络化的知识能使学生从整体和知识间的联系上更深刻地把握知识点，同时能提高学生运用知识解决问题的能力。

我们要求教师指导学生画"知识树"并进行交流，标明作者，印发共享。高中的卢金良老师学习和研究了巴赞的《思维导图》后，指导学生用图形来表达自己的思维，既富有个性、富有情趣，又便于记忆。我们将学生的"思维导图"精选后结集出版。

以下是利用思维导图学习过程中学生写的学习体验。

2009届学生方茂欢：导图既可以帮助我从整体的高度俯视各种知识间的关系，也可以从细节处展开联想，是做几道题（只重视细节）和几个简单概念图（只重视整体）所不能比拟的，有一种"会当凌绝顶，一览众山小"的感觉。成功地画出思维导图，还给我们带来了兴奋和喜悦，能使我们长时间沉浸于愉快的心境中。

在绞尽脑汁努力寻找适宜的图示来表示抽象的知识的同时，学生其实已经完成了一次对知识深刻而全面的总结。

考试将至时，各科的学习压力都比较大，所以运用以下的这种复习手段很值得大家参考。首先将做过的思维导图浏览一遍，这些典型的图像会很快使自己联想起当时做图的情景。每一笔画所代表的内涵便会很快地浮现在脑海中。用形象生动的图形去代替抽象的文字和符号，会使复习变得更加有趣，从而能大大提高复习的效率。

2009届学生闫超：我对思维导图的体会是：

（1）必须敢于尝试和坚持去做。前几次画图往往耗时很长，可能是一小时、两小时，甚至更多。可这些问题都能通过不断练习得到解决。因此，不能急功近利，只要能咬牙坚持，一切问题都会迎刃而解。

（2）使用思维导图不能将重点放在记忆上，关键要对知识间的联系进行思考。思维导图将大量的关键词集中在一张纸上。读图时面对这些重点概念，会自然而然地思考它们之间的联系。

（3）思维导图可以促使人喜欢思考，并教会你怎样思考。思维导图的最大作用，并不在于它让你学到了什么知识，而是在画、用、改的过程中，让你学会思考。通过这种形式，你会发现：思考本身就是一种快乐。思维导图可以受用一生。只要你真正投入其中，它也会倾其所有，毫无保留地提升你的能力。当你让思考成为一种习惯时，你的人生也会随之改变。

卢金良老师介绍思维导图

(三)"形成性检测矫正"策略

20世纪80年代中期，布卢姆的掌握学习理论传入中国，我当时在通辽一中做教学副校长，曾经对其进行了实验和推广。2003年，在天津中学我介绍了掌握学习理论及通辽一中当时实施的经验，并逐步推行实施了测试、反馈、矫正、达标的形成性测试。测试分为两个阶段。准备阶段：备课组准备形成性测试试卷——学生和教师归纳整理本章知识要点、进行题型归类。测试阶段：课堂测试——课堂教学反馈——学生填写反馈表——教师填写试卷分析——教师有针对性地矫正——试卷重组后再测。

用形成性测试取代月考，减弱了考试的甄别功能，摒弃了传统考试将学生分等的做法。传统考试往往使学生只注重分数与名次，高分的、名次靠前的学生洋洋得意，而低分的、名次靠后的学生垂头丧气。这样做，削弱了相当一部分学生的学习热情与动机。形成性测试的目的是通过与学习目标比较，了解学习缺陷所在，强化了对学情的及时反馈，加强了教学的针对性，提高了学生自我监控能力，缩小了学习分化，这也成为提高教学效率、保证教学质量的一个有力举措。

　　王鑫老师所带的年级组将思维导图、学生参与形成性测试的命题、反馈矫正小组合作以及评价方式的改进结合起来，创造了"小组联动"的机制，在提高教学质量方面充分发挥了学生的主体作用。

　　三个教学策略的实施，初步改变了灌输式的、沉闷的课堂面貌，促进了学生学习方式的转变，不仅强化了自主学习，提高了课堂教学效率，而且学生学习进步明显，考试成绩逐年提升。同时，它也为后来构建"六环节"教学基本模式奠定了基础。

三、"六环节"构建课堂基本模式

　　2009 年组织去杜郎口、昌乐二中学访并召开论坛后，我们紧接着组织各教研组做研究课，每位教师连着上三节课。连续上三节课是为了便于教师在一个相对完整的教学内容的教学过程中探索适合本学科特点的教学。做课后，我认真地观看了研究课的录像，在各科探索创造的基础上构建了"天津中学六环节自主学习课堂教学模式"。

　　模式简要表达为：引入—自学—交流—展示—练习—总结。

四、"聚焦课堂"促进教学改革深入开展

（一）被霍教授拉上"聚焦课堂"之船

　　2009 年 11 月，霍益平教授给我打电话，介绍了华东师大和中国科协的"聚焦课堂"项目，问我愿不愿意参加。我与几位副校长商量，都感到学校的条件有限，一是教室面积小，70 平方米难以容纳大规模的听课教师；二是电教人员、设备少，不能提供 9 堂课同时录像；三是食堂规模小，应付现有的师生就餐尚嫌紧张，再接待1000 人难以承受；四是一个年级只有 6 个平行班，要同时开 9 门课程 36 节课，调度十分困难。我们不打算承接。霍益平教授是我过去校长班的老师，我们所有的同

学对她都十分尊敬，不承接老师交给的任务不能简单地拒绝，于是我专程前往上海当面向老师说明情况。见面之后，与往常一样没有任何的寒暄和客套，我直截了当地给霍教授讲了承接的困难。霍教授说："这些困难都不是问题，问题是你们对这个项目的意义不了解。"接着给我介绍了几所学校开展"聚焦课堂"项目后带来的变化。我们学校过去参加过霍教授组织过的几次教师培训活动，教师普遍反映收获颇丰。我知道霍教授的为人，她是一个不为功利的人，活动从来分文不收。她培训时要求严格，白天上课，所有的课程都十分贴近中学的实际，晚上教师要完成作业。培训期间不安排旅游，就是实实在在的学习。教师们虽然感到参加培训非常辛苦，但毫无怨言，而且十分愿意受这份苦。霍教授是一个有责任感的学者，与其说是为其理由所打动，不如说是为其真诚与热情所打动，我当即表态："霍教授，我们全力以赴，保证圆满完成任务。"

（二）"聚焦课堂"促进了年轻教师的快速成长

回到天津，我们快马加鞭地认真筹备。既然承接了任务，就要干好，给老师交上一份合格的答卷。

为了锻炼年轻教师，我们推选30岁左右的年轻教师为主参加同课异构。上海的9位教师都是全市的教学尖子，天津市的9位教师是2008年优质课获一等奖的教师，其他9位教师是霍教授从全国各地物色的优秀教师。一看这阵容，老师就有了压力。2010年4月开始进行同课异构，从寒假开始他们就着手准备。我首先要求教师都要按照学校的"六环节"模式进行教学，这体现了同课异构活动的主题与价值。此外，我还要求教师把课上准备说的每一句话，都要写出来，力求语言准确、精练、生动、流畅。我也帮助老师修改。老师们非常认真，投入了全部精力。27岁的数学教师耿刚整天想的都是数学归纳法，他查看了大量的资料，发现所有的人用的情境资料都是多米诺骨牌。他苦苦思索决心要另辟蹊径，结合学生的生活，设计一个新颖的情境，但始终也没有思路，寝食不安。一天半夜两点，他醒来突然来了灵感，用两种方式叫起两排同学，这样的情境设计学生可以亲身体验，有助于理解数学归纳法的原理。我又帮他从这一情境中挖掘蕴含其中的两点数学思想：数学引进抽象数的意义和数学关注的是数量之间的关系，使他这一节课具有了深邃的思想境界。这个情境成为数学课的一个经典案例。这位老师经过这次同课异构，成长非常快，使他体验到了创新的乐趣，对学习理论也产生了兴趣，走上了边教边学边创新的研究之路。2011 年，他参加全国课改联盟华北地区的同课异构，同样追求要上一节别开生面、渗透数学思想的课，受到北京专家的充分肯定，毫无悬念地获得了一等奖。通过"聚焦课堂"活动，年轻教师进步都很快，成为学校推进课堂教学改革的骨干。"聚焦课堂"活动结束后，我看到上海在培养年轻教师方面做得很好。我又找霍教授，给我们联系了上海育才中学，派年轻教师到该校听课学访。"聚焦课堂"使学校找到了培养年轻教师的路径。

（三）"聚焦课堂"带动了教研组活动的深入开展

教师准备了教案和导学案后，教研组组织讨论，然后就是试讲，一遍遍地试讲，一遍遍地修改。除了两位岁数大一点的老师只讲了 3 遍外，其他的 7 位老师都试讲了 7 遍。3 月高中各学科组异常紧张，过去集体研究往往就是对进度与作业。现在要打造一堂高标准的优质课，有了明确的任务驱动。很多组都从市里请来专家指导。一直到做课前几天，年轻教师始终都没有放松。我一看他们过于紧张，专门召开了一次座谈会，为他们放松心理。功夫不负有心人，我们的 9 节同课异构课都非常精彩，受到了专家的好评。9 位老师说，为这一节课，我们掉了好几斤肉，但得到了从未有过的收获。教研组长说，为帮助他们备课，我们被扒了层皮，但学科组的研究氛围形成了。正如霍教授所说，这些困难都不是问题，问题是我们对"聚焦课堂"的意义不理解。经过项目的实践我们对"聚焦课堂"的意义感同身受，而且更深刻的意义还在以后。

（四）"聚焦课堂"确立了学校"六环节"基本教学模式的地位

天津中学 2009 年形成了学校"六环节"课堂教学基本模式，但实施过程中阻力很大，很多人还在怀疑与观望。这次"聚焦课堂"活动，教师都用"六环节"上课。由于都是年轻教师，受传统的羁绊少，乐于走新路。同课异构的压力，变成了探索新模式的动力。9 位老师下了功夫，这比平时授课费力气得多。要设计学案，尤其是要有能够激发学生深入思考的有价值的问题，还要组织好小组交流和展示。一遍遍地试，一遍遍地改，既要有预设，又要能够应付课堂生成的问题。9 节精彩的研究课，充分体现了学生的主动学习，展示了做课教师的风采，回答了人们的疑虑，坚定了我们对"六环节"的信心，从而确立了"六环节"模式的地位。以这次同课异构为标志，学校的课堂教学改革取得了阶段性的长足进步。"六环节"成为天津中学课堂改革的名片。

徐建涛老师做"六环节"研究课

(五)"聚焦课堂"促进学校建立了校本教研机制

同课异构后，大家都非常兴奋，感到学到了不少东西。我们没有就此停步，借着大家的热情，布置教研组开展活动，一是研究兄弟校同行的课，学优点，找差距；二是学习上海专家的课后点评；三是从这次活动中，我们给老师提供了十项小课题：构建课堂教与学的基本模式、精心创设教学情境、合理确定教学目标、引导学生阅读教材、精心设计课堂问题、组织有效课堂交流、提炼学科思想、帮助学生建立认知结构、帮助学生掌握学习方法、实现当堂反馈矫正。

地理组郑娟老师做了一项很有意义的工作。她把上海王海萍老师和内蒙古的老师在课堂中设计的情境资料做了统计与分析。内蒙古的老师使用了 24 个情境资料，王海萍老师使用了 16 个情境资料。王老师的课不仅信息量大，而且情境资料质量高，与现实生活联系紧密。王老师是一个有心人，她把日常生活中与课堂教学有关的材料都储存了起来。如《新民晚报》登载了一条消息：浙江农民去巴西种大豆。其实这只是一条社会新闻，但她却从中挖掘出了可用于农业区位因素教学的内容。再比如，上海在世博会前从加拿大花费巨资引进了海藻树，后来因水土不服都死了，她也将之作为理解农业区位因素的例子。还有以色列的农业、寿光的蔬菜等，都是真实的事件。加涅讲过："学生学习某件事情时经历的情境越多，迁移的可能性就越大。"信息量丰富，学生就可以在不同的情境、不同的任务中多次反复地运用概念，以达到对知识的理解与运用。可以说，没有情境的课，必然是照本宣科的，照本宣科的课必然是乏味的，肯定会导致学生厌学。所以，教学中情境设计的必要性是显而易见的。

但同时我也在思考，王海萍老师是上海的名教师，她能够做到的，其他教师是否也能做到？另外，作为一次大型的同课异构活动，王老师有三个月的时间来精心雕琢这一节课，我们用这样的标准来要求老师上好每一节课能够做得到吗？王海萍老师在课堂中创设了16个高质量的情境，想必是在课下至少要参考上百个情境资料后筛选出来的。如果每堂课都这样上，老师们能有这样的精力吗？我在各地讲座提出这一问题后，台下的老师纷纷摇头。

能否从实际出发找到一种方式来解决这一矛盾呢？能，那就是把大家的研究积极性都调动起来，分工合作共同完成任务。还是拿创设情境来说，要创设一个好的教学情境是要付出很多的精力与时间的，一个老师把每一节课的教学情境都设计得很适切和精彩是做不到的，但一位老师一个学期做一章、一个单元总可以吧？如果教研组的老师们做好分工，每个人负责一章的情境设计，全组的老师就可以完成两册教材，研究成果大家共享。这不是省时高效的最佳办法吗？我想，这就是实实在在的校本教研。这样的研究可直接为课堂教学服务，每位教师都可以从中受益，大家都会有积极性。事情就这样决定了，我责成科研室具体负责组织做这件事情。我们的课题研究就从情境设计切入。

高中物理组在王丽娟老师的主持下，率先组织了项目的落实。他们选择的任务是人教版物理必修一册的情境设计。在项目实施的过程中，他们对教师做了明确的分工，并进行了理论学习和组内研讨，收集了大量的资料，研究了情境设计和问题设计的方法。在每个人完成自己所担负的任务后，教师之间又互换任务进行订正、补充和完善，成果体现了集体智慧的结晶。

下图所示是他们项目实施的流程图。

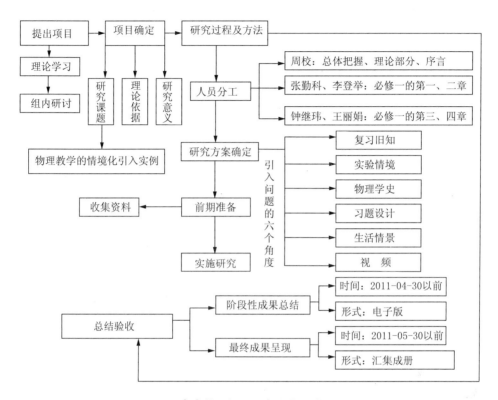

高中物理组项目实施流程图

　　其他各个教研组也都确定了各自的研究内容，2011年5月底，全校各个教研组都如期完成了任务。我们又聘请了天津市各个学科的专家对成果进行了审阅，使得研究的成果更为完善。

　　对于这次小课题研究取得的成绩，至少可以总结出这样几点：第一，教师都投入研究中，每个人都承担了自己的任务。我们所追求的"在研究的状态下工作"得到了初步的实现，而且，研究的成果就是教师在课堂上将要用到的。因为有用，所以教师愿意参与。第二，从古至今，教学活动一直都是教师以个体为单位的单干行为。这次，我们把教师的单干行为变为互助组的行为。教学完全依赖个人行为，很难排除教学的随意性，教师个人水平会对学生的学习产生直接的影响。我们坚信，在教学设计经过集体研讨之后，当凝结了集体智慧的高水平的教学设计成为共同使用的教学方案时，随意性就会被克服。第三，小课题研究就是对教师的业务培训，这样的培训是在任务驱动下的主动的自我培训。我们过去在推动教师读书时，有的老师读不进去，如耿刚曾经说"我对做题有兴趣，但书看不下去"。现在，做课题研究，他要设计教学目标，需要对知识点进行知识属性的分析，为此他必须认真地学习。正是由于任务的驱动，他对教学设计的有关书籍也有了兴趣。

五、建立"联合体"开展校际协作

"聚焦课堂"活动结束以后，我认真地观看了 32 节课堂实录及专家点评，从中总结和提炼了一些优秀的课例。教师对小课题研究的热情，激励我不断地学习与研究。我深入课堂听课，发现了正反两方面的案例。好的案例加上我的点评就在校内推广，有问题的案例在征得了教师的同意后，在教师会上进行剖析。集腋成裘，我的案例越来越多，在学习研究的基础上，得到了顾问韩建华校长的指教，形成了《新课程背景下的教学设计》的讲座稿。我首先在校内给教师讲，后来还应邀到北京、内蒙古、重庆、辽宁、山东、海南、甘肃等省市开讲座，受到了一线教师的欢迎。其中几所学校都表示希望和我们一起搞教学设计。

我想，和其他学校一起搞，可以增加我们学校教师的责任意识和质量意识。到时间你没完成任务可不行，如果你的设计没水平，拿出去还会被人家笑话。更为重要的是，这样可以集中更多优秀教师的智慧，进一步提升研究的质量和水平。基于这样的想法，我就与内蒙古锡林浩特六中、天津汉沽五中等几所学校进行了磋商，决定大家一起搞教学设计，首先重点突破学习目标设计、教学问题设计、教学情境设计和检测题设计，并统一了研究的进度和设计的模板。

2011 年 7 月 10 日，在草原最美的季节，5 所学校带着各自的研究成果，汇聚在锡林浩特市，召开了"三省五校教学设计研讨会"。

研讨会引发了与会者很高的热情，最后的总结会上，我校初中组的汇报教师为了准备第二天的发言，弄到夜里两点才结束。大家认为开这样的研讨会有价值。这次研讨会的成果可以归纳为这样几点：第一，在比较、鉴别的基础上，修改、完善

在"教学设计联合体 2012 暑期研讨会"开幕式上致辞

并形成了可喜的研究成果。第二，进一步统一了思想，明确了研究的方法和思路。第三，初步形成了教学设计的指导思想、方法、途径、原则、质量要求、评价标准。第四，在交流研讨中初步探究了课堂教学的价值观。

研讨会结束了，老师们都感到很充实。锡林浩特绿绿的草原，遍地鲜花，象征着研讨会取得的丰硕成果；蓝天白云，雄鹰高飞，抒发着共同的志向；熊熊的篝火，翩翩的舞姿，抒发着老师们对生活的热爱和职业幸福的体验。

这次校际的协作交流，还彰显了另一些重要的价值，如过去学校内部教师之间竞争，学校与学校之间也竞争，使得教育被异化。现在，学校内部加强了合作研究，把教师的单干变成互助组，校际合作交流又把互助组提高到了合作社水平，使教育科研究成果能在一个更大的区域内，将个别优秀教师的经验和智慧转化为全体教师的共享财富，最终使全体学生获益，这又使被异化的教育复归。另外，它的意义还在于，教学方案享用了集体研究的成果，教师就能够节省许多的时间和精力，在学习和研究方面就可以投入得更多，可以摆脱低水平拼时间、拼体力的工作模式，从而使教师的工作方式和生活方式发生根本的转变。

2012 年寒假，我们又一次召开了集中研讨会，由天津中学承办。联合体成员校也由 5 所增加至 8 所，会上还通过了《教学设计研究联合体章程》。

六、全员参与打响教学改革攻坚战

经过了六年不懈的努力，我们相继完成了观念转变、实施三项策略、构建"六环节"基本模式和小课题研究的工作，全面推行课堂教学改革、打造"自主学习课堂"的时机已经基本成熟。但从过去的部分骨干教师使用"六环节"到全体教师使用，从部分研究课使用"六环节"到所有的常态课使用，这样的变化难度是很大的，干部教师能否适应？全面推进"六环节"有没有必胜的把握？我的思想还存在着一些顾虑。2011 年，在去宝坻育英中学学访的路上，初中部的付强主任给我以鼓励，他说："要坚定不移地全面推进。"付强主任来自山东德州跃华学校，对课堂教学改革经验丰富，理论功底扎实，工作作风踏实。他的鲜明态度坚定了我的信心，我又征求了高中的主管校长、主任和年级组长的意见，他们也表示坚决支持。

暑期，我们决定在新学期的基础年级全面推进"六环节"。

（一）坚定不移，强行推动

实践"六环节"教学，起步阶段需要教师有较大的投入。如编制导学案，是一项费心思耗时间的劳动，物理教师李爱平有 29 年教龄，为了设计《眼睛和眼镜》一课，竟然从上午 8 点一直忙活到下午 6 点，而传统的授课备课顶多用一小时。天津中学有一批愿意改革、甘于奉献的教师，但不少教师还是趋向于保守，希望按常规路走。香港中文大学学者曾经分析了教师职业由于个体性的工作特点，对教育改革一般会采取抵制的态度。教学改革是为了学生的发展，为了民族的复兴，改革过程中的阻力不可避免。全面推进就有必要采取强硬的措施。一次研讨会上一位老师发言，认为这样的改革"太理想化了，脱离实际"。我当即回应："今天我们只讨论怎样做好，不讨论做不做。""如果说改革会造成成绩下降，那一定是我们运用的模式有问题。怎么做可以商量，但做不做没有商量的余地。"

可能是我的发言有些声色俱厉，与一向和颜悦色的民主形象有些反差，造成会场的气氛有些紧张。发言的教师又找我解释，我干脆地回答"不换思想就换人"。后来在全体教师会等不同的场合，我又严肃地申明了这一立场。我想，这种表态是必

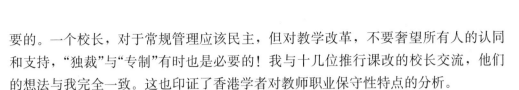

要的。一个校长，对于常规管理应该民主，但对教学改革，不要奢望所有人的认同和支持，"独裁"与"专制"有时也是必要的！我与十几位推行课改的校长交流，他们的想法与我完全一致。这也印证了香港学者对教师职业保守性特点的分析。

(二)全面推进，强化行政监督

9月开学以后，全校的基础年级全面推进"六环节"。初中部坚定地提出了"人人设计导学案、堂堂使用六环节、人人参与月点评、人人展示汇报课"。

领导身先士卒，初中核心组深入课堂进行听评课。一学期下来，听课210余节，与34名教师进行了面对面的沟通与交流。有时为了一个教学环节，他们和老师的沟通交流多达五六次。刚分配来的7位大学生更是忙得不亦乐乎。年轻教师张北说："我工作这两个月真可谓是摸爬滚打。从上班的第一天起就赶上了'六环节'，对在传统教育下成长起来的我来讲，是一个挑战，更是一个机遇。我是幸运的，因为构建自主学习课堂，给了我很好的学习机会。特别是听课、评课和汇报课，对提高业务能力非常有益。每次活动，都使我对学案设计和'六环节'的应用有了新的认识。"

月点评活动改变了领导是评价的主体、群众是局外人的状况。人人站到讲台上，既自我评价，又对他人评价，达到了同伴互助共同提高的目的。历史老师曹宏熙在《秦王扫六合》中的一个讨论题，根据大家的点评意见前后三易其稿。

他们把推进之中的问题当课题，问题主要来自推进"六环节"中教师和学生的反应。英语教师任素霞谈道："小组合作的关键是要落实好小组长的职责，发挥好他们的组织协调作用，以保证交流合作能有良好的秩序。"座谈会之后，初中核心组提出了小组讨论的"对角线交流法和远点优先原则"，保证了小组合作的秩序和交流效果。高中各班召开主题班会。周增辉老师的班会设计创意独特，充分显示出了学生对自主学习的渴望。

既然是强行推动，那么就得有制度保障。学校制定了师生培训、听课、巡课、评价、学案设计与检查等制度。楼道每天都有干部值班巡课，发现"满堂灌"的，下课即谈话。学案设计是检查的关键，有了好的学案，教师就会自觉地按照"六环节"上课。

(三)做中学，加强研讨与培训

9月，我在高一年级组基本上把大家的课都听了一遍，看到所有的教师都在使用"六环节"上课，颇感欣慰，但也发现了一些问题，比较突出的是学生交流环节。比如当学生的理解出现问题或错误时，教师马上就会与这一学生对话，试图解决该学生的问题。其实这些问题对其他学生也有意义。如果把问题诉诸小组讨论，充分地发挥"协商"和"兵教兵"的作用，那么效果会更好。教师之所以急于直接同学生对话，背后还是没有理解交流对于学习的价值，还是把自己当作了"救世主"，还是教师教、学生听的传统观念在起作用。对交流的主题、交流环节学生参与度的把握、交流环节的时间掌控等，也都不同程度地存在着问题。出现问题是正常的，我们可以通过解决问题来实现提升教师操作模式的水平。问题是好事！于是我和高一年级组召开了"六环节"教学模式的研讨会。

学生交流

我仿照教师的学案设计了研讨的方案。方案包括研讨会要达成的目标、研究的问题、"六环节"操作中的三个建议、问题讨论、建议与小结共五个部分。

会议开始，我结合听课发现的问题对研讨方案做了解说，这就如同"六环节"的"引入"。然后给大家 15 分钟时间阅读和思考研讨方案，并以学科组为单位进行交流，这就如同"自学"和"交流"的环节。最后，各学科组代表发表本组意见，这就如同"展示"的环节。高一年级组是个有思想、有个性的集体。大家认真地思考，提出了许多好的建议，对我提出的关于交流的建议都表示赞同，但对于"环节集中"的建

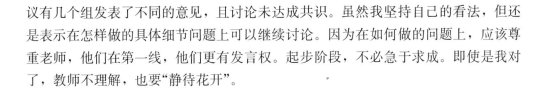

议有几个组发表了不同的意见，且讨论未达成共识。虽然我坚持自己的看法，但还是表示在怎样做的具体细节问题上可以继续讨论。因为在如何做的问题上，应该尊重老师，他们在第一线，他们更有发言权。起步阶段，不必急于求成。即使是我对了，教师不理解，也要"静待花开"。

（四）重视学生的感受

学生们的意见和建议同样值得关注。初一年级的学生在问卷中写道："在交流环节，应给予更加充分的时间""在总结环节，应简化语言，方便更快地记忆"。初二年级的学生写道："在自学的基础上，老师也要给予一定的讲解、补充与提示""多搞一些学习小组的评比，比单纯学习会更有动力，也能提升团体意识""我们认为每个组不应该有一个固定的组长，可以轮换着当组长"。学生是真正的学习体验者，我们没有理由不重视孩子们的心声。调查问卷后初中核心组带领全体教师分析问题，研究方案，一步一步将自主学习课堂推向完善。正是由于师生的不懈努力，在关于自主学习课堂教学的适应性问卷调查中，初一、初二年级学生的满意度均在95％以上。

地理教师朱如烨谈道："学生告诉我，他上课时最大的悲哀就是他想说话而不让他说。当时，我的心突然剧烈震动起来。是啊，我们的课堂，到底该给予孩子什么呢？"

（五）理念在实践中提升

期末我参加了总结会，36位教师汇报了在实践"六环节"后创造出的一系列教学策略，让我感到十分兴奋。物理张勤科老师对哲学和学习理论颇感兴趣，他首先将认知分为四个层次，然后运用建构主义对"六环节"的每一环节进行了分析和解释。如："讨论交流阶段是围绕学科知识，不同文化、不同社会背景、不同思考方式的碰撞，可以从不同视角、不同维度对同一学科知识进行深入探讨，调动起不同学生的各种资源（不同地域文化、不同社会背景、不同文化层次的家庭熏陶）进行整合，从而达到对知识的深入理解。"

朱珠老师的感受是："自主学习课堂对教师的思维品质、语言能力、文学修养、文化底蕴、情感内涵、教学机智等综合素质提出了很高的要求，着实让教师感到了沉重的压力和极不寻常的挑战。做自主学习课堂的教师更应具有自我挑战的勇气，更应学习。"

　　一位特级教师对我说："刚开始推'六环节'时，我也心存疑虑，但一个学期下来，感觉确实好。我孩子在一所名校读高三，每周四下午 3 点到 7 点补政治，老师滔滔不绝地灌三小时。孩子说：'我们早就听不进去了。'"他从孩子的话中，增强了对自主学习的理解。孩子有对"满堂灌"的切身体验，对自主学习的理解就会更为深刻。家长是孩子的老师，有时孩子也是家长的老师。

　　开学初，认为"六环节""太理想化了，脱离实际"的老师，经过了半年的实践，也成了实践"六环节"的骨干。他上的一堂"导数应用"的课，对培养学生的数学阅读能力进行了开创性的尝试，成为经典案例。参与改革实践，是转变观念的最好方式。

重构教学模式
——让课堂走向自主、合作、探究

一、关于课堂教学改革的思考

（一）课堂教学的基本问题

叶澜教授用诗意的语言、追问的形式为我们描绘了理想的课堂的图画："在教学中，当学生茫无头绪时，我能否给他们以启迪？当学生没有信心时，我能否唤起他们的力量？我能否从学生的眼中读出愿望？我能否听出学生回答中的创造？我能否使学生觉得我的精神、脉搏与他们一起欢跳？我能否使学生的争论擦出思维的火花？我能否使学生在课堂上学习合作，感受和谐的欢快、发现的欣喜？我能否让学生在课堂上'豁然开朗''茅塞顿开'或者'悠然心会'？我能否让学生在课堂上'怦然心动''浮想联翩'或者'百感交集'？我能否帮助学生达到内心澄明、视野敞亮……"

而现实课堂与这一境界存在着很大的反差："教师给学生一堆知识去记，一堆题去做。教师要学生倾听、记忆、理解、计算。至于学生在学习的时候是否愿意，是否好奇，是否感兴趣，是否能够感悟到学习活动的意义，是否对所学的人物、事件充满喜爱和敬意，是否由此而产生了对人生、对自然的热爱和敬畏，对于这类和学习者的心情、感受等有关的问题，教师关注度远远不够。"（张卓玉：《构建教育新模式》）由现实走向理想，还有很长的一段路，可以从我们课堂教学的基本问题起步。

由于课堂教学的价值观不同，人们对教学内容和方式会做出不同的选择。比如怎样教，有"满堂灌"的，也有让学生通过自学、交流的方式学习的。教什么，似乎教材决定了教学内容，这一问题就没有讨论的必要了，其实不然。一次数学课的同课异构，内容是高中必修 2 的"等差数列前 N 项和"。一所名校的教师用了不到 5 分钟的时间讲解了公式的证明，剩下的 40 分钟，让学生做了 14 道题，一道比一道难。专家点评时大加赞扬，说每堂课都这样上的话，应付高考还有问题吗？据说这所名校每年能够考上二十几名清华、北大，名扬大江南北。显而易见，教师连同点评专家所秉持的课堂教学价值观就是为了分数，为了清华、北大。我们学校的老师上这堂课，最后的练习仅仅用了 5 分钟的时间。40 分钟的时间都是让学生通过自学、讨论理解蕴含在前 N 项和公式中的数学思想。同样的教材，同样的教学内容，教什么却大相径庭，背后是教师的理念不同，是对课堂教学价值观的追求不同。

(二)教学模式与教学设计两手都要抓

课堂教学价值观是通过教学内容和教学方式体现的。为解决教什么，天津中学开展了教学目标、情境、问题和练习题四项设计；为解决怎样教，天津中学构建了"六环节"课堂教学基本模式。教学模式与教学设计如车之两轮，缺一不可，共同驱动，才能平稳运行。课堂教学改革存在两种片面倾向，一种是片面强调模式，而忽视教学内容的设计，我们后面将看到一些案例，学生交流一些毫无价值的话题，模式成了花架子。另一种倾向是，虽然重视教学内容的设计，但否定模式，认为模式的存在必然导致模式化。这样的观点也是片面的。我到过一些名校听课，一些水平很高的教师对教学内容挖掘得很有深度，学生听得如醉如痴，但教师是以"满堂灌"的方式将自己思考的结果告知给学生，剥夺了学生自己获取知识的权利，不利于学生主体性和学习能力的培养。因此，教学设计与教学模式两手都要抓，两手都要硬。

模式是什么？关于模式的具体含义，不同的研究者从不同的角度和需要出发有不同的理解。我们可以把模式看作理论的价值取向及相应的实践操作方式的系统，是结构和功能、形式与内容的具体统一。（张华：《课程与教学论》）关于模式，我自己是这样理解的。任何一节课都是由教师活动和学生活动构成的。教师活动、学生活动各有不同的形式和内容。由不同形式、不同内容的教师活动和学生活动构成了不同的教学结构和程序（不同活动的次序）。不妨把由教师活动和学生活动构成的逻辑联系的教学环节、结构、程序叫作课堂教学模式。模式是客观的，只要上课就会体现出一种模式。凯洛夫的"五环节"不也是一种模式吗？要不要模式的争论是无意义的，需要争论的是需要什么样的模式。什么样的模式是好的呢？这就涉及教育价值观。课堂教学应该成为立德树人的载体，模式应该为育人服务。这就要研究教师活动和学生活动的内容、形式。王敏勤教授说："体现课程改革的基本思路和理念，需要有稳定的教学模式，才能使学校的教学经验相对固化下来，便于青年教师按照新课改的要求尽快入轨。教学模式是在一定的教学思想和教学原则指导下相对稳定的教学结构和基本框架，是课改理念的基本载体，任何新的教学思想教学原则都要通过课堂教学模式来落实，所以有些专家说：'课改进入深水区，改到深处是模式。'他的意见我十分赞同。"

(三)模式是培养学生核心素养的工具

今年教育部公布了《中国学生发展核心素养》。为课堂教学改革指明了方向，为三维目标的落实提供了具体的参照。把握住核心素养的培养，课堂模式重构就有了灵魂。

核心素养，是指学生应具备的、能够适应终身发展和社会发展需要的必备品格和关键能力。怎样培养核心素养，成为教育界的热门话题。张华教授提出了培养核心素养的两个必要条件。条件之一：只有通过学生主动操作（动手操作、智力操作）的方式，才能理解知识，形成能力，从而形成核心素养。条件之二：只有形成健全的人格和创造的意识，才能培养核心素养。我的理解是，还可以补充条件之三：只有通过合作、交流的方式，才能培养核心素养。重构课堂模式，就是为了实现核心素养形成的三个必要条件。模式就是培养学生核心素养的工具。

课堂教学模式重构是培养核心素养的工具，我们结合案例提出了一些操作策略和原则，如：养成独立思考习惯，实现学生的主体性；教学内容问题化，激发学生的积极思维；将内在思维转化为外部语言；反思推理过程，培养学生的元认知能力；鼓励质疑、猜测，培养批判精神；制定交流规则，培养健全人格；暴露学生思维路径，形成师生学习共同体；讲目的、讲依据，解题思路外显化；形成认知结构，明确学科基本问题，揭示学科基本规律；在知识中渗透学科思想、方法，价值观教育。我认为，这十个问题，体现了培养核心素养的方法和途径。

二、构建"六环节"课堂教学模式

天津中学从 2005 年开始，从学习洋思和杜郎口入手，启动了课堂教学改革。首先针对教法、学法、考法，分别制定和实施了三项教学策略，即先学后教、画"知识树"、形成性检测。2009 年后，构建并推行了"六环节"课堂教学模式。模式简要表达：引入—自学—交流—展示—练习—总结。

各环节怎样操作，是我们研究的重点。首先我们设计了教师活动和学生活动的操作要点，解决做什么；其次针对课堂教学出现的问题提出了一些策略，解决怎样做好；最后我们领会了各环节的功能和意义，明白为什么。这些内容就是我对构建模式的思考。以上三个问题写成产品流程及说明书的形式将会显得烦琐，目前我积累的案例也不足以提供支持。以下将主要以案例切入，结合以上三个问题对"六环节"教学模式做简要的说明。

(一)引入环节——为学生提供学习支架

引入环节是教学准备的环节，主要由教师完成。

1. 教师需要完成四项工作

(1)知识回顾。为学习新知识做好铺垫，同时提炼出新旧知识的结合点。

(2)明确教学目标。让学生知道学什么，并通过目标控制学习活动。

(3)设置情景。揭示知识与生活的联系，引发学生的学习兴趣，通过情境理解知识及其发生的背景。

(4)问题设计。激发学生积极思考，引导学生的思维活动，为学生搭建理解的脚手架。

以上内容体现在课堂导语和学案中。

课堂导语如果是一章知识的起始课，可以介绍一章的知识框架、研究的方法、意义。如果是一节课，可以揭示与前后知识的联系，还可以抓住本节课的一个关键问题做背景介绍。如高中语文《劝学》一节，教师在导语中要重点揭示文章主旨，荀子劝学的学，主要指的是人格和修养，而不是我们通常所理解的学习知识与技能。如果不揭示出主旨，《劝学》的学习就很容易落入庸俗的考大学之类功利主义的窠臼。

2. 编制好导学案

导学案是自主学习的必要载体，是学习任务的清单和学习过程的记录。学案一般包括如下内容：(1)学习目标；(2)阅读任务(包括阅读教材与补充材料)；(3)问题设计；(4)生成的问题与感悟；(5)练习题；(6)总结。

3. 教学内容问题化

教师从教学目标出发，针对理解设计问题，称为教学内容问题化或教学目标问题化。

过去教师"满堂灌"，现在反对"满堂灌"，但是老师应该具备"满堂灌"的能力。百家讲坛就是"满堂灌"。"满堂灌"的能力，就是把知识的来龙去脉能够完整地、透彻地讲出来的能力。学习内容问题化就是要求把讲的内容还原成问题，靠问题引领学生学习。问题是自主学习课堂中的重要因素，是课堂生命活力的保证。教师有文化底蕴和学科素养才能讲好。能够讲好才能设计好问题，只会照本宣科的教师只能设计出肤浅的问题。

教学内容问题化首先要求问题设计涵盖章节的内容。

如高中语文学习杜甫的《登高》一节课，我校卢金良老师设计了如下的四个问题：

(1)你觉得《登高》都运用了哪些意象来表达思想感情？

(2)结合颈联、尾联，联系作者身世背景，解析"悲""独"和"恨"三字的含义：所悲何事？因何而悲？

(3)结合问题(2)的结论，再重点解析"猿啸""鸟飞""无边落木""不尽长江"四个意象，体味诗人的心境。

(4)我们看到了一幅怎样的画面？展现出了怎样的意境？

这四个问题，大体上涵盖了这首诗歌应该理解的主要内容。同样是这四个问题，传统教学是用"满堂灌"的方式由教师娓娓道来。如果"满堂灌"，优秀的教师同样能够让学生听得如醉如痴，但"六环节"是设计问题先让学生思考、交流。事实上，有些问题学生自己能够理解，有些问题经过交流可以解决。这样，教师只是讲大家都解决不了的问题。传统的教学是培养欣赏者，教师把自己的理解作为结论灌输给学生，而"六环节"是培养思考者。孔子倡导"不愤不启、不悱不发"，教学内容问题化正是把孔子的启发式制度化了。

(二)自学环节——培养自主学习能力

面对终身学习的时代，培养学生的自主学习能力是教师必须承担的责任。

1. 逐字逐句阅读教材，培养阅读能力

逐字逐句地认真阅读教材是自主学习课堂最基础的环节。学生能够自己把书看懂是最有价值的学习能力。人的一生要不断地学习，看书无疑是学习最重要的手段，但能够自己看懂书并非易事。看书要讲究效率和效果，需要方法。大体上可以从整体结构、局部理解及联系三个方面进行指导。我校历史老师牛成玉创造了"圈点批注"教学法指导学生阅读教材，受到了专家和同行的关注和好评。《中国教师报》以整版篇幅发表了他撰写的文章。"圈点批注"法"指学生在老师的引导下，在深入阅读教

材的基础上对课文结构及历史要素的勾勒与圈画，对课文内容的注释与品评。圈点批注的过程是学生对教材内容的阅读、思考、识记的整合过程，也是对历史知识的消化、吸收、转化和运用的过程，更是学生参与学习、主动学习和个性化理解的自由抒发过程"。

牛成玉的"圈点批注"教学法的价值就体现在培养学生的读书能力上。"圈点批注"法分为结构类批注、知识类批注和认识类批注。这一方法继承了我国古人的读书方法，使得"指导学生阅读"有了可操作的手段，不仅历史课可以运用，其他的学科教学也可以借鉴或运用。"圈点批注"的实质是促进学生边读书、边思考，学思结合。每个学生的个性化的圈点批注，为班级的交流又奠定了基础。学生在交流中彼此分享观点，共同建构着知识。

2. 思考结果诉诸文字表达

我们经常看到这样的现象，教师给学生出示问题后，没有安排思考的时间就立即进行组内交流。这样做会出现两个问题。一是思维活跃的学生侃侃而谈，其他的学生只是听，交流被少数学生垄断。由过去的教师讲变成了现在的少数学生讲，交流的价值大打折扣；二是没有经过缜密的思考，学生发言随心所欲、不得要领、效率低下。在自学阶段，学案上的问题首先要求学生独立思考，而且要将思考的结果写在学案上。文字表达可以促进更深入地思考，避免盲目性、随意性。培养良好的学习品质就要培养深入的思考和严谨的表达，这样才能提高交流的质量。文字表达的过程就是将内部语言转换成外部语言。教师还可以据此检查学生是否参与了教学活动，以防止部分学生被边缘化。每个人的充分思考是参与小组交流的基本前提。

自主学习课堂的价值追求是育人。育人就是要培养学生的主体性。主体性的第一个特征是自主性，实现自主性的基本前提是独立思考。有无独立思考是评价自主学习课堂的基本标准。独立思考看起来是小事，但实际上是关系到国民素质的大事。现代社会的合格公民，首先要具备独立思考的习惯。基础教育的课堂就是培养独立思考的地方。

思考结果诉诸文字表达就是为了培养独立思考的人。这一策略还可表述为：先思考，后交流；先文字，后口头。

3. 教师的个别化指点

自学环节教师要关注学生是否能够独立完成学案设计的问题及质量如何，为组织有效的交流做准备。同时，教师可以针对部分学生进行个别化的指点，首先要关注学困生，是否具备了前提性知识，做好个别辅导，使其能够参与交流。其次要关注尖子学生，发现和培养教师的代言人。对难度较大的问题，这些学生有了思路，但可能思考中或不够严密，或存在漏洞。经过指点，这些学生可以担任难度大的问题的讲授者，这样可以给这些学生展示的机会，也能够让大家增强信心。

学生自学时，要注意一点，老师不能面向全体学生讲话，所有的要求应在自学开始前交代清楚。学生自学，老师再讲话会形成干扰。

(三)交流环节——思维碰撞，互帮互学

在交流中，学生动脑、动口、动笔补充完善自己的思考。学生间相互质疑，彼此分享思想，这是一个兵教兵的过程，同时也实现了对重要的概念让学生通过语言叙述加深理解。

学生活动要点：依据学案中的问题，每个人汇报自己的思考过程、结果和阅读生成的问题；会的同学给不会的同学讲解，实行兵教兵；对取得共识的问题，诉诸文字表述，形成小组结论，准备在班级展示。对于不能取得共识的问题，进行充分的小组讨论。大家都不会的，提供给全班，在展示阶段解决。黑板上可以留出一块空白处，展示小组交流中的疑难问题。

教师活动要点：巡视小组交流，发现和提炼冲突点、概念模糊点、易混易错点；关注交流中生成的问题；为展示做准备，哪些问题进行展示，由哪组同学展示。

1. 培养公共精神和民主意识

建立交流规则，小组有明确的分工，有组长、记录员；在组长的主持下发言有顺序；避免话语霸权，让所有学生都能参与交流；最后要形成小组的文字结论。大家轮流代表小组参与班级展示。

"六环节"不能理解为只是为了提高学习成绩，课堂教学最终要落在育人上。交流是培养学生健康人格的有效手段。在交流中要注重培养学生的民主意识，比如倾听就是一种民主的作风。一次我在班级听课，一个小组 4 个人的发言次数依次为12、10、7、4，其中发言 12 次的同学两次打断别人的发言，抢着说话，而且被她打断的学生学习成绩不如她。这样的情况就不正常。说明在学生的心目中已经按照学习成绩把同学分了等级。这样的学生，走入社会，如果做了领导，可能就是一个听

不得别人意见的独裁者。我们鼓励学生积极发言，但也要尊重别人，认真倾听别人的发言。同学之间，无论成绩高低，在交流中都拥有平等的权利，这是最起码的民主意识。任何教学都具有教育性，德育就在学生的生活中。课堂学习是学生最直接、最平常、最经常的生活，课堂教学中就蕴含着大量的德育问题。以上的案例启发我们，应从加强学习小组的建设入手培养学生的公共精神、民主意识。学生走入社会后，无论从事什么工作，都将在一个小组中工作。当教师的有年级组、学科组，当科学家的有研究团队，当兵的有班、排，即使是独唱演员还有一个专家团队。通过课堂学习小组的建设，让学生在学习和交流过程中，习得尊重别人，善于倾听，学会合作，对于他们走入社会形成健康的人格具有积极的意义。应试教育正在强化着学生的竞争意识，制造着不是你死就是我活的"狼文化"（程红兵）。我们把加强学习小组的建设列入日程，如学校体育比赛中设计了适宜小组形式参与的竞赛项目，考试成绩以小组为单位进行统计。我们高兴地看到，各地在创建小组文化、增强小组的凝聚力和团队意识方面发明了不少好的做法。交流合作的学习机制正在为德育开辟新的空间。

2. 培养学生的元认知能力

以下是一次生物课中的小组交流记录。我听课时没有能够完整记录，后经学生补充。在学生名字后面括号内的数字是该生在班级内的成绩名次。全班 50 人，发言学生的名次分别是 1、20、35、48，体现了同组异质的原则。他们是就减数分裂的概念进行交流。

谷婧(20)：减数第一次分裂时的同源染色体是怎么分开的？

赵中源(1)：减数第一次分裂会发生同源染色体的联会现象，然后染色体都规则地排列在赤道板上，准确地说是同源染色体分别排列在赤道板的两侧，然后随着纺锤体的牵引，同源染色体分离，即分别移向细胞的两极，同时会发生非同源染色体的自由组合。

周航(35)：也就是说减数分裂的第一次分裂时只发生了同源染色体的分离，姐妹染色单体的分离是发生在减数分裂的第二次分裂吧？

谷婧(20)：是的，所以减数分裂第一次分裂的实质是同源染色体的分离，减数第二次分裂的实质是姐妹染色单体的分离。

席宇(48)：四分体指的是什么？它和同源染色体有什么关系？

赵中源(1)：四分体是指同源染色体发生联会现象时所形成的整体，它包含一对同源染色体。

席宇(48)：那它为什么叫"四分体"？"四"指的是什么？

周航(35)：因为同源染色体联会时它本身经过了复制，所以每个染色体上都有两条姐妹染色单体，而一个四分体是一对同源染色体，即四条姐妹染色单体，所以叫"四分体"。

通过上述内容我们来分析交流的另一重要意义和价值——培养元认知能力。

元认知就是对认知的认知，是学习者以自身的认知系统为认知对象，对认知过程的自我意识、自我控制、自我评价和调节。元认知是一种能力，是人在获取知识的过程中对自我行为的思考，对思维方式的思考。过去对元认知的概念和意义的认识我一直很模糊，通过对学生交流过程的分析我逐渐理解了元认知的概念。首先，谷婧提出了一个问题：减数第一次分裂时的同源染色体是怎么分开的？她为什么提出这一问题？在赵中源的解释中我们看到，减数分裂的过程中出现了联会现象、赤道板、纺锤体的牵引、同源染色体分离、自由组合等概念，这些概念是如何联系的？谷婧同学一定是在自学以后，她发现自己对这些过程还不是十分清楚，也就是说谷婧同学潜意识里始终保持着对自己认知过程的监控，就像是在她的脑子中存在着两个小人，一个小人负责知识的理解，一个小人负责监控。负责理解的出现了问题，负责监控的立即发现了，并且采取了提问的措施，希望通过别人的解释来寻求帮助。的确，她从赵中源的解释中不仅获得了帮助，而且，她还能进一步地把这一过程概括为"减数分裂第一次分裂的实质是同源染色体的分离，减数第二次分裂的实质是姐妹染色单体的分离"。使自己模糊的认识得到澄清并且进一步深化，应该归功于元认知。《人是怎样学习的》一书中，提出了三条教学原理，其中第三条说："要求并且教学生元认知策略"，对元认知的作用予以了充分强调。"如果课堂教学不能支持学生发展元认知技能，比如，通过鼓励学生向同学解释他们的推理，并比较不同的解释、策略和问题解决方法，后果可能会非常严重，他们可能不再期待数学会有意义。"

如何培养元认知能力呢？交流是一种不可或缺的手段。"经常让学生参与大组的讨论，在讨论中要求学生解释他们的推理，与同学分享他们创造的问题解决程序。"

交流促进了学生对自己理解的监控，能够反思自己的推理，并用语言清晰地表达它。交流还可以让学生比较不同的解释、策略和问题解决方法，并从别人那里获取加深理解的信息。

3. 外化的语言促进内化的思维

思维活动是内隐的，交流使学生内隐的思维实现外化。思维过程离不开语言，语言是思维的载体和工具。语言分为内在语言和外在语言。个人独立从事活动时，经常使用的是内在语言。内在语言在结构上是省略的，几乎只有谓语，跳跃性大，结构简约，优势在于速度快，缺点在于不易保存和加工，也不够丰满完整。如要上升为完整清楚的思想，就需要向外部语言转化和提高。交流就是促使学生将内在语言转化为外在语言的手段。语言是一种符号体系，有严格的规范要求。在由内在语言转化为外在语言的过程中，需要补充、完善和规范。正是借助于这一过程，使得思维不断地清晰，对知识的理解也越来越深入。可以说，语言能力的发展对于思维能力的发展是有着直接的促进作用的。

细胞的减数分裂，是教材中的难点。如果一味地听老师讲，即使能够理解，这种理解的程度也是浅层次的，而且保存的时间不长。因为学生在听讲的过程中使用的是内在语言。让他们深入理解的策略就是让他们表达，在把自己的理解表达出来时，需要实现由内部语言向外部语言的转换。这样的转换是有难度的。内部语言是简缩的，要进行充实补充成完整的句子。同时要用几句话进行表达，还需要确定几句话先后的逻辑顺序。有时理解的不一定能够表达出来，但表达出来的知识才能够实现深刻的理解。交流中学生把基本概念进行多次地语言表达，实现了语言对思维的促进。要想让学生能够深刻地理解知识，就必须给学生提供说的机会。这样的理解在记忆中保持的时间也长。著名的金字塔理论中，美国学者运用了七种方式教授同一内容。第一种方式是讲授，学生静听，第二种方式是自己阅读，第七种方式是教师讲授之后，学生立即给别的人讲。24 小时后进行测试，第一种方式学生只记住了 5%，第二种方式学生记住了 10%，而第七种方式学生记住了 90%。

4. 给学困生表达的机会，让所有学生都获得发展

席宇是班级的借读生，交流中他发言少，但他提出了两个问题："那它为什么叫'四分体'？'四'指的是什么？"说明了他的疑问得到了表达的机会，而疑问的解决是学习可以继续的条件。可以设想，如果是老师的"满堂灌"，学生静听的过程中也会

产生问题，但这些疑问没有机会表达。我们不能寄希望于所有的学生课下去追问，也并非所有学生都有这样的自觉性。学困生是如何形成的？不能不说是与课堂的教学模式有关。"六环节"的交流给了学困生表达疑问的机会，这样的模式就有可能让所有的学生都能获得发展。

下面的例子是我校初二年级邵希娟老师的体会。

胡雅琪同学是班级中的局调生，起初，她的学习基础不扎实，成绩也不理想，上课的时候总是低着头，比较自卑。在分配小组的时候，我们安排了三个学习比较好的同学来带动她。

在小组合作中，我发现一个细节：在交流展示这一环节中，那三个同学会说："你说说，这个问题你怎么看"，在班级展示小组成果的时候，他们也会说："你来吧！"小组同学的真诚帮助，让她有了展示自己的机会。现在，她比以前听讲认真多了，也能够积极举手回答问题了，最重要的是，我发现她自信多了，眼神不再闪烁不定，而且能微笑着看老师。

我想她的转变和小组同学对她的帮助有一定的关系。不仅是学习习惯、学习态度的影响，课堂知识、学习方法的交流，更重要的是她在小组中获得了机会，得到了鼓励，找到了自信，这是她成长的契机。对于其他三位同学来讲，帮助同学的过程，也是对知识的再次消化和深度加工，同时实现着善于助人的道德品性的塑造。

在班级当中，胡雅琪同学能够从小组中获得这种正面的影响也并非是个案。

其实，不仅交流对学困生有帮助，差异化的交流实现了相互启迪，让尖子学生也能有所收获。我在四川大英中学看到了尖子学生贺佳欣写的交流体会："我的价值观变了，人变了，不再以'组'为壑，而是把每个对手都当作朋友，我们的课堂要呈现的是最和谐、最有收获的东西，更重要的是我们都'大气'了，不再封闭于自己世界的那潭死水。""学生之间由竞争的对手变成了合作的朋友。事实上，在交流中，只有每个学生毫无保留地贡献自己的理解、自己的疑问、自己的思考、自己的智慧，每个人才能从交流中有所收获。"从以上的例子可以看到，交流的意义已经超越了知识学习，对学生的人格也产生了积极的影响。

5. 鼓励质疑，点燃学生思维的火花

在自学阶段，学生会产生很多个性化的疑难问题，在交流阶段，一些问题得到了解决。解决不了的，提供给全班，在展示阶段解决。

我们要鼓励小组敢于提问，敢于质疑。我在山东济阳竞业园中学听课时，他们在黑板上有一块空白处，专门写各组遇到的疑难问题。其他组会的，给予解答。那天黑板上写下了8个疑难问题，因时间关系，教师从中选择了两个，都得到了完满解决。有两个问题，没有在老师的选择之内，就是坐在我旁边的小组提出的。那天听的是初三物理"欧姆定律"，这两个问题是一位小男孩提出的，可惜不知道他的名字，不妨把他叫作"爱思"吧。爱思首先问："地线插到地下，长点好还是短点好，对电路有没有影响？"一个同学说："没关系，插上就行。"爱思摇摇头说："我感觉是有关系的。"另一同学问："有什么关系？"爱思说："我说不上。"另一同学立即武断地下了结论："说不上就是没关系。"也许，这位同学的思维方式很具有普遍性，对于说不清的问题可以采取回避的态度。但好在这一宝贵的问题还是提交给了全班。第二个问题还是爱思提出的："我们做欧姆定律实验用了三样仪器：电压表、滑动变阻器、电流计。如果去掉其中的一样仪器，只用两样仪器行不行？"后来我问了初中物理老师，对于第一个问题，竟也未置可否。还是一个语文老师给出了答案：地线长短对电路有影响，会影响瞬时电阻。这个老师的孩子正在读初中，他与自己的孩子同步学习，而且学得还很深。一位特级教师回答了第二个问题：做欧姆定律实验可以任意去掉一样仪器，只用两样即可，名曰"等效电路"。随后他问道这一问题是谁提的，我告诉他是一位初三的学生，这位特级教师连连称赞，这一问题问得太好了！

（四）展示环节——知识生成的精彩呈现

通过自学与交流，学生对教师预设的问题有了自己的理解，并从中体验到了发现知识的乐趣，进而产生了表达的冲动与欲望。展示环节可以满足学生的表达欲望。展示是学生小组讨论成果研究汇报会，是学生的百家讲坛。教师是报幕员、主持人、点评嘉宾。展示环节，可以暴露出学生对知识理解的偏差及思维的路径，通过学生间的质疑、补充、纠正和教师的适时点拨，来达成知识的生成和建构。

1. 让学生站到讲台上展示

首先，要让学生站到讲台上展示，教师站到侧面或后面。我看到很多不当的展

示现象,如教师站在讲台上,让学生在座位上回答问题。此时,学生考虑的是自己的回答能否得到教师的认可,而站到讲台上是在面对学生阐述观点,想的是如何让大家听明白,如何讲得精彩得到大家的认可,这样才能满足学生的表达欲望。教师位置会影响学生的心理,自主学习需要给学生搭建展示的舞台。

2. 避免一师一生间对话

展示环节是组际的交流,不是教师和某一学生间的对话。一次听数学课,学生在展示时说:"正切函数是增函数",教师直接走到了这个学生的面前,微笑地问她:"请你比较一下,$\pi/4$ 和 $3\pi/4$ 哪一个正切值大?"应该说,教师针对学生的错误,提出了最合适的问题予以了追问,反映了教师的机智。学生反应也很敏锐,意识到了错误立即进行了纠正。这个学生是班级的尖子生,我问旁边的同学,你们听明白了吗?学生们摇了摇头。不少人不明白这是怎么回事,错在哪?为什么?学生刚开始接触单调函数概念,这样的反应很正常。这样的对话教师只解决了一个学生的困惑,眼睛只看到了一个学生,对其他的学生视而不见。错误是最好的教育资源,学生发生的错误正是理解函数增减性的关键问题。围绕展示间出现的问题,老师要穿针引线,要做二传手,尽量把问题抛给学生:"他说正切函数是增函数,大家有不同意见吗?"不要直接回答,更不要与学生一对一地对话。急于表态,反映了教师"好为人师"的习惯。好的人师,是把问题当作启发学生思维的资源,才能体现出教育的机智。

3. 展示差异,暴露矛盾

展示环节是展示小组学习成果和不同小组间的差异,并将重要的概念通过展示进行多角度深入理解。教师应对学生的发言予以鼓励、启发引导、精当地点评,并在恰当的时机,诱发认知冲突引导争辩,不仅要重视知识学习的成果,更要重视知识学习的过程,还应尽可能地展示出学生内隐学习的过程,使学生在参与中分享学习成果。

学习的过程是尝试错误的过程。在交流和展示的过程中,学生可以把自己个性化的困惑和错误暴露出来,理解是建立在困惑和错误解决的基础之上的。老师讲课,一般都是正面的讲述,很难做到把学生之间的所有个性化困惑和错误都讲到。展示中暴露出的问题是最好的教学资源,教师要善于煽风点火,"挑动群众斗群众"。通过辩论澄清概念。这样的辩论是点燃学生思维的火苗,应在课堂中注意发现和制造这样的契机，引发学生的认知冲突。有的时候，教师还可以"拉偏仗"，站在错误学生的一方参加辩论，这样更容易激起学生的斗志，使辩论更加热烈精彩。一次初中语文课上两位学生对写作方式产生了争论，错误的一方刚要开口，教师便迫不及待地制止了，说："你不要再争辩了，你的理解完全是错的。"试想如果站在错的一方，让错的一方得到充分的表达，对于培养学生的辨析能力将会起到更好的效果。教师不可不懂装懂，但可以懂装不懂。培养学生的质疑和批判精神有时需要演戏。

深刻的理解离不开对错误的批判。什么是理解？理解是困惑的解决，理解是模糊的澄清，理解是缺陷的完善，理解是漏洞的补充，理解是偏颇的纠正，理解是错误的否定。展示就是展示差异、问题，以此推动理解。

下面是温玉婷老师的体会。

以前我总觉得展示环节，就是展示讨论结果最好的小组，这样才能体现讨论的优势，但通过做课的几次试讲，我分别展示了优秀小组和有错误或答案不全的小组的学案，发现后者更能调动全班同学的积极性，纷纷举手纠错和更正。我意识到展示中的差异，才能促进学生之间的摄入交流，看到自己的长处和不足。

在她上《中国黄土高原水土流失的治理》课时，分别找两个小组上黑板写引起黄土高原水土流失的原因，一个小组写自然原因，一个小组写人为原因，两个小组分别阐述自己结论的依据，然后再由其他小组进行点评、修正和补充。

展示是保证自主学习正确性的一道防线。一次数学课，在交流环节，一个学生给小组的其他三个学生讲题，讲得头头是道，三个同学听得五体投地，但在旁边听课的老师发现了他讲的是错的。在展示环节，这一错误没有得到机会展示，就意味着至少有四位同学还保持着错误的理解。为避免这一情况的发生，教师应该尽可能地让所有不同的解法都有展示的机会，这样的错误不仅可以避免，而且还能够成为教育的资源。

4. 暴露学生思维路径，知识在展示中生成

解决问题从已知演绎到未知，或从未知归纳到已知，可以有许多思维路径。一类是错误的，如果沿着错误的路径思考，必然导致错误的结论。在展示阶段，可以通过对错误路径的揭示与分析，来实现对概念的深刻理解。

　　还有一类是正确的，但未必是最佳的路径，可以通过对不同路径的比较，来实现对概念的深刻理解。这里，教师的思维路径一般来说是简捷的，因为教师知道结果。而学生在自学过程中，要经过自己的摸索，走弯路几乎不可避免。然而，即使是走弯路，若能让学生认识到自己思维方面的问题、构建多种解决问题的方法也是很有价值的。

　　一次我在锡林浩特六中与张红艳老师研究数学课《直线与平面垂直的判定定理》。张老师的学案上设计了如下一道题。

　　如下图所示，在正方体 $ABCD\text{-}A'B'C'D'$ 中，$B'B\perp$ 底面 $ABCD$，那么 $B'B$ 垂直于底面的哪些直线呢？

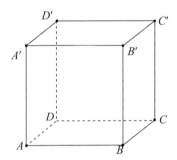

　　开始，我以为这道题出的有问题，题目已经给出了 $B'B\perp$ 底面 $ABCD$ 的条件，按照直线与平面垂直的定义，不是直接就能够得出与平面的任意一条直线都垂直的结论吗？但是，没有想到，学生们并不是这样想的。

　　学生 1 用烦琐的方法证明了 AA' 与底面的 4 条侧棱垂直，主要用的是平面几何的知识，其次还用到了异面直线的定义。他博得了一阵掌声。

　　对此，教师不露声色，微笑地面向大家问道："有补充的吗？"

　　学生 2 补充了 AA' 与底面正方形的对角线垂直，同样也博得了掌声。

　　教师依然不露声色，微笑地向大家问道："还有补充的吗？"

　　学生 3 补充了 AA' 与对角线平行的直线都垂直。这次的掌声更为热烈一些。她把答案扩充到了无数条，与前面的 4 条、6 条相比是质的飞越。

　　这时老师请板书这道题的小组成员对这个问题重新进行解答。

生 4：“我们小组将答案改成垂直于面内的无数条直线。”

老师又面向大家提问：“有不同的意见吗？”

生 5：“我认为应该是任意一条。”

师：“'任意'与'无数'一样吗？”

所有的学生回答：“不一样！”

师：“那大家认为应该用哪个词更准确？”

所有学生：“任意一条。”

至此大家恍然大悟，既然 AA' 垂直于底面，根据定义，就和底面的所有直线都垂直。

我们对这一案例进行分析，学生建构知识的思维路径走了一条弯路。从 4 条到 6 条、到无数条、到任意一条，正确答案的得出，经过了 4 个同学的补充和完善，体现了“交流”对于学生学习的意义，初步地体现了学习共同体的特征，正确的答案是集体智慧的结晶。

教师在这一过程中，表现得极为出色，她始终耐心地让学生暴露自己的思维过程，等待正确答案的出现，而未把结论灌输给学生。而学生的每次补充，都是有价值的，都在运用所学知识，一步步地向正确答案靠近。

稍嫌不足的是，教师这时应该判断出学生出现的问题在哪里。上述过程体现出了学生思维路径的特点，他们是习惯性地运用平面几何、刚学的异面直线的概念去思考问题。为什么学生 1 回答之后能够博得掌声，说明大家的思维习惯是一样的。从已有知识出发，去寻求解决问题的路径不仅无可厚非，而且应该肯定，但问题是刚刚学过的直线与平面垂直的定义他们却视而不见，说明学生对定义的功能还不够明确。定义是解决问题的工具，每当出现一个新定义，就应该对此能够解决什么问题充分地予以留意。应该通过这一道题，让学生树立善于运用定义思维的意识，这对于今后学习数学将具有更大的意义。

5. 教师的点拨与点评

展示环节不仅是学生组际的交流，还应有教师与全体学生间的交流（避免一师一生间的对话）。通过师生间的交流来发挥教师的引领作用。

教师引领的形式可以是点拨。教师在学案上预设了问题，展示中学生经自学、交流形成的答案有的会与教师的答案有所差异。一般来说差异的存在是必然的，否则无法解释教师授业解惑的地位。这一差异就是发挥教师引导作用的基础。在这一基础上的讲最有效果。自主学习不是要否定教师的讲，否定的是照本宣科的讲，否定的是学生都会了还在滔滔不绝地讲。学生不会的，教师不讲反而是失职。这样的讲是基于学生理解基础上的点拨，即能够抓住学生理解中出现的关键问题，而不是面面俱到地讲。能够适时点拨并不是一件容易的事情，不仅需要对学生的问题有准确的诊断，更需要有深厚的底蕴。

我校吕燕津老师提供了这样一个案例：高中语文学习杜甫诗歌《登高》。学生在理解猿啸哀的意象时一般都能够说道，猿啸哀是说猿的叫声凄厉、凄惨，是诗人悲惨心情的投射。这样的理解是正确的，但并不充分。教师补充道：诗人为什么说"猿啸哀"而不说"猿叫哀"呢？啸与叫是有区别的。啸不仅声音高，而且持续的时间长。岳飞："仰天长啸，壮怀激烈"。诗人要借猿啸这一意象，抒发自己长期以来郁结在胸的愤懑。这样的话，用"悲壮"来形容诗人的心情显然比"悲惨"更为恰当。杜诗沉郁顿挫，这一"啸"字，足以体现"郁"的特征。

乌兰浩特一中的杨小义老师教授《余弦定理》，启发学生运用多种方法证明余弦定理，这是值得肯定的，对于培养学生从多个角度运用数学方法具有积极的意义。课堂上学生共运用了三种方法：向量法、坐标法和平面几何法。在学生展示之后，教师还可以就此进行总结提升。一题多解，是同中求异。还可以在不同的方法之间寻求相同点，即异中求同。三种方法的相同点都是遵循了分析问题的三部曲：明确问题、选择工具、把握关键。在面对数学问题时，首先要明确问题，即明确已知与未知。证明余弦定理已知为两边及其夹角，未知为第三边。

其次是选择工具，即从学过的知识中，选择与问题的已知、未知有关的定义、定理。选择向量法的依据一是向量是含有长度与方向的矢量，与已知条件有相同的元素。二是余弦定理的表达式与向量的数量积形式相似。而选择坐标法与几何法的依据是二者都是解决长度问题的工具。

最后要把握关键。三种方法的关键都是写出未知元素的表达式。向量法运用的是向量加法公式；几何法是构造含有未知元素的三角形；坐标法是建立坐标系运用两点间距离公式。

通过对异中求同的探讨，不仅能够启发学生对解决数学问题的思路，而且有益于让学生领会所有的数学知识都是解决问题的工具。这些就是在培养学生的数学核心素养。

教师引领的形式还可以是点评。小组展示后需要对其展示结果进行点评，肯定优点、指出不足。有时组际的交流还会出现对立或冲突，需要教师以点评的方式表态。教师还可以给出评价标准，如对历史论述题的评价有四条：观点明确，史实清楚，论据充分，表达精练。学生可以据此对展示进行评价。评价的过程中会出现质疑、批判、补充、完善，比较、鉴别、分析、综合等思维活动就会得到淋漓尽致的体现。

（五）练习环节——把握思路、明确依据，达到掌握

学生不仅需要获得执行复杂任务所必需的成分技能和知识，还必须借助练习把它们整合起来，使之更为流畅和自如(引自《人是如何学习的》)。

1. 讲思路、讲依据

练习环节，就是将学到的知识通过练习题来进行巩固并加深对概念的理解。

应试教育的一大表现就是题海战术。为了分数，让学生大量地练题。大量地练习可以提高自动化的水平，对学习成绩的提高会有好处，但前提是学生对概念的理解，对解题思路的把握。离开这一前提，大量地练习就是盲目的。一些教师给学生总结了各种题型，遇到什么题型就怎样套公式、套数，离开了对概念的理解，按照题型照葫芦画瓢会造成学生的盲目模仿。这种现象比比皆是。一次和一个学生交流，让他做一道运用导数求极值的题目，一会儿他就做出来了，而且做对了。我问他："为什么求导?"他回答："老师做这样的题时都先求导。"我又问他："老师为什么求导?"他摇了摇头。说明他的解题就是模仿。离开对解题思路、依据的理解的练习是无效的。

2. 序号化、目标化、依据化

为了解决解题模仿化的问题，我在河北车轴山中学听课时和数学、化学老师一起研究了解题序号化、目标化、依据化的思路。解题分为哪几步，依次写明序号，并写出每一步的解题目标(要求什么)及每一步的依据(为什么)。考试关注的是解题是否正确，练习环节要引导学生关注解题的思路和依据。这道题求的是什么？哪些知识可以解决这一问题？为了解决这一问题，我们可以把它转化成为什么样的简单一些的问题？依据是什么？在叙述依据时，要求学生叙述用到的概念、定理的内容，

以起到巩固知识、深化理解的目的。理解了，才能实现应用，才能实现知识的迁移。下面是"三化思路"的案例。

金属氧化物的化学式为 M_2O_3，电子总数为 50，已知氧原子核内有 8 个中子，M_2O_3 的相对分子质量为 102，则 M 原子核内中子数为（　　）。

A. 10　　　　　　B. 12　　　　　　C. 14　　　　　　D. 21

分析思路：

先看问题"M 原子核内中子数为多少"。求中子数就要用到关系式：中子数＝质量数－质子数，所以需要知道 M 的质量数和质子数。而已知没有直接给，需要根据已知条件求 M 的质量数和质子数。又因为原子的质量数与其相对原子质量近似相等，所以 M 的质量数＝（M_2O_3 的相对分子质量－3×氧原子的相对原子质量）/2。又因为原子的电子数＝质子数，所以 M 的质子数＝（M_2O_3 的电子数－3×氧原子的电子数）/2。这样问题就解决了。

解题步骤：

(1)求 M 的质量数——依据原子的质量数与其相对原子质量近似相等。

(2)求 M 的质子数——依据原子的电子数＝质子数。

(3)求 M 原子核内中子数——依据中子数＝质量数－质子数。

3. 反馈矫正

美国教育家布卢姆所创立的掌握学习模式在国际上产生了广泛的影响。韩国有 1980 万学生接受了掌握学习式的教学，日本、澳大利亚等国家都进行了大规模的实验。布卢姆 1986 年来华讲学，之后，国内兴起了掌握学习的热潮。

掌握学习是在所有的学生都能学好的思想指导下，以团体学习为基础，辅之以经常的及时的反馈，并提供额外的学习帮助，从而使大多数学生达到课程目标所规定的掌握标准。布卢姆通过广泛的调查和长期的实验研究发现，学生学习能力的差异并不是人们所想象的那样大，而且也不是完全稳定不变的，相反，只要教学的时间充分，教学的方法得当，具备适当的条件，这些差异是可以改变的。他强调说："世界上任何人都能学习，如果在早先与现在都能提供适当的学习条件的话，几乎所有的人都能学好。"

掌握学习教学过程如下图所示。

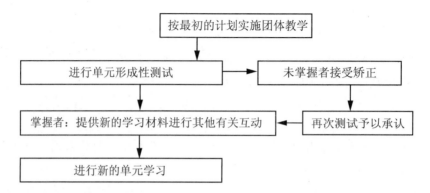

从上图中可以发现，掌握学习的关键措施在于在进行单元形成性测试后对未掌握者实行矫正，再次测试予以认可后再进行新的单元学习。这一关键的措施可以在练习环节中实施。

(1)学生独立解题；

(2)小组交流，总结错误，分类命名；

(3)班级错误汇总；

(4)分类练习、明确纠错目标。

我在肇庆五中听了一节初中数学课，解一元一次方程。学生共出现了三类错误：移项、去括号、合并同类项。班级汇总后，教师又提供了一组练习题，分别强调注意避免以上三类错误，学生再次练习的结果是错误率显著下降。

(六)总结环节——总结、提升、扩展

总结环节首先让学生掌握知识结构，教师再引导学生说出本节课学到了什么，并对所学知识进行提炼，然后理出一条问题研究的线索，画出知识树或思维导图。

其次是对思维方法、解题思路进行总结和提升，对知识进行拓展和提升，并为以后相关的学习进行铺垫，提出思考的问题。

1. 理出一节课的线索

每一节课在总结时都要让学生理出一条线索，为一章知识的结构建立做基础。如初二物理《压强》的研究线索：一是从生活中发现的问题，压力作用于物体的效果

与哪些因素有关；二是形成假设，与受力面积和作用力大小有关；三是设计实验予以验证；四是得出结论，与受力面积和作用力大小有关；五是提炼出压强的定义；六是得出公式，压强＝压力÷受力面积；七是规定单位；八是应用。这样的线索是物理学科提出一个物理量时经常要用到的。

高中《近代经济结构的变动》一节课提炼的研究历史事件的线索是：背景（前因）——内容（进展）——影响（后果）——评价（启示）。研究任何历史事件，基本上都是这样的四个基本问题，体现了历史研究的方法。

语文课的线索提炼以高中古代诗歌教学为例：第一步知人论世，通过作者生活的时代背景，了解创作的动机和意图；第二步形象和意境；第三步主题和情感；第四步语言风格；第五步结构特点；第六步情感表达；第七步景物描写；第八步修辞；第九步艺术表现手法分析。（孟庆泉）

关于记叙文线索的把握，王凤林先生谈道："一般说来，复杂记叙文都有一条主要线索，如瓜藤一般，贯穿全文始终。缀连在这根藤上的人物、事件、场景、环境、主题、细节等，就是我们要摸的瓜。"王先生还总结了把握文章线索的几种方法，如以作者的游踪为线索（游记性散文）；以中心性事件发展为线索（记事类散文）；以作者的感情发展为线索（抒情性散文、纪念文章）；以人物思想性格发展为线索；以人物的典型行为、话语、动作为线索；以时间、空间顺序为线索等，为我们把握文章线索提供了启发。

2. 总结知识结构图

我在海南一所学校听初三复习课时，发现教师对知识总结重视不够，只是简单地交代一章的考点，然后就是做题。我建议教师先让学生看书，自己总结知识结构，然后再做题。几位教师都异口同声地说，学生没有这样的能力，复习课时间紧张，也没有时间在这方面下功夫。我说咱们试试。我让老师帮忙找了二十几位学生，快班、中班和慢班的学生都有，并且都是班级的中等学生。这些学生被分成了两部分，一部分做政治课的《相亲相爱一家人》一章，一部分做数学课的《二次函数》一章。政治的8位学生都是慢班的，大约用了25分钟，数学的用了近50分钟，都完成了知识结构图，其中一位慢班学生的政治结构图做得还很出色。老师们认同了学生是可以做的，认同了总结知识结构的价值。在总结时首先要明确知识结构的重要性，这是做题的前提，知识结构不清楚做题一定是盲目的；其次要相信学生、引导学生，学生不会，我们可以教。我们开始在初三年级让学生进行知识结构总结，虽然距离中考只剩下百天，但亡羊补牢，犹未为晚。

首先老师注重了知识结构的提炼。如下图所示的是我和孔赛妹老师做的二次函数的思维导图。

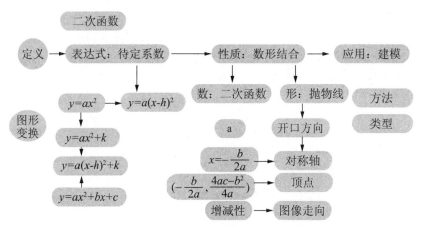

在知识结构图中，有横纵两条线。横线连接的是二次函数研究的四个基本问题：定义、表达式、性质、应用。纵线是每一问题的具体展开。四个基本问题形成一条线索，每一问题都是线索上的节点。各个学科都应该具有自己学科的基本问题的线索，如历史学科是：历史事件的背景、进展、影响、对今天的启示等。每一基本问题都内含着方法，如求表达式用待定系数法，研究性质用数学结合法，二次函数的应用要建模。研究二次函数的基本问题可以与了解一个人做类比。我们在了解一个人的时候，要关注其姓名，类似于定义；他的外表，类似于表达式；他的个性特征，类似于性质；这个人能干什么事，类似于应用。

下图为海口七中林志德做的初中"近代化探索"的知识结构图，由洋务运动、戊戌变法、辛亥革命、新文化运动四个历史事件构成了近代化探索的基本内容，由背景、进程、影响、启示四个要素构成了历史事件研究的纵线。

每一历史事件的内容都可以按照四个历史研究的要素进行组织。由四个历史事件的启示即器物学习——制度学习（君主立宪）——制度学习（民主共和）——思想文化的学习构成了我国近代化探索的发展脉络。对比西方近代化的发展，则是由思想文化(文艺复兴、启蒙运动)——制度建立(资产阶级革命)——工业革命(物质、器物)形成的脉络。与我国近代化探索的脉络方向相反。一张图表，将历史的概念、规律总结得如此简明、透彻。

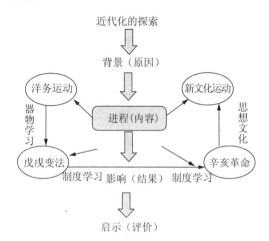

结构图不仅能将零散的知识组织起来，而且还揭示了知识点之间的联系，让所学知识一目了然，每一个知识点都是命题点。知识结构图提供了解题的工具，有清晰的知识结构图，解题成竹在胸。

学生做知识总结的四部曲，一是看书，二是提炼出知识点，三是寻找知识点之间的联系，四是画出知识结构图。这些工作都可以在课下完成，上课小组交流，班级展示。所有这些环节都体现了学习的基本要求——回归课本，重视基础。交流和展示都在演绎着学生给学生讲课，讲的都是课本上的基础知识，讲的都是知识之间的联系。初次进行知识结构总结，学生在把握全局方面还是存在着明显的不足，常常是缺东少西，挂一漏万。这一缺陷在学生交流和展示的过程中可以通过比较与补充来进行弥补。展示教师做的知识结构图可以让学生看到差距，这时教师引领作用的发挥也最为有效。

能够提炼出知识要点，能够把握其中的联系，就是在培养学生学习的素养。坚持训练，学生的思维品质一定会不断提高。到那时，学生自己画的知识结构图，可能会让教师感到惊讶，在天津中学这样的例子屡见不鲜。

3. 学科思想方法的总结与提升

总结与提升是对教师素养和文化底蕴的考验，教师有深度，提升才有高度。总结不能只是事实性知识和程序性知识的累加，而应是对事实背后的学科思想与思维方式的揭示。

初中数学课《等腰三角形的性质》，教材上有一道探究题：把剪出的等腰三角形 ABC 沿折痕对折，找出其中重合的线段和角。由这些重合的线段和角，你能发现等腰三角形的性质吗？说一说你的猜想。

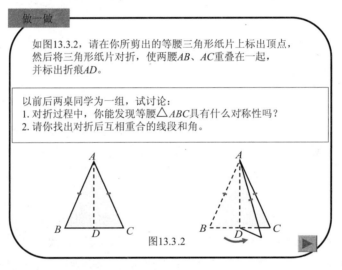

做一做

如图13.3.2，请在你所剪出的等腰三角形纸片上标出顶点，然后将三角形纸片对折，使两腰 AB、AC 重叠在一起，并标出折痕 AD。

以前后两桌同学为一组，试讨论：
1. 对折过程中，你能发现等腰 △ABC 具有什么对称性吗？
2. 请你找出对折后互相重合的线段和角。

图13.3.2

教师让学生将剪好的一个等腰三角形纸片进行折叠，让 AB、AC 边重合。问：我们看到了什么现象？可以得出什么结论？学生答：底边 BD 与 BC 重合，说明 D 点是底边的中点；∠BAD 与∠CAD 重合，说明 AD 是顶角的平分线；AD 将平角分成相等的两半，所以 AD 又是底边上的高。于是三线合一的性质已经被学生发现了。下面就是引导学生运用全等三角形的方法进行证明。分析以上过程，学生先经过动手折纸，直观地得到若干重合的现象，并将这些现象归纳成为几何性质，最后做图证明。这一过程看起来完全符合学生的认识规律，没有问题。但我感觉到，在折纸过程中，让 AB 与 AC 重合是没有问题的，我们的做法可以保证，但同时让 BD 与 CD 边重合却是无法保证的，这一点为等腰三角形的性质所决定，因此有必要加以证明。当然这一证明对学生来说有一定的难度，但对初学平面几何的学生来说，通过证明让学生理解平面几何的学科特点与思维方式具有积极的意义。证明如下：让 AB 与 AC 重合；此时折痕是一条直线 AD（两平面相交有唯一一条直线）；AD 与 BC 相交有唯一一交点 D（两直线相交有唯一一交点）；又因为 AB 与 AC 相等，所以 B 与 C 点重合；由此点与 D 点确定唯一直线（两点定线）。

这一证明过程的意义如下：小学算数已经做过折纸之类的活动，学生已积累了不少关于图形的感性知识。对等腰三角形进行折叠，与小学折纸不同的是，不应该只是停留在感性知识的层面，而应引导学生对折纸的过程进行反思，从中渗透平面几何的思维方式。经过折叠，虽然我们看到了 BD 与 CD 边的重合，但平面几何不能以我们看到的现象为结论。平面几何所有结论的得出都要依赖严格的演绎证明。所谓演绎证明，就是从已知条件出发，运用公理、定理推导出新的结论。概念是我们证明过程中的基本工具。平面几何中的概念，如点、线、面，只存在于我们的观念中，现实生活中并不存在。比如定义中的直线是没有宽度的，而且向两方无限延长。定义的直线是在对客观现象进行了抽象和概括而形成的，与现实生活中的"直线"有着本质的区别。我们用直尺做出的直线不是平面几何定义的直线，在显微镜下可以看到像是一个锯齿。平面几何培养的是理性的思维，虽然现实生活中的现象可以给我们提供有关结论的一些有益的暗示，但最终我们还是要运用平面几何的概念去证明，这就是平面几何。这体现了人类不仅能够使用基于经验的常识思维，而且还能够进行脱离经验的理性思维。理性思维对于科学的发展具有巨大的作用。

三、运用模式的思考

(一)自主学习课堂，学生重要，教师更重要

有了好的模式，还要由教师去驾驭。教什么与怎样教，课堂教学操作层面的两个基本问题的主导权都在教师手里。教师在课堂中的作用十分重要。在课改初期，人们理所当然地关注学生的主体地位。"把课堂还给学生""让学生成为学习的主人"，

是针对长期以来教师讲、学生听的"满堂灌"的弊端提出的，改革的方向无疑是正确的，这些提法也都有道理。但一些人却由此进入了误区，以为学生重要，老师就不重要了。老师盲目跟着学生走，放任学生自己学。我们初期的"六环节"模式也同样走了这样的道路。随着课堂改革不断地深化，我逐渐认识到，自主学习课堂，老师的作用更重要。自主学习课堂不是自学课堂，教师不能由背着学生走这一极端走向放任学生自己走的另一极端。教师的作用体现在"导"，即领着学生走。但要做好向导并非容易，最终要依赖教师的专业素养。如果不能充分地调动教师参与课改的积极性，如果不能改变教师的工作方式，将工作、学习、研究结合起来，如果不能切实提升教师驾驭教材、了解学生、驾驭课堂的能力，那么课改就不会成功。2012 年在重庆綦江举行的一次课改论坛上，主持人问及课改难以推进，问题何在？我随口答道："教师素质不适应，亟待提高。"招致台下一线教师的不满，立即对我进行质问。现在我仍然坚持这样的观点。

(二)不仅培训教师，还要培训学生

实施"六环节"模式以来，我们注重了学生培训。首先要解决对自主学习意义的认知，其次解决在各环节中如何做。

我以"为成功的人生做准备"为题，阐述自主、合作、探究学习方式对人生的意义。人生在社会中展开，只有了解社会、适应社会才能获得成功的人生。今天已经步入终身学习时代，怎样学关系学生一生的发展。"六环节"教学模式就是要解决这些问题。

过去有些人认为知识最重要，其次是实用技术，最后才是人格。而现在人们认为人格最重要，其次是实用技术，最后才是知识。三项的次序被颠倒了过来，这在国际社会已经形成了广泛的共识。我举了大量的例子说明人格对于事业成功的意义，"六环节"不仅是学习的方式，同时也能培养健康人格、学会与人合作。

就知识学习来说，今天的学习主要不是记忆大量的知识，而是掌握学习的方法。没有掌握学习方法，只靠死记硬背，即使门门功课都很优异，他仍然是一个失败的学习者。"六环节"通过自主、交流的方式获得知识，适应了终身学习的需要。

讲座要结合学生最关心的问题，一是高考能力取向的变化趋势，告诉我们只靠教师讲、学生听培养不出能力；二是就业趋势告诉我们学历至上的时代已经过去了，

综合素质才是最被看重的。实施"六环节"模式以来，德育处的工作也实现了转向，探讨把"六环节"作为实施教学育人的载体。德育处主任助理申远老师负责学生培训，他研究制定了天津中学"六环节"课堂学生行为规范，如展示环节要求做到："语言表达声音要洪亮，让教室里的每一个人都听到，语言准确、简明、连贯，得体。发言完毕要向大家表示感谢，并请同学们质疑""整理好衣冠，站姿端正，仪态大方，目视全体同学，不要面向黑板讲题。可配合适当手势，讲解板书时，身体尽量不要挡住同学们的视线""质疑时，先举手，经展示同学同意后，起立发言"等。

这些规范的制定都是针对课堂中展示环节的问题提出的。如发言声音普遍较小，学生似乎只是在和老师一个人交流，潜意识中是在回答教师的问题，而不是向全体同学阐述观点。培训时，设计了一个情景，300人的会场，让第一排的同学发言（不拿话筒），问最后一排的同学听清楚了吗，若听不清楚，发言同学重新讲，直到后面同学能够听清为止。如果听清了，让后面同学提炼发言同学的观点。这样既培训了听，又培训了说。

听与说，是交流与展示环节学生主要的学习行为。"学习，是从身心向他人敞开、接纳异质的未知的东西开始的，是靠'被动的能动性'来实现的行为。倾听这一行为，是学生学习中最重要的行为。善于学习的学生都是善于倾听的。"（佐藤学）在交流与展示中，每个人毫无保留地贡献自己的困惑、理解与智慧。对别人的发言，一要分析对不对、全不全，不对的要质疑，不全的要补充。二要提炼要点。三要从不同的发言中归纳、综合，形成自己的观点。在这一过程中，分析、提炼、比较、鉴别、归纳、综合各种思维能力得到运用。正确结论经常是综合了多数人的意见才形成的，这就是学习共同体的特征。不仅在学校，学习共同体将是维系人们终身学习的基本方式。

展示环节是对学生的语言表达能力卓有成效的培训，对学生的发展意义重大。语言表达能力进入了欧共体学生核心素养的框架。我们学校近几年招聘大学生，门槛条件是"本硕均须211大学的"。按理说这样的条件能够充分保证招到素质优秀的毕业生，但遗憾的是大部分应聘者表达能力欠缺。每一学科约20人应聘，表达能力好的屈指可数。我们在面试时，出了七道任选题，其中一道是："你在中学、大学当过干部吗？如果当过，请介绍一次你独立组织和策划的成功的学生活动。"一个名牌大学的硕士生在回答时，七分钟的时间里，坐立不安，叙述得语无伦次，显现出表达能力的低下。说明我们的学生从小学到大学一直是在听老师讲，没有机会锻炼表达能力。这一应聘失败的案例在培训学生时收到了很好的效果。

除此之外，德育处还搞了一系列配合"六环节"的活动。如组织评选班级课上优秀学习小组、质疑达人、展示达人，收集学生在新教学模式语境下的学习心得，评选班级自主合作学习标语，班级考试引入小组学习成绩评价，学校运动会组织以小组为单位的趣味体育竞赛，等等。这些活动，强化了学生学习小组的意识，提高了小组的凝聚力，为课堂合作学习打下了基础。班级学习小组建设应该是学校管理中的一个需要重视的课题。张卓玉指出："我们有充分的理由关注、关心、指导、帮助学习组织的发展。学习自治的出现是人本主义(以人为本)思想在教育中的集中体现，是一次伟大的社会进步。"

(三)环节集中——体现完整的学习过程

环节集中，即在学案中集中给出问题，学生集中阅读、集中思考、集中书写答案，然后集中交流、展示。一些教师不同意这样的策略，喜欢分散布置问题，分散交流、展示。他们认为，假设一节课有三个知识点，要由易到难、循序渐进逐一解决。解决第一个知识点，让学生先看书，到某页某行，然后交流、展示。第二、三个知识点又把前面的程序进行一遍。于是就出现了一节课上，自学、交流、展示环节的多次运用，不仅浪费时间，而且造成了学习的碎片化。一次我校郑娟老师做研究课时，开始是用分散的方式，我提议改用环节集中的方式，结果效果非常好。集中的原则是放手让学生独立完成完整的学习任务，把握整体结构。有难度并不可怕，适当的难度能够激发学生学习的动力、培养学生学习的毅力。分散学习虽然降低了难度，但破坏了完整性，其背后的理念是：必须由教师手把手教，学生才能学会。

(四)把握"六环节"实质——理解实质，才能创造

在全面推进"六环节"的过程中，有的教师提出来，一节课时间很紧，完整的六个环节不能实现，如讨论交流时间过长，就没有时间做题了，这还算不算"六环节"？还有对于不同的课型，比如复习课，也不可能完整地实施六个环节。经过思考，我想，"六环节"是学生自主学习或教师发挥指导作用的六种手段和方式，不应该面面

俱到、刻板地运用"六环节"，而把每一环节都进行得充分有效。这就如同旅游，跟在导游的后面疲于奔命地游览不如自己选择感兴趣的景点充分地享受。最重要的是要把握"六环节"的实质。

一是强调自主，建构主义告诉我们知识不是通过教师传授得到的，学习是学生自主地、能动地、富有创造性地建构知识的过程。要给学生充分地参与学习的机会，要给学生安排适当的学习任务，包括阅读教材、回答问题、自己生成问题、解题、建立知识结构等。

二是强调交流。建构主义强调学习是在不断的交流、沟通即多边互动的过程中实现的。

三是强调教师的作用。自主学习不意味着教师可以袖手旁观，恰恰相反，自主学习的课堂会出现许多预设外的东西，对教师提出了更高的要求，包括教师对知识的驾驭能力、课堂的掌控能力与策略等。好的课堂不仅能让学生的主体性发挥得淋漓尽致，而且能够充分体现教师的指导作用。不仅有学生精彩的交流与展示，而且还有师生之间的精彩互动。

六个环节是一套组合拳，环节之间共同配合，体现了自主学习的实质。引入环节是布置自学任务，任务需明确、具体，让学生知道学什么（自学环节的前提）；自学环节学生阅读文本、思考完成学案的问题，并形成个人的结论（交流的前提）；交流环节在小组内交流个人的学习成果并形成小组的结论（展示的前提）；展示环节汇报小组结论，教师在这一过程中适时点拨与指导，学生初步完成知识的意义建构（练习的前提）；练习环节学生将获得的知识运用于解决问题的实践；总结环节归纳一节课的收获。体现在一个单元教学中，应该完整地呈现"六环节"，但每一节课，对模式的运用完全可以根据需要灵活选择，不必一环接着一环机械地套用。总之，要模式，但要避免模式化。

（五）模式运用的误区

我开始以为，有了"六环节"模式，课堂教学面貌就会发生根本的改变，就能够解决教学中的所有问题。后来发现，事情并非像我想象的那样简单。模式运用的各个环节几乎都存在着误区。

1. 交流的误区

建构主义十分强调交流在学习中的作用，认为学习是在不断的交流、沟通即多边互动过程中实现的，但我在课堂中发现一些交流被形式化了。

政治课《世界文化》一课中，教师给出问题："日本、美国、法国有哪些世界著名的建筑或旅游胜地？"让学生交流。我所在的小组的一个学生眉飞色舞地讲述了他爸爸带他去法国旅游的情形，同时他也贡献了两个答案：埃菲尔铁塔和凯旋门。其他的同学用羡慕的眼神看着他。这一过程用了 5 分钟的时间。3 分钟全班交流展示，除了埃菲尔铁塔和凯旋门外，又增加了富士山和国会山，一共 4 个答案。4 个答案用了 8 分钟的时间，如果教师直接讲顶多用 1 分钟，这样的交流白白地浪费了宝贵的时间。这个问题属于事实性知识，问题不具备开放性，交流是无效的。了解事实性知识完全可以采取教师讲的方式。这一案例说明教师还不理解为什么交流、应该交流什么。首先，交流的话题不能离开学生的生活。国外有什么远离学生的生活，毕竟能够出国的学生还是屈指可数的（当时是 2008 年）。其次，不能以事实性知识作为交流的话题。建构主义认为每个人都是以自己的经验为基础来理解现实的，并且每个人都只能理解到事物的某些方面，但通过交流可以使他们相互了解彼此的见解，尤其是那些与自己不同的理解，而事实性知识是封闭的知识，是什么就是什么，不会发生个性化的理解，因此作为交流的话题必须具有开放性。

一次听初中语文课《论语六章》也是发生了类似的情况。上课之前教师检查头一天布置的作业。一是查阅资料，了解孔子和《论语》的有关知识；二是借助工具书解决生字新词，有 8 个生字注音和 10 个词语解释。两个问题在教材的注释中都有现成的答案。上课后，教师要求小组内两个同学间互相检查，然后小组交流，最后小组代表到黑板上抄答案。黑板前密密麻麻地站了七八个学生，每个人在属于自己的一小块地盘上工工整整地写答案。所有学生理所当然地把答案全抄对了，于是在教师的赞扬声中赢得了一片廉价的掌声。整个"交流、展示"持续了 14 分钟。我坐在下面想，一堂课近三分之一的时间，学生学到了什么？能够从中受到哪怕是一点点儒家精神的渲染吗？一点都没有。这不仅是运用交流手段不当，而且是对语文教学要教什么即教学目标理解的偏差。显然，教师对这些死记硬背的事实性知识过于注重，而对于文章的理解却未予以重视。这里可以看到"统考"指挥棒的影子。其实，《论语》中的一些经典的语录是需要解读的，这些话题每个学生都会有自己的个性化理解，这才应该成为交流的内容。这样的内容才能使儒家精神与学生的生活相联系。我们不能责怪教师。实施新课改以后，自主、合作、探究的理念已经深入人心，但对理念尚缺乏理解，缺乏理解的运用只能是东施效颦、生搬硬套。当时听完课立即由我进行点评。这些问题我讲还是不讲？留不留情面？当时我的头脑中产生了斗争。上课的是一位年轻教师，学校让他做课，他一定是一位工作认真积极的老师，批评过重会不会让他难堪，挫伤其上进心？不说吧，不仅不是我的性格，更重要的是下面还有 80 多位听课的教师，掩盖问题就意味着欺骗。于是我将问题和盘托出。没有想到，校长吃饭时告诉我，这位教师说："我可遇到一位专家了！"一个谦虚好学、不慕虚荣的年轻教师让我感动。

在各地的公开课、展示课中，可以看到不少生搬硬套、滥用交流手段、追求表面热闹的现象。我们的教师没有在职前受过相应的培训，在由"满堂灌"向自主、合作、探究的转型过程中，这样的现象是不可避免的。其实，课改的问题，归根结底是教师的问题，教师需要培训，需要提升教学素养。

2. "问题导学"的误区

在"六环节"的自学环节中，我们强调通过问题设计引导学生自读教材。学生看书大多对文本理解肤浅，不能深刻领会文本中的弦外之音、言外之意。我们希望教师通过问题设计引导学生深入思考，但在课堂中我发现了"问题导学"肤浅化的问题。

一位刚刚参加工作两个多月的历史教师，教初二教材第 15 课《宁为战死鬼，不做亡国奴》。她设计了 20 个问题，但这 20 个问题多数都是简单的事实性知识问题，都是在教材中能够找到答案的。如卢沟桥事变发生在什么时间？因此卢沟桥事变又叫作什么？（1937.7.7，七七事变）为了迫使国民政府投降，日军于 8 月 13 日大举进攻上海，威胁南京，史称什么？（八一三事变）卢沟桥事变后，抗战情况有没有发生变化？发生了什么样的变化？（有，国共开始联合抗日）。这样的话，课堂就是在老师的问题引领下，学生在书中找现成的答案。于是，过去的老师照本宣科，变成了学生的照本宣科。这节课，就是学生在复述书本。历史教学中对历史事件的原因的分析、事件与事件之间的联系、历史事件对今天的启示这些有价值的历史思维都将被淹没。历史课就成了知识碎片的简单识记，我们的学生就被培养成了录音机、复印机。

3. "先学后教"的误区

"先学后教"是洋思中学提出的，指出教师的教要基于学生的学。这无疑是教与学关系的正确原则。在"六环节"教学中，我也特别强调"先学后教"，但我的理解也有模式化的问题。我把学生自读教材作为课堂教学的前提，回答问题、交流等环节都必须在看书之后进行，顺序不能改变。这样做的初衷是要让学生能够看懂书。在一次同课异构活动后，我的看法发生了转变。物理课《万有引力定律的应用》一节课，第一项学习任务是计算地球的质量，我校的教师按照先阅读教材再小组交流的程序进行。教材中直接给出了计算地球质量的方法，学生们几乎没有任何障碍就看懂了书，其后的交流也不过是把书上写清楚的结论再重复一遍。虽然整个计算过程都是学生完成的，教师没有任何介入，充分地"体现了学生的主体作用"，但我还是感觉其中似乎缺少了点什么。对比另一位教师的启发讲授式教学，这种不足就表现了出来。另一位教师首先让学生回答问题："在万有引力公式中，把地球的质量 M 作为未知量，还需要选择另一物体质量 M，那么选择另一物体的方法有几种？"学生不难回答出有两种方法：一是选择地球上的物体，由此得出运用万有引力求地球质量的方法；二是选择地球外的物体，如卫星，由此得出运用圆周运动定律来求地球质量的第二种方法。这样的两种思路学生都能经过计算独立地得出结论。在这一过程中，学生并未阅读教材，但体现出了研究未知问题的过程和方法。物理要教给学生什么？如何去求地球质量这样有关方法和过程的知识比地球质量这样的事实性的知识更重要。而在"先学后教"中，过程和方法的知识被淹没了。于是我改变了过去学习必须先看书的认识，也就是说，对待模式中的程序，什么时间干什么，应该服从于教学目标的需要，切不可固定化。模式要服从教学目标的需要，要教有价值的知识，操作模式不能模式化。

上述误区使我认识到，自主学习课堂模式的确定，不是保证课堂教学有效性的充分条件。教学模式仅仅是教学活动的结构框架和活动程序。过去，凯洛夫的教学模式重视了教师在课堂中的作用，却忽视了学生。自主学习课堂给学生的活动（自读教材、交流、展示等）以时间和空间的保证，与凯洛夫的教学模式相比无疑是一个进步。但模式毕竟只是一种手段和方式，是怎么教和怎么学的问题。手段和方式只有在学习内容有意义、有深度的前提下才能发挥作用。操作模式的主体是教师。在自主学习的课堂中，更加凸显了教师的作用，教师的教学素养和文化积淀是教学有效性的前提。在课堂教学中，学生是学习的主体，同时，教师是教的主体。两个主体的作用共同发挥，才能收到良好的效果。传统教学忽视了学生，是错误的。同样，重视了学生但忽视了教师，也是错误的。有了好的模式后，关键还是在于教师。

（六）"六环节"模式的理论支撑

任何教学模式都蕴含着某种教学理论或思想，"六环节"模式研究的是怎样教，我们提出的操作要点、策略主要是在课堂实践中总结和归纳出来的，同时学习了相关的理论。我们从教育哲学、学习理论和心理学三个层面做了理性思考和论证。教育哲学中的主体教育理论、学习理论中的建构主义理论、心理学中的自我决定理论共同支撑了"六环节"模式。只有了解了这些理论，才能理解模式的实质，这样运用模式不仅自觉，而且还可以发挥和创造。

对于建构主义理论我们主要把握三个要点：知识建构要靠学生自己，知识在交流中建构，知识在情境中建构。对建构主义大家都比较熟悉了，此处从略。

1. 主体教育理论

主体性是人作为社会活动主体的本质属性。主体性有三个基本特征，即自主性、主动性和创造性。自主性是人作为主体的前提和基础，是指在一定条件下，对自己的活动有支配和控制的意识和能力，体现为对自我的认识和实现自我的不断完善。主动性是人之所以成为主体的重要表现，指有目的、有意识地认识和改造世界，其实质是对现实的选择和对外界适应的能动性。创造性是主体发展的最高表现形态，是在主动选择的基础上对现实的超越。

人的主体性发展水平的高低是衡量一个社会进步程度的重要标志，是人的发展水平的重要尺度。社会发展的核心是人的发展，人的发展的一个重要内容和必不可少的内在动力是人的主体性发展。对我国而言，开展主体性教学研究，弘扬人的主体意识和主体精神，有着更为迫切的现实意义。

活动是主体性生成的源泉，而学生在学校活动的形式主要是上课，在课堂上通过自主学习的活动培养学生的主体性成为教育的必然选择。事实上，这不仅是必要的而且也完全是可能的。"六环节"模式，为学生安排了充分的自主学习的任务，提供了交流和展示的时间和空间，为主体性淋漓尽致地发挥提供了充分的条件。我校高一学生，初次接触"六环节"时，在课堂中感受到了自主学习的乐趣，在自读教材中思考，在小组交流中碰撞思想的火花。期中考试后，学生问老师班级考试的名次，鼓励老师说："不论成绩好坏，请老师一定要坚持这样的课堂活动，我们从没有这样开心地上过语文课。"一次公开课结束，学生说："老师，能不能再加一课时，我们还没有说够。"说明了"六环节"模式满足了学生发挥主体性的内在需求。

2. 自我决定理论

自我决定理论由美国罗切斯特大学心理学家德西和瑞恩创立。在自我决定理论中，"需要"被定义为像营养一样是生命成长、幸福和健康的基础。自我决定理论确定了人类普遍具有的三种基本心理需要，即自主需要、胜任需要和关系需要。

自我决定理论认为三种基本需要是幸福感的三个基本因素，它们不仅仅是心理健康的最低要求，同时也是社会环境必须提供给人们以促进其成长和发展的基本养料。基本需要在人生的各个阶段都必须得到满足，才能使人们体验到一种持续的整合感和幸福感。（刘惠军：《动机心理学》）

在自主学习课堂教学模式中，学生之所以表现出高昂的学习热情，是因为这样的教学模式满足了学生的心理需要。自学环节提供了自主的需要，交流和展示环节提供了关系的需要，在教学任务安排适当的前提下各个环节都提供了胜任的需要。与传统的教师讲、学生静听的模式相比，显然"六环节"教学让学生能够感受到学习过程的幸福。学校的教育也要以人的幸福为终极目的，但我们看到的却是在应试教育背景下学生幸福感的失落。其实，幸福就在当下，就在课堂。

重构教学内容

——让课堂成为滋养核心素养的沃土

上一章我们谈到，教学内容的肤浅化和应试化常常使好的模式落入形式主义的窠臼，成为表面上热热闹闹的花架子。重构教学内容，使学生在有限的课时内获得有价值、有深度的知识，是课堂教学模式有效性的前提。

我们在教师中开展了教学设计活动。教学设计首先应该明确课堂教学要着眼于落实三维目标，培养学生的核心素养。有学者提出教学设计要体现新课程的价值取向：

(1)关注学生"整体的人"的发展。新课程明确提出"三维目标"及"核心素养"，体现了对人的生命存在及其发展的整体关怀。把人的发展视为智力与人格和谐发展的过程。

(2)统整学生的生活世界与科学世界。学生生活世界中蕴含着丰富的教育因素，学生的校内外生活是学校课程资源开发的重要领域。教学要通过创设情境，让学生的心灵直接面对生活世界。教育应该在学生的生活世界中关注教育意义的构建。

(3)寻求学生主体在对话中对知识的建构。即以学生为主体，强调学生对知识的主动探索、主动发现，并在与客观世界对话、与他人对话、与自我对话的过程中建构知识体系。

其次应分析学情和分析教材，学情分析要重点分析学生的认知特点和已有的认知，分析学生的学习需要，界定现实结果和渴望结果之间的差距。力求教学设计适合学生的学习，教学传送方式有效，能提高学生的动机、兴趣，能够达成学习目标。教材分析重点对教材内容的地位与作用进行分析。在此基础上进行教学目标、问题、情境、练习题的四项设计，同时引导教师挖掘蕴含在文本中的思想、方法。以下教学的内容设计都来自课堂中的案例。

一、教学目标设计

教学目标在教学活动中处于核心地位，是教学的起点、向导和归宿，制约着课堂教学的方向，使师生活动拥有明确的共同指向，可以有效避免课堂教学中的盲目性。教学目标能引导、激励学生的学习，在教学过程开始时，明确告诉学生课堂教学的目标，能引起学生的注意，激发学生对学习新内容的期待和达到课堂教学目标的欲望。问题设计、情境设计和练习题设计都应该以教学目标为依据。教学目标与问题设计是一对孪生兄弟，学习内容是由教学目标规定的。"六环节"课堂优化中有一个教学策略叫作"学习内容问题化"，也可以称为"教学目标问题化"。教学目标还是评价与检测的依据。由于教学目标是对课堂教学结果的预期，是对学习者通过教学后应表现出来的可见行为的表述，因而相对教育方针、课程目标来说比较明确、具体、详细、利于测量与评估，为教学结果的测量与评价提供了科学依据。

课堂教学的基本问题"教什么"由教学目标规定。如何确定目标？如何表述目标？如何发挥目标的导学、评价的功能？下面结合课堂中出现的问题谈几点看法。

(一)恰当使用行为动词

教学目标是教学中师生预期达到的学习结果和标准。我在 20 世纪 70 年代参加工作时还不知道教学目标的概念，写教案都是写教学目的。教学目标与教学目的是有区别的。

例如，使学生掌握洋流的知识——这是教学目的。

给出一张世界地图，(描述行为发生的条件)学生能够在地图上正确地用箭头标出(行为)洋流(结果)——这是教学目标。

从中可以看出教学目的是总体的、概括性的、宏观的、长远的、方向性的要求。教学目标是具体的、微观的、近期的、操作性的、可观察的、可测量的行为的变化。"使学生掌握洋流的知识"，理解、掌握这些词汇描述的是学生内隐的思维状态，外部观察不到。而教学目标能够观察到行为结果，在图上正确地用箭头标出六大洋流，据此可以判断目标达成。我们经常见到的现象是，教师叙写的教学目标，实际上只是教学目的，致使教学目标只是一些摆设，对教学不会起作用。

自主学习要让学生知道学什么，学得怎么样。因此学案上通常以"学习目标"明确学习内容。只有目标具体、准确、精炼，才能实现导学与评价的功能。

下面是一位老师在设计"二次不等式的解法"的目标时所做的修改。

修改前的目标设计：

1. 知识与技能：理解一元二次方程、一元二次不等式与二次函数的关系，掌握图像法解一元二次不等式的方法；培养数形结合的能力，培养分类讨论的思想方法，培养抽象概括能力和逻辑思维能力。

2. 过程与方法：经历从实际情境中抽象出一元二次不等式模型的过程和通过函

数图像探究一元二次不等式与相应函数、方程的联系，获得一元二次不等式的解法。

3. 情态与价值：激发学生学习数学的热情，培养勇于探索、勇于创新的精神，同时体会事物之间普遍联系的辩证思想。

修改后的目标设计：

1. 知识与技能：(1)能说出一元二次方程、一元二次不等式、二次函数概念之间的联系和区别；(2)会解三种类型的一元二次不等式。

2. 过程与方法：(1)能够说出用二次函数解一元二次不等式的方法与依据；(2)比较运用数形结合方法与代数方法解一元二次不等式，能够说出数形结合的优越性。

修改前的目标表述用了 216 个字，修改后的减少到了 131 个字。我们从以下三个方面分析前后的区别。

第一，修改前用"理解、掌握"，修改后用"能说出"，使用行为动词能够让学生知道自己是否达标，更具操作性，即引导学生自学和对学习结果的自我评价。

教学目标的表述要恰当地使用行为动词。新课标中各个学科都提供了一些行为动词，如下表所示。

常见的课程目标行为动词表

目标层次	行为动词
知识	列举、说明、标明、选择、背诵、配合、界定、定义、描述、提出、指出、找到、识别、依次排出、回忆
理解	区别、转换、解释、归纳、举例、摘要、分类、标出、表达、展现、复述、推断、翻译、重写、预估、引申
应用	计算、演算、示范、操作、发展、预估、运用、套用、使用、联结、修饰、改编、转译、解决、建造
分析	细列、图示、细述理由、分辨、辨识、区分、评估、比较、对照、批评、推衍、检测、实验、概算、差别、再认
综合	安排、联合、组成、沟通、计划、企划、总结、重建、重组、设计、编纂、创作、拟定、组织、处理、修改
评鉴	评量、评价、鉴别、对比、标准化、判断、检讨、阐释、证明、验证、选择、支持、预测、推测、结论、关联、排序

这样，教育目标不仅对教师有用，而且对学生能够清晰地知道自己要学什么，是否学会了也有意义。

第二，叙写教学目标有五个要素：行为主体是学生；在目标陈述中要尽量选用可观察、可测量的具体的行为动词；明确学习内容；行为条件与情境；行为规格与标准。修改前的"培养数形结合的能力，培养分类讨论的思想方法，培养抽象概括能力和逻辑思维能力"这段话的行为主体是教师，是教师期待着学生发生什么样的变化，作为学习目标没有意义。

第三，修改前的"情态与价值：激发学生学习数学的热情，培养勇于探索、勇于创新的精神，同时体会事物之间普遍联系的辩证思想"这段话可以适用于任何一节课，成为目标设计的套话。明确、精炼的表达是基本的学术素养，各学科的学术语言都有确切的含义和明确的指向。目标设计中的套话不仅浪费了学生的时间、干扰了学生的思维，而且对培养学生的学术素养不利。

学习目标是要让学生知道学什么，并据此判断学得怎么样。修改后的目标设计，具体、精炼，完全可以起到这样的作用。

(二)学习内容具体化

学习目标要具体地揭示学习的内容，并明确所要达到的程度，据此来安排具体的学习任务。这样的目标应该是具体的操作性目标。如果目标是模糊的，就起不到这样的作用。一次参加语文优质课展示活动，课题是《故都的秋》。教师学案设计的目标之一是"学习描写景物的方法和借景抒情、寓情于景的表现手法"。这句话告诉我们，学习这篇散文的目标是要学习借景抒情、寓情于景，而常识告诉我们，散文、诗歌都是借景抒情、寓情于景的，这样的目标没有给我们提供要具体学什么的任何信息，只是一句正确的废话。这样的目标就是笼统的、模糊的，并导致后面的三项教学活动，都是空中楼阁。

活动一：浮光掠影——整体阅读、把握情感。(读)快速阅读文本，回答如下两个问题：

1. 郁达夫对故都的秋怀有怎样的情感？请从课文中找出依据。

2. 请用原文回答：在郁达夫的笔下，故都的秋具有什么特点？

活动二：妙笔生花——品味语言。（品）听朗诵，阅读第3～11自然段，回答如下两个问题：

1. 课文中依次描绘了哪几幅"故都秋景图"？

2. 在这5幅图中，哪些词句体现了古都"清""静""悲凉"的特点？请勾画出来加以赏析。

活动三：美文共赏——提炼方法（思）。

赏析体现古都的秋的"清""静""悲凉"的词句，引导学生品味语言并总结方法。

活动四：意在言外——拓展训练（练）。

运用本课所学的方法，以"津城之_____"为题，从一年四季中选择一季，写一段描绘天津的文字。

郁达夫的散文，距离学生的生活较远，一般来说，学生是很难理解的。以上四项活动，总共用了20分钟，真是可以用浮光掠影来评价。教师在活动一、二中给出的4个问题，都是"是何"的问题（事实性知识），缺少"为何""如何"的问题。问题设计离开了对散文中的意象分析，"借景抒情、寓情于景"就成为无源之水。这节课，在音乐背景下有学生朗读、教师范读；有小组交流；有当堂写作训练，有学生展示；有教师下水的范文，有师生互评（基本是互相吹捧）。自主学习的形式和手段运用得淋漓尽致，但有一点是明确的，学生根本没有理解。这从学生的写作中看得清清楚楚。展示的几篇作文，都是在抒发悲哀、寂寞的情绪，给人以无病呻吟的感觉。看不出这些情绪是怎样产生的？和景物描写有什么关联？学生完全是在模仿。原因就是，缺乏对文本理解的目标设计，也没有安排指向理解的学习任务。

这一散文单元，学生已经学过了朱自清的《荷塘月色》，陆蠡的《囚绿记》，都是借景抒情，寓情于景。学习《故都的秋》，应该学习的是郁达夫借的什么景，抒的什么情，怎样借景，怎样抒情，他的借景抒情有何特征。这些内容应该通过教学目标的设计予以体现。我对语文教学是外行，知道这样的目标不行，但让我写我也不会。就如同我知道菜不好吃，但好吃的菜我也炒不来。于是我就请来了孟庆泉、吕燕津两位老师，向他们请教。简单的一个目标表述竟然颇费思量。三个人在一起交流了三个小时，由吕燕津写出了核心目标表述："感悟抒情散文的抒情方式之一——'于寻常景物中寄托个性深情'。"在其后，又写出了三条具体的操作性的目标：

1. 找出渗透作者强烈主观情感的语句；

2. 找出描写秋雨、秋花、秋蝉、扫帚扫过的细纹等意象的关键词；

3. 寻找意象的自然特征与作者的情感之间的契合点。

"寻常景物"这一特征抓得很准，是"寻常景物"，而非"典型意象"。比如《荷塘月色》中的月、荷都是典型的意象，而《故都的秋》所用的几个意象如秋花、秋雨、扫帚扫过的细纹等都是些寻常的景物。核心目标一下子就抓住了这篇散文的特点。其后的三条目标具体地指导了学生进行阅读理解，有了具体的操作性目标，问题设计自然迎刃而解。能否完满地回答问题，也就是评价目标完成与否的依据。

附录：《故都的秋》问题设计

1. 作者为什么独钟牵牛的蓝朵，为什么认为紫黑次之，淡红最下？蓝色可以激发你怎样的联想？蓝色在绘画和音乐中有什么含义？

2. 作者为什么认为扫帚扫过的细纹既细腻又清闲，潜意识中还有落寞呢？你在什么地方见过扫帚的细纹？车水马龙的闹市中会看到吗？看到扫帚的细纹，你有什么感觉？

3. 为什么在众多故都秋景中作者特别关注了秋蝉的残声？你留心过秋蝉的鸣叫吗？知道蝉的习性吗？这一声音有什么特点？你还在哪些文学作品中见过蝉的身影？请举例说明分别是怎样描写的，它通常寄托了怎样的情感。

4. 作者是怎样描写秋雨的？"息列索落"下起来的秋雨是什么样的？具体带给你怎样的视觉、听觉、触觉感受？雨点大还是小，疏还是密，冷还是凉。意境上和滴滴答答的春雨有什么区别？和淅淅沥沥的江南雨有什么不同？

5. 那些拖着长腔闲聊着"唉，天可真凉了——""可不是吗？一层秋雨一层凉了"的北京人的腔调是悠闲的还是无奈的，是沧桑的还是乐观的？试着模仿一下。从他们的语气里你感受到了一种怎样的情绪？能从他们的穿戴和动作上粗略地推测一下他们的身世经历吗？

设计意图：本环节的5道题不必逐一涉及，针对学生的感悟能力有针对性地点拨即可，其他则触类旁通，举一反三。旨在以追问的方式落实辅助目标。（吕燕津设计）

语文课的目标最难设计。以鲁迅的《一件小事》为例，从小学到大学都可以学，但目标设计的层次和水平是不一样的。小学：认识记叙文的基本要素，体味情感；

初中：分析作者塑造人物的方法、情节线索；高中：结合背景体会作品中的人文精神；大学：鲁迅精神世界的成长过程。(孟庆泉提供)让学生学什么，既要依据课标，又要考虑学生，着实需要下一番功夫。

(三)防止教学缺位

教学目标是学习内容与学习水平的二维指标。第一个维度是学习内容即知识点；第二个维度是学习水平。布卢姆将学习水平分成六级：识记、理解、应用、分析、综合、创造，体现了思维水平由低级到高级的逐步提高。我国的课标将学习水平分成三级：识记、理解与应用。高考考纲分成了解、理解、掌握、应用四级。低级学习水平是高级学习水平的前提条件，即低级水平的目标实现了，后面的高级水平的目标才有可能实现。所谓缺位，即违反了学习水平递进的原则，教学跨越了一些必要的水平。通常的表现是对于"理解"学习水平的忽视和缺失。我们看下面的例子。

初中数学课"算术平方根"，在自学之后，教师提问："谁能够说一说算术根的定义？"

一个小胖子把手举得高高的，屁股离开了座椅，表现出跃跃欲试的样子。他如愿以偿，脸上绽放着掩饰不住的喜悦，像是在给我们讲一个故事娓娓道来："算术根嘛，是说有两个数，其中一个数是自己乘自己，这两个数……"没等小胖子说完，老师就"礼貌地"打断了他："请你先坐下，哪个同学能说？"接着站起来一位小姑娘，把书上的定义只字不差地背了一遍："如果一个正数 $x^2 = a$，那么 x 叫作 a 的算术平方根。"老师马上予以了充分的肯定，"你说得真好，大家给她鼓鼓掌！"小姑娘脸上露出了微笑，小胖子脸上笼罩着阴云。

"两个人谁说得好？"课后点评时，我向听课教师们提出了这一问题。布卢姆的教学目标分类将认知水平分为六级：识记、理解、应用、分析、综合、创造。两个学生的回答反映了对定义学习处于不同的认知水平。小姑娘只字不差地背书，显然只是处于"记忆"的层次，而小胖子虽然没有说完，但已经看出他是达到了"理解"的水平。算术根的定义有三个要素：有两个数，a 与 x^2；两个数相等；a 大于零。小胖子说出了一半，另一半被打断了，但一定是能够说出来的。关键他是用自己的话说出来的，是基于个性化的理解。布卢姆在评价"理解"认知水平时，给出了七种方式，第一种方式就是解释，指的是不同语词之间的转换、替换说法，就是诉诸自己的语言换一种说法。能够用个性化的语言对概念做出解释就标志着达到了理解的水平。"其中一个数是自己乘自己"，多么有创意的个性化的数学表达，可惜没有得到应有的褒奖，说明教师对定义的理解没有达到小胖子的水平。

识记、理解、应用是由低到高的不可逾越的三级水平。

教学中对于"理解"水平的忽视是普遍的。"没有经过理解的学问是灵魂的废物。"（拉伯雷）布卢姆研究教育目标的分类，初衷正是要解决"理解水平"教学缺位的问题。"如果我们把蕴含着理解层次的知识只是局限于记忆的层次，那么教学中高层次的思维能力的培养将被淹没。"（布卢姆）教育目标分类学中的六级水平逐级加深，低一级学习水平的实现是高一级学习水平实现的基础。学习过程缺乏理解的支持，从识记跨越理解直接到应用水平，必然导致照猫画虎地应用。这就是学生做了大量的题，耗费了大量的时间和精力，但效果仍然不佳的原因。"今天的教学改革必须坚持'学为中心'的方向，在教学行为的改变上，要将'促进理解'放在第一位，要降低旨在'获取信息'的学习活动比例，增加促进理解的学习。"（《人民教育》2015 年第 5 期）设计教学目标，就是要明确地规定理解层次的学习水平应该达到的程度。

为防止教学缺位，在进行单元教学的目标设计时，可以让教师填写双向细目表，如下表所示。

水平要求 知识点	了解	理解	掌握	应用
1. 实数指数幂的意义（陈述性知识）	√ 1.1，1.2 第 1 题			
2. 指数幂的运算（程序性知识）			√ 2.1 第 2 题	
3. 指数函数的概念（概念性知识）	√ 3.1，3.2 第 3、4 题			

续表

水平要求＼知识点	了解	理解	掌握	应用
4. 指数函数的单调性（陈述性知识）		√ 4.1，4.2 第5、6题		
5. 指数函数的图像（陈述性知识）			√ 5.1，5.2，5.3 第7、8题	
6. 与指数函数相关的复合函数问题（程序性知识）				√ 6.1，6.2 第6、9、10题

　　上表依据我国高考考纲将学习水平分成了四级。左列为知识点，每一知识点都有不同的学习水平的要求，在相应的水平列上打钩予以明确。同时，在钩下面配备了相应的练习题。这一方面说明了落实教学目标需要以练习题为手段；另一方面体现了学生练习题选题的原则，对应着知识点的学习水平的要求。这是使练习有效的唯一保证，在教学实践中意义重大。学生每天要做大量的作业，如果离开了教学目标中学习水平的要求，盲目拔高，不仅会浪费学生宝贵的时间，而且还会削弱学生的学习自信心。我们后面会看到这样的案例。

　　附录：布卢姆的六级学习水平

　　1. 识记：如记忆名词、事实、规则和原理等，属最低层次的能力；2. 理解：能了解所学过知识或概念的意义；3. 应用：将所学的规则、方法、步骤、原理、原则和概念应用到新情境的能力；4. 分析：将所学到的概念或原则分析为各个构成的部分，或找出各部分之间的相互关系；5. 综合：将所学到的片段知识、原理与事实等统合成新的知识；6. 评价：依据某项标准做价值判断。

（四）多问"为什么"

　　知识分为陈述性知识、程序性知识和原理性知识。"是什么"属于陈述性知识，

"怎样做"属于程序性知识，而"为什么"属于原理性知识。在陈述性知识和程序性知识中都蕴含着原理性知识。多问"为什么？"就是注重原理性知识的挖掘，这样才能将理解层次的目标落实到位。

1983 年，我在内蒙古通辽市任教育局副局长，带着教研员到学校听课。初中一位年轻的几何女教师讲"三角形内角和定理"的证明，如右图所示：我们先将 BC 边延长到 D，然后过 C 点做 CE 与 AB 的

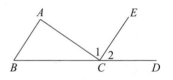

平行线；令 $\angle ACE = \angle 1$，$\angle ECD = \angle 2$；这样做了辅助线后我们就可以进行证明了。$\because AB /\!/ EC$，$\therefore \angle B = \angle 2$（平行线同位角相等）；$\angle A = \angle 1$（平行线内错角相等）；又 $\because \angle ACB + \angle 1 + \angle 2 = 180°$（平角的度数），$\therefore \angle A + \angle B + \angle ACB = 180°$（等量代换）证完。

教师教态自然和蔼亲切，板书工整，吐字清晰，语速适中，还有着银铃般的嗓音，学生的目光表明都听懂了。这样的课是好课吗？我在教学工作会上给校长们提出了这一问题。教师讲的内容几乎和教材上的证明只字不差，这就是典型的照本宣科。在给以否定的评价后，我又提出了一个问题："数学课要讲什么？"我认为要讲的是两个关键，一是为什么要将 BC 边延长到 D？二是为什么过 C 点做 CE 与 AB 的平行线？老师讲的只是怎样做的事实性知识，而没有交代关于为什么的原理性知识。对于第一个问题，先要明确要证明的是关于 $180°$ 角的问题，解决数学问题的基本思路是把未知问题转化成已知问题，把复杂问题转化成简单问题。启发学生回忆，在学过的已知知识中，有没有和 $180°$ 角有关的？很容易想到，平角的度数是 $180°$，所以，我们应该造一个平角。其次，平角造在什么地方呢？延长三边任意一边都可以。用延长线的方法的好处是在平角内已经包含了其中一个角。这样，复杂的问题就变得简单了，只需证明 $\angle ACD = \angle A + \angle B$ 即可。这就接着引出了第二个问题。要把一个大角分成两个小角，每一小角分别与 $\angle A$、$\angle B$ 相等。同样是启发学生回忆，我们已知的知识中有哪些与等角有关的定理。自然想到对顶角与平行线的性质，于是引平行线的"为什么"的问题也解决了。在解决"怎样做"的问题后，不要仓促收兵，一定要再回过头来思考"这个问题为什么要这样解决？""这个问题还可以怎样解决？""从解决这个问题中我学到了什么？"反思问题解决的方法，学生就能够获取策略性的知识和灵活思维的方法，这才是问题教学中最重要、最有教益的方面。数学要教什

么? 不能只是教是什么、怎样做,更要教为什么,即蕴含在事实性知识和程序性知识之中的学科思想、方法、思维方式,就是原课标中的"过程与方法",新课标中的"数学思考"。这是在课堂教学的目标设计中普遍薄弱的环节,因此是目标设计中值得强调的重点。

(五)作业设计的目标分析

一次听课,数学老师问:"昨天的作业都做完了吗? 哪道题有困难?"学生异口同声地说:"12题。"于是老师就开始讲12题,用了足足一节课的时间。讲完了,除了几个尖子学生,大多数学生还是一头雾水。

老师布置的作业题是:

已知 a 是实数,函数 $f(x)=x^2(x-a)$。

1. 若 $f'(1)=3$,求 a 的值及曲线 $y=f(x)$ 在点$(1,f(1))$处的切线方程;

2. 求 $y=f(x)$ 在区间$[0,2]$上的最大值。

这是学生学习导数应用的第一节课。

教材中有一道例题:求函数 $f(x)=x^2-4x+4$ 在$[0,3]$上的最大值与最小值。学生对这道例题的理解易如反掌,而作业题怎么会难到这种程度? 需要讲这么长时间,而且讲完了还是不会? 比较一下这两道题,原来难度有天壤之别。

我问旁边的学生每天做数学作业需要多长时间,学生说:"如果顺利的话,40分钟可以完成,但如果遇到难题,像今天只是这一道题,我就用了40分钟,可还是没做出来。"一科作业顺利做完就要40分钟,一天的作业已经是不轻的负担了,可悲哀的是,不顺利的情况是经常发生的。其实,教材上的题目没有这样的难,难题都是买来的练习册上的。学生以青春和生命为代价,进行着年复一年日复一日的毫无价值的训练。其实,难题的弊端还不仅仅是浪费了时间和生命,更重要的是,它极大地损害了学生的自我效能感。我能够学会,我能够学好,学习过程中的自我效能感对维持学习动力发生着重要的影响。经常受难题折磨的学生,他不会意识到是教育行为的不当,而是认为自己不行,不是学习数学的料。学困生就是这样制造出来的。这是教育的悲哀! 我在耀华中学工作时,高一新生第一次数学测试全年级一多半学生不及格。耀华中学招的是全市择优的尖子学生,这样的成绩不可理解。我问老师,是不是题出的难了? 老师的回答至今言犹在耳:"这些尖子生,不出难点,都不知道自己排行老儿。不打掉他们的傲气，以后老师说话没人听。"原来是为了教师的权威。虽然是不经意间，但用"居心不良"评价教师的行为也毫不为过。不知这样的现象是否具有普遍性。

难题现象在教学中非常普遍。讲解新知识，总是要上两道难题，高考题就像是菜肴中的盐一样不可或缺。我想这事我得管一管了。从何入手呢？先找老师谈话，表明了我的观点，刚学导数应用，就上难题是不当的。老师接着就说，这样的题是高考必考的。高考必考就是练难题的充分条件吗？还有个什么时候练的时机问题。怎样说服老师呢？我有主意了，我让老师将作业题和教材例题中所蕴含的教学目标做一下分析，这样可以避免谈话气氛紧张，避免以势压人。从教学目标分析入手，让她心悦诚服。教学目标分析并非轻而易举，两天后才拿出来备课组三位老师研究的结果。

教材例题中蕴含的教学目标是：能利用导数求不含参函数的极值与最值。

作业题蕴含的教学目标是：能利用导数求不含参函数的极值与最值；会解含参数的一元二次不等式；会求含参的函数在定区间上的极值与最值；能应用分类讨论的思想处理含参的导函数零点与定区间的关系。

分析结果表明，教材例题，只蕴含了一个目标，而作业题的目标是四项，并且含参导致后三项目标难度加大。

基于这样的分析，我提出了自己的认识。布置作业，要基于目标分析。作业题中蕴含的目标应该与课堂教学目标一致。教材例题学生会了，就应该布置蕴含相同目标的作业，作业的目的是巩固与熟练。这样的原则使教师颔首认同。

数理化学科都遇到了这样的问题，教材浅，会做课本的题，应付不了高考，这是课标与考纲的矛盾。老师开始提到的高考题如何应对呢？我认为应依据循序渐进的原则，一是基于教学目标分析，对于蕴含着较多目标的综合题目，要安排若干道只含一个目标的简单题目，逐道题目过关后，再做综合题。对难题要分解，要设计若干个台阶，经历由简单到复杂、由易到难的过程。二是选择时机，讲完课本，马上就练高考题，这种做法势必会使一批学生丧失信心，产生对学习的恐惧，应该坚决地予以摒弃。新课讲过后过一段时间，书本上的基础知识熟练了，再上高考题。高三总复习时，再做高考综合题，这样才能体现循序渐进。

二、问题设计

在"六环节"教学模式中，有一个教学策略叫"学习内容问题化"。这一策略对于学生的自主学习具有十分重要的意义。问题是依据教学目标设计的，学习是围绕着问题展开的，以问题的提出为学习的开始，以问题的解决为学习的终结。问题是整个学习活动进行的线索，贯穿自学、交流、展示整个学习活动的始终。因此，问题设计的质量成为制约自主学习课堂的关键因素。教材中的知识，不是静态的科学结论，而应包含动态的科学探究过程。让学生探究整个问题解决的过程，从问题的表征、资料的收集、假设的提出到问题的最终解决，都要求学生积极参与，要求学生自己确定问题的含义，根据问题的条件来确定要收集的资料，设计问题解决的假设，再由自己验证假设，并以书面形式呈现问题解决的成果。教师只是起到辅助者和帮助者的作用，并不控制学生的问题解决过程，整个过程都是由学生自己控制和调节的，是学生自主进行的，因此整个问题解决的过程都体现了探究学习的思想。

（一）指向阅读理解的问题设计

为理解而教是当今教学变革的一个基本方向。前面我们曾经提到，离开对知识的理解直接应用会导致囫囵吞枣、盲目模仿。在《人是怎样学习的》一书中，介绍了两个实例。

实例1：对两组学生进行平行四边形面积公式的教学。一组采用死记硬背的方式，告诉学生结论：平行四边形的面积＝底×高，如图1所示；二组教师实行理解性教学：揭示平行四边形的结构特征，将三角形移向另一边，补成一个矩形，如图2所示。

实施教学后对学生进行测试，对一般的平行四边形求面积的问题，两组学生没有差别。但是当他们遇到如下图所示的两个形状的图形时，表现就显示出了差别。

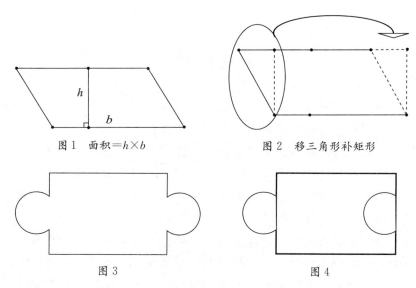

图1　面积＝h×b　　　　　图2　移三角形补矩形

图3　　　　　　　　　　　图4

对图 3，两组学生都不会。对图 4，接受死记硬背教学的学生不会，但接受理解性教学的学生立即得出了答案：面积＝底×高。

实例 2：早期有一项非常著名的研究，将"学习一个程序"的效果与"理解性学习"的效果进行比较。两组孩子对着一个在水下的目标练习投飞镖，其中一组听取了光的折射解释：折射使目标看上去所在的位置具有欺骗性。另一组只练习投飞镖，不给他们做任何解释。当目标在水下 12 英尺深时，两组孩子在练习任务中的表现同样好。但是当他们转移到一个目标仅在水下 4 英尺深的新情境时，学习过抽象原理的一组孩子的表现就好得多了。因为他们理解他们正在做的事情，所以能够调整他们的行为以适应新的任务。

理解是应用的前提，深刻的理解才能实现不同情境下的迁移。如何让学生实现理解？指向理解的问题设计是有效的手段。

什么是理解？布卢姆在《教育目标分类学》中给出了定义："理解——能够确定口头的、书面的或图表图形的信息中所表达的意义"，并且给出了学生实现理解的七种行为。

1. 解释：不同语词之间的转换。替换说法："释义""转换（换一种说法）""澄清"。

2. 举例：举出某一概念或原理的特定事例，"例证""事例"。

3. 分类：识别某些事物是否属于某一类别，"归类"。

4. 总结：抽象出一个一般的主题，"概括""抽象"。

5. 推断：对各个事例做出比较发现并创造出一个新事例，"外推""添加""预测""断定"。

6. 比较：指明两个事件之间的异同，"对照"。

7. 说明：阐明某一系统中主要部分是什么，它们之间如何变化。

我校刘新科老师在上"导数的应用"一节课时，通过问题设计综合地运用了上述手段，针对培养学生的数学语言理解能力做了开创性的尝试。

教材中有一段话：通过观察图像，我们可以发现：

(1)运动员从起跳到最高点，离水面的高度 h 随时间 t 的增加而增加，即 $h(t)$ 是增函数，相应的，$v(t)=h'(t)>0$；

(2)从最高点入水，运动员离水面的高度 h 随时间 t 的增加而减小，即 $h(t)$ 是减函数，相应的，$v(t)=h'(t)<0$。

教师设计了如下的两个问题：

1. 你能把上述(1)与(2)改为条件与结论的形式吗？

(1)条件：_____；

结论：_____。

(2)条件：_____；

结论：_____。

2. 你能用最精练的语言把(1)与(2)合并成一句话吗？

提炼为_____。

正确的答案是(1)条件：<u>$h(t)$ 是增函数</u>；结论：<u>导数大于零</u>。

(2)条件：<u>$h(t)$ 是减函数</u>；结论：<u>导数小于零</u>。

课上有一半的学生都答错了。如(1)条件：<u>离水面的高度 h 随时间 t 的增加而增加</u>；结论：<u>$h(t)$ 是增函数</u>。

教材中的这段话类似于双重因果复句，其中命题 A：<u>运动员离水面的高度 h 随时间 t 的增加而增加</u>是命题 B：<u>$h(t)$ 是增函数</u>的条件，命题 B 是命题 A 的结论，而命题 B 又是命题 C：<u>$v(t)=h'(t)>0$</u> 的条件，命题 C 是命题 B 的结论。在学生的错误理解中，命题 C 被蒸发掉了。于是这段话已经与导数的正负没有关系，这段话是要说明函数的增减决定导数的正负，即问题 2 的答案，这是教材上探讨运用导数考察函数增减即导数性质应用的第一步，第一步走错了，后面的探讨就没有了意义。

接下来的问题设计得更精彩，他把教材分成了四个部分，让学生概括出每一部分的段意。

高台跳水引例及图1.3-1的段意是	⟹
图1.3-2及上方思考的段意是	⟹
图1.3-3及右方文本的段意是	⟹
第23页的结论及右边的问号段意是	⟹

这实际上是语文教学中司空见惯的方法，但数学不妨拿来一用。四段的段意，联系起来，推导出了导数与函数单调性的关系：导数的正负决定函数的增减。这四段文字形成了一条知识生成的线索，四段各是线索上的一个节点，每个节点都对应着相应的能力。第一段从特殊函数中发现函数的增减决定了导数的正负，对应着语言概括能力；第二段通过所学的一些函数考察述结论，发现函数增减是导数正负的充分而非必要条件，而导数正负是函数增减的充分条件。对应着图像信息的理解、概括和语言转换以及条件的充分性或必要性的属性判断；第三段运用数形结合的方法对第二段的结论进行证明，对应着数形结合的能力。第四段阐述结论，导数应用的性质定理。在这一过程中，有比较、鉴别、概括、证明，其中包含了大量的高阶的数学思维活动。让学生可以充分地领略数学语言的符号化、逻辑化及严谨性、抽象性等特点。不会概括段意，就不知道结论生成的过程。也许，这并不妨碍学生做题，但概念不清的做题是盲目模仿，这种现象极为普遍。

在进行问题设计时，要找到一条中心线索，然后将其分解为几个节点（或称角度、切入点），再在节点上设计问题，几个问题的连接形成知识生成的链条。这条中心线索和若干个节点就是学生探究的空间。这是刘新科的问题设计给我们的有益启示。

　　刘新科当时参加了一次同课异构活动，其他几位教师都是用了10分钟就讲完了导数性质，看起来讲得也很明白，剩下的时间就是做题。这与刘新科让学生自学、思考问题的教学方式相比，暴露出了一个重要问题，教师的讲把学生自学中可能出现的问题掩盖了。数学要学什么？"数学教学也就是数学语言的教学"（斯托利亚尔），数学阅读能力是最重要的，是数学学习的基本能力、核心素养。不让学生自己阅读，就不会发现问题，培养能力就是一句空话。在后面的评课环节，沧州教研室主任对刘新科的评价是："这节课让我受到震撼。从来没有看到过这么上数学课的，认真地想一想，课不就应该这么上吗？"

（二）指向认知结构的问题设计

　　前面我们已经看到了碎片化问题的实例。碎片化的问题，是问题与问题之间缺乏联系。整体化的问题不仅有是什么，还有为什么、怎样做的关于原理性和程序性知识的问题。天津中学的李洋老师为"罗斯福新政"设计的问题堪为经典，他当时参加一次教学比赛理所当然地获得了一等奖。一个评委在上课前看了他的问题设计后，毫不犹豫地就给出了最高的分数。这说明，问题设计不仅是一节好课的必要条件，甚至可以成为充分条件。

　　历史课李洋老师设计的"罗斯福新政"学案如下。

　　1. 回顾历史，重温新政
　　通过自学完成下列内容：（10分钟）
　　（1）罗斯福新政是在怎样的背景下实施的？
　　（2）罗斯福新政的内容是本课重点内容，阅读教材，回答下列问题。
　　①新政为什么从整顿财政金融开始？
　　②美国为什么要放弃金本位制？（参看学案后面的补充材料）
　　③新政是怎样整顿金融业的？（总结出关键词）
　　④新政是怎样复兴工业的？（总结出关键词）
　　⑤新政是怎样调整农业的？（总结出关键词）
　　⑥新政的福利政策分几个阶段？"以工代赈"是什么意思？出发点是什么？你怎

样理解新政的特点?

(3)新政的影响有哪些?(总结出关键词)

①为什么罗斯福新政不能完全消除经济危机?

②你怎样理解国家垄断资本主义?

2. 解读历史,感悟新政

(1)当时反对罗斯福新政的人认为国家干预经济实际上是实行社会主义的计划经济。如马萨诸塞州参议员罗伯特卢斯说:"这就是社会主义那一套!"工商界攻击工业复兴总署是"偷偷摸摸搞社会主义"。你认为新政是要在美国实行社会主义吗?新政的实质到底是什么?

(2)人们记住一个历史人物、一个历史事件,是因为他(它)能够带给我们某些启示。请结合罗斯福新政的内容,谈一谈新政带给了我们哪些有益的启示。(5分钟)

3. 运用历史,借鉴新政

(1)罗斯福带领美国冲破危机,走向新生。为表彰他的卓越贡献,你觉得应该为他颁发一个什么奖?请你为罗斯福写一段颁奖词。(6分钟)

(2)历史的经验值得汲取。罗斯福新政的福利政策中关注民生的内容,为各国解决民生问题提供了宝贵的经验。民生问题也成为当今各国维护社会稳定、促进社会和谐的重要内容。如今,我们的党和政府把改善民生作为实践以人为本、落实科学发展观的重要内容。请你用发生在身边的事例说明翁牛特旗政府是怎样解决广大群众所关心的民生问题的。(5分钟)

以上的问题设计很具体,涵盖了本节课的知识点。虽然也是有近20个问题,但不存在碎片化的问题。教师以"回顾历史,重温新政;解读历史,感悟新政;运用历史,借鉴新政"构成逻辑上紧密联系的三个内容板块。这节课学生是在探讨三个问题。"回顾历史,重温新政"是研究历史事件的事实性知识,这是历史研究不可或缺的基础;"解读历史,感悟新政"是从历史事件中提炼规律,体现了论从史出的历史研究方法;"运用历史,借鉴新政"是以史为鉴,即把历史规律迁移到现实生活中,解决今天的问题,体现了历史研究的价值。三个问题互相依赖,缺一不可,完整地体现了学习历史、研究历史的规律和方法。在研究事实性知识即历史事件的问题中,教师设计的问题也体现了完整性。问题1是事件的背景,问题

2是内容，问题3是影响，给我们勾画出了研究历史事件的基本脉络，即前因（背景）——内容（进展）——影响（后果），问题与问题之间具有了逻辑的联系。学生基于整体化的问题思考，认知结构的建立就水到渠成了。如下图所示的是总结阶段的知识结构图。

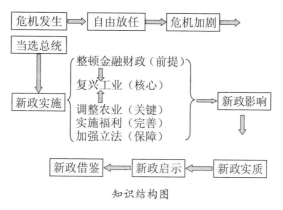

知识结构图

在回顾历史，重温新政中的问题2，教师罗列了六个小问题，是否可以以"简述罗斯福新政的经过和主要措施"来概括。这样的问题，概括的程度更高，对于学生选择、综合信息能力的培养可能有好处。

李洋老师的这一份学案，经过备课组、教研组讨论，凝聚了历史组集体的智慧。历史组有浓厚的学术氛围，他虚心地吸收了大家的建议，前后经过了六次修改。我有幸参加了每一次的研讨。对于历史教什么，怎样教有了入门的感觉。第五次研讨后，第二天早上8点我找他，想看看修改的结果。同事说李洋没来，还在宿舍睡觉。原来最后一次成稿他一直到凌晨4点才修改完。李洋是历史特级教师，他爱好读书，知识渊博，功底深厚，在对总结罗斯福新政的历史经验和启示时，他开始共提炼出五条规律性认识，多是课本上没有的。考虑到学生的认知水平，最后只保留了实质与启示两条。他有20年的教龄，按理说，这一节课对他来说不过是小菜一碟，但他仍然为此付出了许多心血，表现出对业务精益求精的治学精神。在此，我们又一次看到了教师的素质是决定课改成败的关键。

《为未知而教，为未来而学》一书中，引入了这样一个案例。问题：从小学到高中，你学到的哪些知识在今天的生活中仍然有用？对此，有人提到了"法国大革命"。

他说："通过理解法国大革命，我理解了各种世界争端的普遍规律，例如，缺少自由、贫穷、赋税过重、经济疲软、宗教与世俗政权斗争或社会不公等因素是如何成为战争导火索的。"作者评论道："显然，对于这位学习者而言，法国大革命不仅仅只是一堆复杂的事实，更提供了一种看待事物的透镜，由此他能够理解发生在世界各地的争端和冲突。所以对他来说，这样的学习肯定是有价值的。"李洋老师的这一节课，一定也会对学生产生同样的生活价值。

在学校的教师会上，我经常要对课堂中的优秀案例和问题案例进行点评。李洋老师的问题设计堪称经典，对其他学科也有借鉴意义，要把它作为大家共享的教学资源。当时，我点评的主要目的是要避免碎片化的问题设计。后来我看了《人是怎样学习的》这本书，感到我对李洋案例的认识还没到位。书中提出了三条教学原理，第二条是："帮助儿童建构新的知识，包括事实性知识和概念性知识，这些知识被组织起来便于提取和应用。"其实就是强调了建立认知结构的重要性，并且不厌其烦地反复强调。

那么如何建立认知结构呢？关键在于对零散的知识的组织。该书提出"专家的知识不仅仅是对相关领域的事实和关系的罗列，相反它是围绕核心概念或'大观点'组织的，这些概念和观点引导他们去思考自己的领域。"这就提供了组织知识的方法，知识结成网，要靠核心概念和大观点。核心概念和大观点是纲举目张的纲。大观点可以理解为基本的、重要的观点。我们根据学习原理对李洋老师的案例进行再认识，在其认知结构中，核心概念显然是"新政"，"回顾历史，重温新政""解读历史，感悟新政""运用历史，借鉴新政"这三个板块的内容都是围绕"新政"展开的。大观点呢，与李洋老师请教后，认为是新政的实质，即国家干预。罗斯福正是依靠国家干预挽救了经济危机。这样建立的认知结构的意义何在？"核心概念结构是一个有强大组织的知识网络，它的应用范围非常广泛，它在使个人精通解决该领域的问题中发挥着核心作用。'核心'这个词意味着：1. 这个结构对于成功地完成一系列任务是至关重要的，它常常超越了单一学科的界限；2. 对这些任务未来的学习依靠这个结构，它常常形成最初的核心，所有随后的学习都围绕这个核心组织起来。"《人是怎样学习的》说明了建立认知结构的意义将超越单一学科的学习。政治经济学中发挥市场对资源配置的作用与宏观调控相结合的原理，就是国家干预与自由竞争的关系的迁移，而国家干预与自由竞争的关系又是哲学课中的对立统一规律的表现。

著名心理学家奥苏贝尔强调认知结构对新的学习的意义十分重要。"内容丰富，组织合理的认知结构是进一步学习的基础。""如果学生已有的认知结构中没有可以利用的概括水平较高的知识，或缺乏所学知识的背景材料，那么这样必然导致学生的机械学习。如果认知结构中只有一些不系统的、肤浅的观念，那么对新知识的学习只能产生一些模糊不清或不稳定的意义，而且很快就会被遗忘。"怎样才能建立起良好的认知结构呢？"认知结构中处于较高抽象水平的观念对于新的学习能提供最佳关系或固定点。"我理解的核心概念和大观点就是奥苏贝尔说的"起固定作用的观念"。

各学科都应该建立指导学生用核心概念和大观点构建知识结构。教师能否将知识进行组织，能否从许多相关概念中突出核心概念，能否从中提炼出大观点，是对教师的挑战。

如下图所示的是地理学科以大观点建立的可持续发展的知识结构。（崔超英、赵子云）

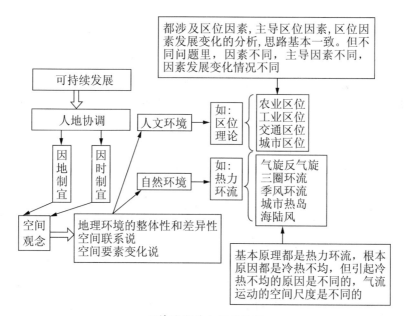

可持续发展知识结构图

(三)能够实现广泛迁移的问题设计

《为未知而教，为未来而学》一书倡导学习有生活价值的知识。作者在"学习即理解"一章中提出了三个问题："你真正理解透彻的知识有哪些？你是怎样做到理解这些知识的？你怎么知道自己已经理解了这些知识?"有人回答说："欧姆定律"，并回答了两个问题："欧姆定律的原则可以在更广泛的领域内使用，比如，运用于推导热气管的气流量。"原本属于电学的知识可以运用于其他领域，能够实现迁移的知识才意味着理解。不仅如此，他具体讲述了如何在生活中运用这些知识。在他的家里，有些房间很冷，所以，他根据欧姆定律，按照能够大幅度提升气流量的方式重新配置了房子的通风系统。供暖系统更有效了，再也不会觉得房间冷了。看来，能够运用知识解决生活中的问题才意味着深刻的理解。作者在举出这些例子之后提出了一个问题："这类生动灵活的、具有适应性，而且明显是积极主动的理解与我们的生活世界、我们的生活方式息息相关。""这些理解需要一个新的名称，我们称之为'全局性理解'。"什么是全局性理解？作者从深刻见解、行动、伦理道德和机会四个方面给出了标准。"深刻见解方面：全局性理解应当有助于呈现物理、社会、艺术等不同世界的运转机制。行动方面：全局性理解应当能够指导我们采取有效的专业行动、社会行动、政治行动等。道德方面：全局性理解应当敦促我们变得更有道德观、更有人性、更有同情心、更愿意规范自己的行为。机会方面：理解可能出现在各种场合中，表现为多种不同的重要形式。"

还是回到李洋老师设计的两个问题：新政的实质到底是什么？新政带给了我们哪些有益的启示？这样的两个问题就是属于"全局性理解"的问题。我们首先看民生问题。在深刻见解方面，学生通过罗斯福新政中民生问题的地位和作用，会认识到民生问题是历史发展中的一个十分重要的问题。古今中外的所有的社会动荡几乎都源自民生问题。如中国封建社会的农民起义、法国大革命、美国独立战争等。因而民生问题是保持社会稳定可持续发展的前提。这样的见解已经超越了历史学科，而且不是一般的事实性知识，而是关于社会运转机制方面的认知。这样的理解很容易会迁移到当前社会生活中。党的十六大以来，关注民生、重视民生、保障民生、改善民生，成为党和政府工作的指导思想。理解了民生问题，就能够理解党和政府的相应决策。杜威一直强调教育即生活，但目前学生的学习生活同社会生活是隔离的。民生问题正是架起学校生活与社会生活沟通的桥梁。这一问题会对学生的道德观和价值观产生潜移默化的影响，如关注民生、关注弱势群体。在适当的机会，学生会做出相应的行动。工作以后，学生要面临就业、医疗、子女教育等问题，他们本身就成为民生问题的主体。他们工作生活服务的领域、对象也会和民生问题息息相关，当他们有了决策的权利时，中学时民生问题的教育效应就会显现。

同样关于国家干预的知识，也是可以带来全局性理解的。新闻联播经常报道银行调息、控制房价之类的新闻，学生会理解到这是在实行国家对经济的干预即宏观调控。国务院下放行政审批权是放开搞活，发挥市场经济的主体作用。宏观调控与放开搞活同样是经济领域中的运转机制，这样的机制不仅仅适用于经济领域，几乎在所有的领域都发生作用。如在教育中，采取多种调控政策促进教育资源均衡化，以实现教育公平。

各个学科都会有一些能够导致全局性理解的主题，如地理学科的可持续发展，政治学科的人民代表大会制度等。抓住这些主题，教师应该充分地拓展和延伸，力求实现多方面的全局性理解，真正发挥学科教学的育人功能。

(四)指向思想方法的问题设计

教学不仅要教知识，还要教智慧。知识和智慧是一对孪生兄弟，有联系更有区别。"知识就是力量（培根语）""教育就是教学，教学就是知识（赫钦斯语）"，知识在教学中的重要性是毋庸置疑的，但长期以来，教学中对知识过分地强调导致了教学中知识的本位主义，蕴藏在知识中的智慧则受到了忽视。"智慧是思考和判断的基本认知过程，和发现问题的能力有关"。（靖国平：《转化知识　达成智慧》）

我们学校参加了一次同课异构活动，内容是高中数学必修一的"等差数列前 N 项和"。在这节课中，几位老师几乎用了不到 5 分钟的时间就证明完了公式，然后用了 40 分钟的时间大量地练习各种类型的习题。数学课就是解题课，蕴含在知识中的智慧荡然无存。这样的情况并非鲜见，不仅体现了知识本位，更体现了应试的倾向。

教材首先讲了高斯上小学时计算从 1 加到 100 的巧妙的计算方法。这个故事人尽皆知，但在课堂教学中往往被忽视，教师只是一带而过，没有对其中所蕴含的方法进行挖掘。天津中学伊娜老师从高斯故事入手设计了连续的五个问题。

问题1：用精练的语言概括出高斯的计算方法。

概括能力是数学中最基本的能力。学生能够理解高斯的计算过程，但难以用语言进行概括。教师给出答案："首尾相加乘组数。"

问题2：高斯方法的原理是什么？

同样，这样的问题学生也答不上来。教师给出答案："从不同中把握相同。"教师的问题设计，学生未必能够回答，但是这样的问题引导了学生思考的方向，给教师的讲做了铺垫。换一个角度说，如果教师设计的问题学生都能够毫不费力地给出完满的答案，那这样的问题设计一定是肤浅的。

问题3：用高斯的方法计算 $1+2+3+\cdots+199$。

这是在变式的条件下应用高斯方法，因为项数是奇数。对大多数学生来说没有难度。同时体会高斯方法的局限性，即"首尾相加乘组数"的方法只能够解决偶数项的问题。

问题4：用高斯的方法计算 $1+2+\cdots+n$。

有了问题3的铺垫，学生应该用分类讨论的思想解决问题，分类讨论的思想体现了数学的核心素养。在课堂教学中出现的问题是，很少有学生进行了奇数项与偶数项的分类讨论。这样的问题，正是培养数学思想的机会。

问题5：阅读教材，概括出证明自然数列前 N 项和的公式的方法及其原理。

有了问题1、问题2的铺垫，学生阅读了教材上的公式证明，能概括出："倒序相加除以2"其原理也是"从不同中把握相同"。同是高斯的方法的实质，但有不同的方式。倒序相加更具有一般性，可以避免奇偶项数的讨论。至此，等差数列前 N 项和的公式证明迎刃而解。这五个连续的问题就体现了连贯的解决问题的策略，这就是蕴含在知识中的智慧。也许，学生今后不会用到等差数列求和公式，但"从不同中把握相同"却有可能在解决各种问题时使用。

(五)开放性问题的设计方法

胡小勇在《问题化教学设计》一书中，介绍了"五何"问题设计的方法，如下表所示。

"五何"问题设计的模板

	是何	如何	为何	若何	由何
事实性知识					
概念性知识					
程序性知识					
元认识					

1. 是何：指向一些表示事实性内容的问题。

2. 为何：指向一些表示目的、理由、原理、法则、定律和逻辑推理的问题，它的解决通常对应着获取原理性的知识。

3. 如何：指向一些表示方法、途径与状态的问题，它的解决通常对应着获取策略性的知识。

4. 若何：指向一些表示条件发生变化，可能产生新结果的角色迁移和情境问题。这类问题易于产生思维迁移。

5. 由何：关于"由……引起的"的问题。

"由何"问题的作用主要表现为，它可以作为情境的依附对象，强调与事物对象相关的各种情境要素的追溯与呈现，表示问题发生的条件、来历、起因，通常可以通过分析问题产生的情境，并由此进一步确定问题的性质及问题解决的方式。因此，在问题设计中，通常是把"由何"与其他"四何"问题进行融合设计，来展示相应的问题情境。

理科的概念教学中，定义条件的理解很重要，可以采取改变条件的方法设计问题。如初中算数平方根的定义："如果一个正数 $x^2 = a$，那么 x 叫作 a 的算术平方根。"问题设计：如果去掉"正数"这一条件，定义会发生什么变化。这样的方法就是"若何"的方法，对所有理科都适用。

前面曾经指出过，目前简单的事实性问题设计极为普遍。事实性知识都是封闭性问题，封闭性的问题需要识记，不适于讨论。教学中要强调对事实背后的原因的探讨，这是理解性教学的关键所在。同时要强调在新的情境中的迁移，体现了高层次的理解。这些有价值的教学主张通过"五何"问题设计法都能得到体现。比如事实性知识：北京是中国的首都。"是何"的问题就是填空：我国的首都是_____。"为何"的问题：为什么中国的首都设在北京？这就变成了一个开放性问题。可以从地理、历史、政治、文化、经济、军事各个角度回答这一问题，学生的思维可以得到极大的发散。近几年有专家指出北京不适宜作首都了，交通拥挤、环境污染、房价昂贵，提出应该迁都。这样就可以问：如何制定新首都的选址标准？这是一个关于"如何"的问题。由是否迁都的争论，请你对首都的功能定位发表意见。这是一个"由何"的问题。问题设计方式的改变，会对课堂面貌产生极大的影响。前面提到的"抗日战争"历史课，第一节上得死气沉沉。下课后，我向她介绍了"五何"方法，这个年轻教师非常聪明，马上设计了两个开放性问题：

1. 七七事变后，如果国共两党继续对峙，抗日战争会发生怎样的变化？

2. 设想国共两党实现新的合作，需要满足什么条件？会对国家的统一带来什么变化？

第一个问题立即得到了学生的积极回应，课堂上形成了三种结论。其实哪一种结论都没有发生，因为这是一个"若何"的问题，但学生通过提出假设，论证假设，用事实说话，培养了学生反省思维的能力。第二个问题则是以史为鉴的问题。这样的问题就具有生活价值。思考了这样的问题，学生会关注时事政治，开阔眼界，进而树立全球意识。

以下是河北师大附中地理特级教师崔超英运用"五何"方法设计的开放性问题：

1. 是何：什么是垃圾焚烧发电厂？

2. 如何：怎样解决反对兴建垃圾焚烧发电厂与城区日益增加的垃圾排放量之间的矛盾？

3. 若何：(1)如果不兴建垃圾焚烧发电厂，我们可以怎样处理垃圾？(2)如果兴建垃圾焚烧发电厂，怎样才能平衡居民的意见？(3)假如你是垃圾焚烧发电厂选址附近的居民，你会有什么想法？(4)假如你是政府的职能部门，你应该采取怎样的措施？

4. 由何：由居民反对兴建垃圾焚烧发电厂的事情，请你就提倡环保、做好垃圾分类的话题发表意见。

三、情境设计

情境可以是现实生活中的自然环境和社会活动，也可以是经过长期积累，保留在学习者头脑中的情境记忆。在信息技术发达的今天，影视文化中的大量珍贵的资料同样可以作为教学中创设情境中的素材。教学中进行情境设计有利于激活学生的生活经验和背景知识，让学生在与现实生活类似的情景中解决问题建构知识，这样既解决了知识从哪里来，也解决了知识到哪里去的问题。建构主义强调只有学习发生在有意义的情境中时，学习才是有效的。"传统教学局限于抽象的书本世界和符号世界之中，忽视、遗忘了学生的生活世界"（王攀峰），正是学生不喜欢学习或产生厌学情绪的重要原因。课堂教学脱离了生活情境，学生的学习就会味同嚼蜡。如何保证教师能够设计出精彩的情境呢？只能提高教师的文化底蕴，教师必须爱读书，爱学习，善于研究。有了博学的功底，才能有精彩的情境，也才会有精彩的课堂。

（一）唤醒生活经验的情境设计

首先，教材中有许多事情是学生没有经历过的。这时需要提供学生经历过的类似或相关的生活情境，以唤起他们的生活经验、体验、感受，帮助学生理解教材。

课例1：历史课"对外开放格局的初步形成"

学生不曾经历的历史，需要教师提供间接的情境设计。三位老师同课异构，通过情境创设帮助学生理解改革开放给中国带来的"历史大跨越"。教材中有一段话："经济特区就像一个伟大的支点，借助它，撬动中国旧体制的巨石，打开对外开放的大门，实现了中国在20世纪最后20年间的历史大跨越。"这段话对我来说不仅容易理解，而且感同身受。因为我有过节粮度荒和上山下乡的经历，了解我们国家改革开放前的贫困和改革开放给我们国家带来的巨大变化。但对学生来说，他们没有这些经历，要想理解这段话就会很吃力。教师要为学生的自主学习提供支持，好的情境设计就是支持的一种形式。

　　三位历史教师为学生准备了大量的情境资料。天津一中苏海老师通过邓小平访问日本，参观丰田汽车制造厂和君星钢铁公司的见闻揭示了改革开放前我国与发达国家甚至是发展中国家的巨大差距。如丰田汽车公司每个工人年均生产汽车94辆，而当时中国最先进的长春汽车制造厂工人年均生产汽车只有1辆。上海包卫老师介绍邓小平1971年出席联合国大会，从全国银行紧急调集美元储备，一共只调集了八万五千美元。由于经费紧张，他只给亲爱的小孙女买了一块巧克力。现在孩子们吃巧克力是家常便饭，但20世纪70年代，一个国家领导人想买块巧克力都不容易。这是用学生可以亲身感受的事例来说明改革开放前中国的穷困。北京的老师则举了改革开放前后深圳罗芳村的变化，1977年该村人均收入250元，而改革开放后仅仅5年，人均收入就突破了5600元，说明了改革开放给中国农民带来的巨大变化。理解抽象的概念、原理、观点，必须联系学生的生活经验，否则只能导致死记硬背。政治、历史、地理这些文科课程都存在这样的问题。《中国青年报》曾经报道过一个高中生高考之后，把政治课本撕得粉碎，咬牙切齿地说："这辈子再也不用背政治了。"脱离了学生的生活经验来学习文科，那些死记硬背的知识是对学生的精神摧残。

　　其次是学生亲身经历过的生活情境设计。书本知识是从自然和社会生活中抽象概括出来的，只有将知识重新植入生活中才能使学生理解。精心选择与文本知识相应的生活情境，才能使学生对知识的结构建立在感知基础之上。

　　课例2：政治课"人民代表大会制度"

　　1995年10月，我国《食品卫生法》出台。这十几年，随着经济社会的发展出现了一些食品安全事件，比如冠生园月饼事件、多宝鱼事件、苏丹红事件、福寿螺事件、三鹿奶粉事件等。民以食为天，这些食品安全事件的出现造成了很大的社会影响，给我国居民造成了"还有什么可以吃"的疑虑，食品安全监管体制也受到了拷问。新的《食品安全法》就在这样的背景之下应运而生了。

　　以上是天津中学白爱影和许巧玲老师为政治课："人民代表大会制度"设计的情境资料，后面接着设计了四个问题。

　　通过《食品安全法》的出台过程，请同学们思考：

　　1. 从政治生活的角度分析为什么要出台《食品安全法》？

　　2. 在食品安全法出台的过程中，哪个政治主体起到了决定性作用？

3. 请同学们结合现实生活中的典型事例，思考《食品安全法》的出台对经济社会有什么影响。

4. 通过《食品安全法》的出台过程，谈谈人民代表大会的立法权的作用。

情境与问题是一对孪生兄弟，生动的情境一定蕴含着深刻的问题。理解生疏的概念需要有一座桥梁，需要和学生的生活经验产生联系，情境和问题就是这样的桥梁。食品安全问题与广大人民群众的健康息息相关，引入了这样的情境后，学生感同身受，立即对立法权有了深刻的认识。解决这一问题只能通过法制渠道。理解了立法权，同时对其他的权利产生迁移，人民代表大会制度就学活了。在讨论这节课的情境设计时，教师曾经问过我一个很幼稚的问题："揭露出食品安全问题，会不会授人以柄，说我们给社会主义抹黑？"我说："不会，这些事情家喻户晓，社会主义初级阶段不会没有问题，把问题揭露出来，并解决了问题才能显示出社会主义的优越性。何况网络如此发达，问题是掩盖不住的。教育就是要告诉学生一个真实的世界。"

在另一节同样的课上，内蒙古通辽实验中学的王晶老师给学生提供了一个政府网站的网址。让学生对发现的社会问题，提出合理化建议，并反映给政府。情境设计的目的是要让教学回归生活。这样的回归生活，就不仅仅是在认知层面上，而是要引导学生在行动上应用知识。这就要求每一个教育工作者不仅要教知识，而且还要教做人，让教学走向立德树人的境界。

（二）用知识解决问题的情境设计

课例3：地理课"农业区位因素"的不同情境设计

地理"农业区位因素"一课的教材中讲道："影响农业区位的因素有多种，其中自然条件的因素主要有气候、土壤、地形等。"气候、土壤、地形这些概念不难理解，但很枯燥，如果照本宣科必然导致死记硬背。

三位教师做三节同课异构课，有一个共同特点，就是都设计了情境化的具体问题，在引导学生探讨问题的过程中，自然而然地引出了"农业区位因素"的概念。天津中学郑娟老师让学生研究新疆特色农产品的形成条件，南开中学梅宏柱老师让学生研究蓟县农村土地种植规划，上海王海平老师让学生研究寿光蔬菜走向全国的条件等。虽然具体情境各不相同，但都将"农业区位因素"的概念，如土壤、气候、降水、交通等条件都镶嵌在其中。

这是基于问题的教学，也叫作"抛锚式教学"，即根据事先确定的学习主题在相关的实际情境中去选定某个典型的真实事件或真实问题，然后围绕该问题展开进一步的学习。在这样的学习过程中，学生受真实的任务驱动，可以保持较高的探究欲，并会在解决问题的过程中掌握相关的知识与方法，有利于促进高级思维技能的发展。

(三)揭示学科思想的情境设计

课例4：数学课"数学归纳法"

基本知识、基本技能、思想方法是学科教学的三大要素，但我们的教学往往过分强调"双基"，而忽视了思想方法。知识结构有表层和深层之分。"双基"属于表层结构，其背后是思想方法。思想方法是"双基"的组织线索和转换依据，体现了知识的本质和价值，是学科教学的精髓和灵魂。所谓揭示学科思想方法的情境设计，是指情境设计中蕴含着问题，问题的解决指向学科思想。我校耿刚老师的情境设计达到了这样的境界。他上"数学归纳法"一节课时别出心裁地设计了一个游戏：将一列6位学生从头到尾依次编1～6号。用两种方式让学生起立拍手一次。

方式一：1号同学起立、2号同学起立……6号同学起立。

这种方式共发出了6条指令，有多少人就得发出多少条指令。

方式二：只发出了两条指令。指令①：1号同学站起来拍手一次。指令②：如果k号同学站起来拍手一次，那么$k+1$号同学也要站起来拍手一次。

教师依次运用两种方式发出指令。第一种方式6位同学起立迅速。第二种方式，1号同学起立后，2号同学起立时表现出了片刻的犹豫。这说明学生的头脑中在思考"1号同学""k号同学"与"$k+1$号同学"之间的关系，这种思考是在转瞬之间完成的。

数学归纳法解决的是与正整数有关的命题证明。证明的关键是运用递推思想，即通过递推实现从有限到无限的证明。过去对递推的理解，通常是举多米诺骨牌的例子，但多米诺骨牌只能是一个推倒下面一个的物理方式的理解，只是对递推的词语含义的理解，其中并没有数学意义。耿刚的例子实在是一个天才的创造，他不仅把递推的原理形象化地显现了出来，更重要的是，通过下面的问题设计，让学生能够更加深刻地理解数学的思想。

问题1：从使用的"数的性质"和"研究对象"两个角度比较两个指令的区别。首先，第一种方式使用的是自然数，自然数是具体的数，而第二种方式使用的是抽象的数——k。引入抽象的数是实现从有限转化到无限的关键。小学算术学的都是具体的数，到了中学代数开始用字母来表示数，这是数学发展史中具有里程碑意义的变化。现代数学体系的建立都离不开用字母表示数，反映了人类认识世界的抽象和概括能力，这有益于学生理解数学学科的本质。其次，第一种方式研究的是一个个孤立的个体，而第二种方式研究的是个体与个体之间的关系，并将前后两个个体之间的关系用k与$k+1$加以概括，"研究关系"是数学思维方式的又一特征。

数学归纳法的运用属于程序性知识，学生并不难掌握。数学要教什么？要教蕴含在程序性知识中的思想，从而引导学生加深对数学本质的认识。如果缺乏对学科思想的提炼，教学只是着眼于解题能力的培养，那这样的教学是肤浅的。而学科思想的提炼，若没有教师的指导，学生将难以独立发现。对教师来说，若缺乏学科素养和文化底蕴，要想提炼学科思想是困难的。耿刚每上一节研究课，总是求新求变。在设计这堂课时，他参考了大量的资料，但都感到不满意，以致苦心孤诣，夜不安眠。一次半夜醒来，突然来了灵感，马上爬起来记下了这一经典的情境设计。但在学科组研究时，却遭到了一位老教师的否定，并坚持让他改为多米诺骨牌的例子。我知道了这件事后立刻表明了支持的态度，并与他设计了后面的问题。培养有创新能力的学生，必须有创新能力的教师。我们又一次强调了教师对于课程改革的重要意义。

(四)引入科学史的情境设计

科学史中科学事件的叙述，讲述了科学家面临了哪些问题，他们是如何解决的，在解决问题的过程中运用了哪些思想和方法，付出了多少心血，体现了怎样的执着与勇气。学习科学史可以让学生领悟科学精神与人文精神。

课例5：生物课"人类遗传基因"的情境创设

这是我校生物教师李慧慧设计的一张PPT，如下图所示。介绍了科学家DNA双螺旋结构发现的历程。

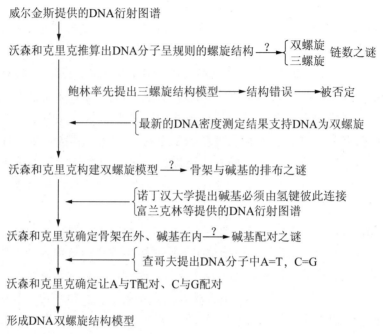

DNA 双螺旋结构发现的历程

历程简介：

1951 年，两个名不见经传的小人物沃森和克里克在剑桥大学卡文迪许实验室相识，两人立志要构建出 DNA 的结构模型，揭开 DNA 的神秘面纱。他们借助威尔金斯提供的 DNA 衍射图谱，推算出了 DNA 分子呈规则的螺旋结构，然而却不能确定到底是三螺旋还是双螺旋。于是面临问题 1——链数之谜。

链数之谜困惑了沃森和克里克相当长的时间，此时，科学界的超级巨星、模型建构法的原创者——鲍林（1954 年诺贝尔化学奖得主、1962 年诺贝尔和平奖得主）已率先发表论文提出了 DNA 的三螺旋结构模型。沃森急切地拜读了鲍林的大作，然而却发现"智者千虑，必有一失"。鲍林的模型中有严重的结构错误，他把 DNA 里代表酸的缩写 A 除掉了，他提出的结构甚至不属于酸类。于是他们果断地否定了权威，更加紧了研究的步伐，通过阅读大量文献资料，终于发现最新的 DNA 密度测量的结果更倾向于双链结构。于是他们将研究的重点移到了双螺旋模型的构建。

　　链数之谜已破解，但两条链究竟如何排布，依靠什么作用力偶联在一起？又面临难题2——骨架与碱基的排布之谜。

　　根据他们所获得的最新信息：(1)诺丁汉大学提出碱基必须由氢键彼此连接；(2)富兰克林等根据衍射图谱分析推断出骨架在外侧、碱基在内侧，螺旋的两条链为反向平行。排布之谜终于破解，也知晓了碱基间通过氢键连接，但是碱基有4种（A、T、C、G），4种碱基究竟如何配对？面临问题3——碱基配对之谜。

　　查哥夫在1949年至1951年，研究了不同生物的DNA，他发现DNA分子中A＝T，C＝G。根据查哥夫的发现，沃森和克里克确定了让A和T配对、C和G配对。终于，碱基配对之谜也破解了。他们终于构建出了20世纪最伟大的模型——DNA双螺旋结构模型，并因此获得了1962年的诺贝尔生理学及医学奖。

　　（李慧慧提供）

　　科学史要见人、见事、见过程、见方法。生物发展史对学生科学素养、科学态度、科学精神的培养具有十分重要的意义。从以上的DNA双螺旋结构的发现历程中可以看出：

　　1.李慧慧老师从研究历程中提炼出了三个关键问题：链数之谜、排布之谜、碱基配对之谜。学生在书本知识的学习中，只知道接受现成的结论，对结论的来龙去脉不清楚，于是只有对知识的顶礼膜拜。这三个问题告诉学生，所有的科学结论都是在不断地遇到问题后，通过解决问题而得出的。问题是科学发现的钥匙。"六环节"教学要实现学习内容问题化，将知识结论还原成问题，就是寻求科学发现的轨迹，带着这样的问题意识去学习，才能够实现培养思维能力的目的，而不是仅仅记住科学结论。这样的学习，才能够为学生今后的发现和创造奠定基础。

　　2.年轻的沃森和克里克，遭到过质疑、反对、挫折、失败，但依然满腔热情，积极吸取前人经验，勇于质疑和否定权威，坚信真理，最终创造了震惊世界的成果，解开了生命之谜。

　　3.沃森（生物学背景），克里克（物理学背景），威尔金斯（物理学背景），也正因为他们不同的专业背景，才能更好地在知识及技术方面进行互补，才能交换新的理念，激发出新的灵感。知识是分科的，但生活的问题是综合的，是跨学科的。单打独斗难以有大的建树，走向团队合作是科学研究的趋势。

4. 提出 DNA 双螺旋结构模型时沃森是 25 岁，获得诺贝尔奖时是 34 岁，至高无上的荣耀并没有令年轻的沃森在科研路上停滞不前，现今已经 86 岁的老人依然在为攻克癌症而奋斗。这种执着的科研精神、奉献精神，值得所有人学习！

（李慧慧提供）

DNA 双螺旋结构在高考中的考点是：碱基互补配对原则的应用和 DNA 分子结构的特点。每次考试至多出 2 分的填空题。课堂教学一个普遍的现象是考什么讲什么，不考不讲。只讲 DNA 双螺旋结构的事实性知识的现象非常普遍。教学内容应试化的倾向严重削弱了课堂教学的育人价值。科学教育与人文教育的结合是现代社会对人才培养的必然要求，我们可以看到，一段科学发现史的情境引入，对于实现"过程与方法""情感态度与价值观"的目标具有十分重大的意义。

（五）运用多种手段进行情境设计

情境设计可以运用多种手段，如语言描述、图像再现、实验演示、音乐渲染、游戏活动、生活场景等。

课例 6：物理课"浮力的应用"的情境创设

我校初中物理教师杨毅的"浮力的应用"一课的设计十分精彩，运用了多种手段，使得所有的教学环节都在情境中实现。

环节一：情境设计 1——课题引入。播放动漫片《飞屋历险记》。一个老人别出心裁地在房子上拴了许多气球，气球将房子提了起来飞向了天空。由于地面的火导致一些气球爆破，房子又落回了原地。这时老人将房子内的家具统统扔到了外边，就在最笨重的冰箱被推出时，房子又起飞了。看动漫是学生在业余时间都不一定能够实现的奢侈享受，在课堂上看动漫，对学生兴趣的激发不言而喻。但课堂上看动漫不是简单的消遣，要提出问题，引导观察思考。"飞屋起飞""飞屋降落""飞屋再次起飞"几次的起落包含了"增大排开体积""减小排开体积""减小自重"几种改变浮力的方法。引人入胜的情节、漂亮的画面引起了学生极大的兴趣，自然而然地将知识融入了故事情境中。

环节二：情境设计 2——复习旧知，推导浮沉条件。演示小球在液体中的三种浮沉情况。用控制变量法提炼物理研究模型，引发思考。

环节三：情境设计 3——浮沉条件的应用。动手做"让鸡蛋浮起来"。教师提供实验器材，让学生自己设计方案动手做。让学生亲历提出假设、验证假设、得出结论的探究过程。

情境设计 4——浮沉条件的应用，知识迁移。探究潜水艇、热气球、飞艇的原理。

情境设计 5——浮沉条件的应用，强化知识。回到引入环节的问题，分析"飞屋浮沉"的条件。

环节四：情境设计 6——知识反馈。给出生活中的实例，运用浮沉条件对煮鸡蛋、救生圈、死海不死现象进行解释。

六个情境内容上存在着内在联系，环环相扣，创设手段丰富。课标的要求，新的教学理念，通过情境的作用，都得到了淋漓尽致的体现。

杨毅在备课时，还设计了如下表所示的这张表格，说明了她对情境运用的重视，并为此花费了大量的心血。不仅是这节课运用了情境，杨毅的课深受学生欢迎是因为几乎每堂课都有精彩的情境设计。这张表格给我们提供了情境设计的方法和途径。

初三物理　第十四章　第六节　浮力的应用

知识类型＼创设方法＼教学问题	视频	实验	案例	语言描述	探究实验	表演	构建模型
事实性	浮力在生活中的应用	1.《UP》动画 2.轮船、潜水艇、飞艇	潜水艇	生活中的应用（举例）	轮船、潜水艇、飞艇		
概念性	物体的浮沉条件		演示实验				
程序性	如何改变物体的浮沉				"如何让鸡蛋不下沉"		

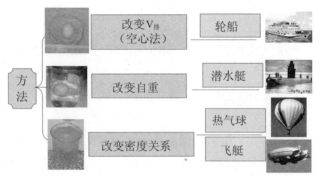

情境3：与生活情景的联系

情境4：浮力在生活中应用的情境创设

1. 飞屋起飞

2. 飞屋遇难

3. 再次起飞

情境5：《UP飞屋历险记》

重构教研方式
——让教学联合体成为教师学习成长平台

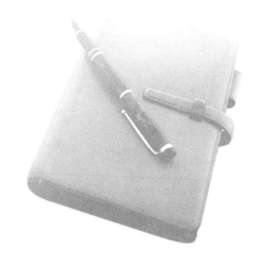

一、晚年的精神寄托与事业平台

2014年3月，我超龄四年退休。7月中旬，联合体在石家庄还有一次教学设计研讨会。尽管退休了，但我还要站好最后一班岗，还是同河北师大附中一起认真地筹办了这最后一届年会。这届研讨会组织得有声有色。总结会上我讲了"这是最后一次研讨会，感谢几年来大家对联合体工作的支持"。会场上响起了长时间的热烈掌声。我为联合体付出的心血得到了大家的充分肯定，为此我感到十分欣慰，成就感油然而生。

(一)没有结束的事业

11月中旬，锡林浩特六中霍燕军校长希望我去给老师们搞一次培训。我到了那里，看到联合体的几位校长都在场。几位校长纷纷表态，联合体为青年教师的成长搭建了平台，效果显著，绝不能半途而废。我表态，再选个理事长，我可以当个顾问。几位校长异口同声地说"理事长还得您来当，这杆旗还得您来扛"。联合体成立四年来，共同的追求让成员校之间形成了真诚的友谊，大家给我以充分的理解与支持。校长们说："上级行政部门布置的工作，我们都是应付着干，但联合体布置的所有工作，我们都高度重视，认真地落实。"我被大家的信任又一次感动。从这些真挚的不容推辞的挽留中我感受到，只要认真地做事、做有价值的事，就能得到大家的信任和支持。做自己喜欢的事是幸福的，我所热爱的教育工作不会因退休而停止，可以继续让我挥洒教育的激情。退休了，但还有一批志同道合的挚友，还可以继续攀登高峰，还有一片天地让我们驰骋。我的教育生命，还可以再次焕发出青春。

(二)联合体的曲折发展

联合体的发展并不是一帆风顺的。2014年，联合体的成员发生了变化，河北任丘一中退出。

四年来，任丘一中对联合体做出了很大的贡献。

2013年，他们承办的第四届研讨会，进行了多方面的创新，如安排了联合体内专家讲座、将研讨的议题聚焦于问题设计、举办同课异构、探讨课堂教学模式改革等。

任丘一中有许多优秀的教师，是联合体的宝贵人才资源。如物理特级教师郑善昌担任物理学科牵头人。他深厚的学科底蕴、精益求精的研究态度和平和低调的做人风格，给各学校年轻教师以深刻的影响。他以高水平的物理教学设计参与交流，相当于对成员校教师的培训。

四年来，参与联合体的活动也给任丘一中带来了重大变化，学校形成了"135课堂教学基本模式"，教师的教学理念发生了深刻的变化，青年教师快速成长，教学质量在沧州市的各项指标考核中快速提升。

这样的学校为什么要退出呢？

2013年秋季，任丘市新来了一位领导，据说是一位大刀阔斧推进全方位改革的年轻有为的干部。自他上任以来，任丘市的各领域的工作面貌为之一新，人心为之一振，但这位有为的领导在教育方面是无知的。他亲自带领教育局局长、校长去衡水中学参观、听课、学习，回来之后就要求任丘一中三年内赶上衡水中学。衡水中学每年考上清华、北大的学生近200人。考清华、北大要有一流的生源，不要说三年，30年也无法赶上，这是稍微有些常识的人都清楚的。但对于习惯于经济管理的领导来说，大刀阔斧就要超越常识。无论是内行还是外行，领导的权威性是不容置疑的。于是，任丘一中的干部、教师、学生人为地被分成了两所学校，首先在内部两所学校之间开展升学率的竞争。任丘一中的退出让我十分惋惜，一所在教学改革和教师成长方面卓有建树的学校走向了拼升学率之后，这样的变化让我痛心疾首！

令人欣慰的是，有出的还有进的。后来又有通辽一中、通辽新城中学、天津育红中学、内蒙古乌兰浩特一中等学校加入了联合体。联合体的规模仍然在不断扩大。

乌兰浩特一中的校长是一个干正事的人，又是一个谨慎的人。他从河北师大附中的李杰校长那儿听说了联合体。他带着副校长和各学科骨干教师参加了联合体同课异构活动和教学设计研讨会，并亲自参加了听课、研讨、专家讲座、成果汇报等各项活动后，递交了加入联合体的申请。他对联合体活动的评价就三个字：接地气。此前，他们学校加入过几个联合体或联盟校活动，或活动流于形式，或培训内容注重理念，脱离课堂。我后来应邀去乌兰浩特一中做讲座，看了学校的专题片，40分钟的学校介绍中有一半的时间介绍的都是教师专业的成长。他们的追求与联合体的追求是一致的。能够专注于教师发展的校长才是务正业的校长。

2012联合体教学设计寒假研讨会

　　这点道理大家都懂，但是并非所有的校长都愿意把精力花在这上面。培养教师不是朝夕间就能够出成果的，但却可以成为有责任感的校长的长期追求；升学率虽然能够赢得上级和社会的青睐，却不能以违背教育常识、教育规律为代价。专注于教师发展，这正是联合体的信念和追求，也正是联合体的凝聚力之所在。

(三)专家的肯定提升了联合体的信心

　　锡林浩特研讨会请来了北师大的郑葳教授，她的讲座颇受欢迎。她了解了联合体的活动后给予高度评价，并建议制订一个三年规划。她送了我一本研究教师专业发展的专著《学习共同体》，看后颇受启发，联合体的发展与其中的理念不谋而合。我曾经应邀参加福建省骨干教师培训讲座，见到了我一直崇敬的余文森教授，聆听了他的讲座，吃饭时详细地介绍了联合体的活动。他听得很认真，不时还给我一些指点，对联合体也是给予积极的评价。他派出了十几位骨干教师，参加了我们的石家庄研讨会进行实地考察。

　　2015年，我又接到了刘坚发来的邀请函，希望联合体参加北师大教育创新学院举办的教育创新博览会。我静下心来，用了几个月的时间把联合体几年来的工作做了梳理，并思考了今后的发展方向，总结与规划同时进行。我想从三个方面进行介绍：一是"为什么"，即联合体的价值追求，概括为"志同道合，自下而上推进新课改"；二是"做什么"，概括为"两项活动搭建课改平台"；三是"怎样做"，概括为三条经验——从个体户、互助组到合作社，改变教师的工作方式；交流与互动，构建学习共同体；专家引领，培训与研究水乳交融。在11月举行的教育创新博览会上，"创新教研方式——津蒙冀8校中学教学设计联合体"的项目入围博览会，标志着联合体的工作成为教育创新的一项举措，让成员校备受鼓舞。我们的心血没有白费，我们的道路前途光明！

二、联合体的反思与总结

(一)两项活动搭建课改平台，在做中学

课堂教学改革是课改的重要内容。课堂教学有两个基本问题：教什么和怎样教。这两个问题如车之两轮、鸟之两翼，相辅相成才能形成有效教学。对应这两个问题，联合体开展了两项活动：一是教学设计研讨；二是同课异构活动。两项活动搭建了推进课改的平台。

面对新课程，许多教师的素质和能力显得力不从心。不断提升教师的专业能力，才是新课程理念落实的最有力保障。活动是学生素质生成的中介，教育离不开活动。同样，教师的专业发展也离不开活动。活动的内容和方式影响着教师专业发展的效能。首先，活动的内容要接地气。目标、问题、情境、习题这四项设计是每个教师备课的内容，顺理成章地成为联合体研究的内容，这比空中楼阁地谈理念要接地气。其次，活动的方式体现了在做中学。通行的讲座、观摩、示范等各种培训形式，只是停留在听、看、学表层上，教师缺乏身体力行的研究和实践，使培训的实效大打折扣。联合体的两项活动都以教师的主动参与为前提。两项活动搭建的平台将教师引入了研究之路，这是对传统的培训方式的超越。

联合体致力于提升教师的专业技能，从改变教师的传统教研方式入手。下面以教学设计活动为例，说明教学设计活动的四个环节。

（1）任务分解。秘书处将教学设计任务统筹安排，分阶段提前布置给成员校，学校再把任务分解给教师。这些任务就是教师的备课素材，没有脱离自己的工作，等于是提前备课。

（2）分工设计。每位老师并不是把所有的课都进行设计，而是每人准备其中一部分，这样有益于集中精力出精品。然后提交给学科组交流，学科组集中所有老师的成果初步形成设计方案。

（3）校内研讨。联合体研讨会前，成员校先在校内对学科组的设计方案进行展示交流，征求意见并进行修改，评出优秀设计作品，并确定参加联合体研讨会的作品和人选。联合体的研讨会不仅促进了本校内教师之间的交流和提升，在学校内部形成了研究的氛围，而且还保证了给研讨会提供的材料的质量。

（4）校际交流。各校将四项设计的成果，在规定的时间内提交给联合体。秘书处将各校成果整理后下发，成员校组织点评，为研讨会的交流做好充分的准备。

相对于传统的备课方式，这是一次革命。以前教师的工作，其实就是个体户，各备各的课，各教各的课。联合体改变了这一传统的、封闭的模式。学科组内分工设计，组内交流共享，把个体户变成了互助组。校际交流，又把互助组提升为合作社。工作方式的改变，开阔了教师的视野，找到了差距，提升了研究的动机与兴趣。

（二）在交流与互动中共同进步

对话促进人与人之间的理解。课堂教学要走向对话，同样，教师的专业发展也必须走向对话。交流分享是联合体开展研究的主要手段。通过交流开阔教师视野，通过分享实现共同提高。如何使交流发挥更好的效益，联合体在组织交流活动方面，进行了精心的程序设计。

（1）有备而来。联合体在研讨会之前，会将各校的成果汇集整理，并提前发给各校，让参加研讨会的教师提前熟悉研讨内容，提前做好点评准备。

（2）呈现差异。每一章节的内容都有两所学校进行汇报，一所学校负责点评。两所学校对同样的内容会有不同的理解、不同的思路、不同的设计，于是就出现了差异。差异可能表现为对与错、优与劣，也可能是都对都优，但视角不同，出发点各异。只要差异存在，就为交流提供了条件，为开阔教师的思维、为专家的引领开辟了空间。

（3）制定规范。为了使点评环节规范、有序、有效进行，秘书处制定了统一的模板，如下表所示。

课题名称	
被评价学校	
评价学校	
审阅中你认为其成果优点是什么？请举实例。	
你认为最佳的教学设计是哪部分内容？简述理由。	
你认为存在的问题是什么？	

为了使参会教师随时可以看到各校的资料，也为了能更加有针对性地分析、研讨、点评，会务组把各学科分会场设在了计算机教室，教师可以随时浏览相关材料。

（4）小组交流汇报。同课异构活动上午举行4节课，下午进行点评。首先由做课教师说课。然后听课教师分成几个小组进行交流，每个教师发表点评意见，通过集中大家的意见，梳理出做课教师的优点和存在的问题。小组交流后进行汇报，由学科牵头人进行总结归纳、专家再点评。这样不仅使做课教师得到了提高，而且还使所有参会教师在参与讨论、反思的过程中分享了他人的经验，形成了对好课的认知，同样受益匪浅。这样的评课活动的程序，充分发挥了参会教师的主体作用，与课堂教学发挥学生主体作用的理念同出一辙。教师在参与的过程中体验了新课程理念，在教学实践中的贯彻就会更加自如。

（5）修改完善。教学设计研讨会上，教师态度积极认真，气氛热烈。发言教师能够大胆揭露问题，汇报的教师也能虚心听取意见并认真改正。过去教师在目标设计上很少下功夫，教学目标不是抄教参就是抄课标，因此目标的制定常常形同虚设。这是第二届研讨会目标设计中普遍存在的问题。第三届研讨会数学学科组在汇报"集合"一节课的目标时，我指出了这一问题，锡林浩特六中的祖秀伟老师和任丘一中的张雷老师当天晚上就重新修改了设计，使教学目标更加细化，更具操作性。这样的修改实现了突破，对后来的目标设计发挥了样板的作用。修改完善能够使教师的设计水平实现提升，是体现交流价值的重要工作。每届研讨会都十分注重这一环节。2016年寒假的研讨会，专家点评后，老师们大都修改到深夜一两点，使专家们深受感动。

(6)教学设计成果展示。教学设计研讨会的总结，由各学科派代表汇报，把最精彩的设计成果拿出来展示，并以此为例进一步探讨教学设计的方法途径。不同学科之间实现了互相启发。总结会是研讨会的高潮，凝聚了全体教师的心血和智慧，用异彩纷呈来评价也毫不为过。与其说是汇报，不如说是对所有参会教师的一次培训。

(7)共享成果。每年的教学设计成果会结集出版。这些教学设计凝聚了成员校优秀教师的心血，并经过了反复研讨、经过了专家的指导，不仅能成为联合体各校共享的教学资源，也能让更多的学生享受到优质的教育。

通过同伴互助和专家引领，不仅使教师学到了许多改进教学的知识，而且产生了差距感，进而形成了反思和研究的意愿，从而为教师提升自身专业素养打下了基础，为学校的可持续发展提供了动力。

河北师大附中王岳东老师说："我第一次参加联合体研讨，这次研讨深刻地影响了我的思考。我发现，同样的教材，不同地区、不同的老师会有不同的处理方法和风格。内蒙古的学校比较尊重教材，强调原汁原味；天津中学则有港口城市灵动的创意；和我们同处河北的任丘一中面临衡中的压力，则强调实用和实效。通辽的陈玉国老师喜欢整体考虑教材处理；天津中学孟庆泉老师的想法总是犀利睿智；任丘一中仙风道骨的孙永乐老师处理《逍遥游》时也自有一种神仙气度，他居然只讲前三分之一，后三分之二则弃之不顾。但他们都有一个共同点：挑选和取舍。面对这些各有风采、各有理据的教材处理，我顿觉醍醐灌顶。原来并没有谁压制自己，是自己把自己给绑住了。我一下子明白了'课标'中的'一标多本，国家、地方、学校、教师'四级课程体系的含义了。"

(三)专家引领，培训与研究水乳交融

联合体的教学设计研讨会和同课异构每年都聘请学科专家参加。专家点评都紧密地结合了参会教师的设计，都是针对着教学设计和同课异构中出现的问题。在对问题分析的基础上提升理念，使教师学会教学设计的方法。专家点评既有理论又紧

密地结合了实践，深受教师的欢迎。

点评专家的选择十分关键。开始我们请的是大学教授，这些专家理论的功底毋庸置疑，但对中学教材不是很熟悉，在指导教学设计时略显不足。点评专家应该既能仰望星空，又能脚踏实地，对中学的教材和课堂教学有亲身实践的经验。后来请了教研员做点评专家非常适合。经海淀教师进修学校的几位专家指导后，教师们眉飞色舞地向我表达茅塞顿开的感受。

专家引领的方式有参与教学设计的讨论、听课点评、专题讲座、教学设计点评等。下面是对联合体教师培训的一些扫描。

扫描之一：揭示核心问题，解决实践困惑

专家为教师答疑解惑。2016 年，学科领军人物培训数学组老师提出了课时紧张，课上讨论耽误时间，讲也不是、不讲也不行的困惑。李大勇专家给出建议：立足学情，找准思维能力成长点，落实数学核心素养。思维成长点对应着知识点。思维成长点有不同的类型，如椭圆标准方程的推导是技能型，从画法中提炼出定义则体现了数学语言的概括能力。不同的思维成长点在数学核心素养的结构中具有不同的地位，要据此对单元教学进行整体设计，在与学生互动的过程中，对学情即学生的最近发展区有清晰的判断。时间是有限的，在有限的时间内要抓大放小，选择最优价值的思维成长点，而且要符合学生的接受水平。应保留一些，舍弃一些，做好规划。比如，推导椭圆标准方程，对于基础差的学生，要花费很多时间，其价值只是掌握运算的技能，不如用来分析椭圆概念生成的过程，用绳子、图钉这些形状直观地用数学语言来描述，进而讨论几何特征与数学表达式之间的关系。后者更有益于学生理解数形之间的关系，更接近核心素养。我们不能面面俱到，不能平均使用力量，要让学生在自己的基础上有所收获，能够体验学会了的快乐。开始可以慢一点，学懂了再逐渐加快，不能盲目拔高，超越学生的认知能力，也不能盲目放弃，该提升的能力不提升。然后李大勇老师又就"椭圆"的教学设计进行了点评，具体地讲述了可以选择哪些内容作为思维成长点。李老师给我们提供的是解决课时紧张的基本思路，数学教学要立足于学生实际，要清楚数学有哪些基本能力，教学内容的选择要指向核心素养。

这样的培训是教师与专家面对面的互动中的培训。教师的困惑可以随时提出来，并能够及时得到解决。能够解决教师困惑的培训才是有效的培训。

2012 年研讨会专家支瑶(北京海淀进修学校)发言

扫描之二：给出设计的依据，提升课程理念

语文组讨论《琵琶行》的教学目标，三位教师撰写的目标各不相同。

锡林浩特六中毛金柱老师：

1. 整体感知。诵读诗歌，结合注解，疏通字句，在理解诗意的基础上厘清诗歌内容的发展脉络，把握诗歌叙事框架，感受诗歌中抑郁伤感的情感。

2. 诗作主旨。找到诗歌的主旨句"同是天涯沦落人，相逢何必曾相识"，并深入解读其中的丰富意蕴，体悟其流传后世的价值意义。

河北师大附中崔新苗老师：

1. 积累重点文言词汇和相关文学常识。

2. 反复诵读，欣赏音乐描写的魅力，体味诗歌的语言美。

3. 人物形象，体会作者丰富的情感世界。

通辽一中(北校区)张昊老师：

1. 通过诵读教学感受诗歌的音乐美。

2. 通过探究学习感受诗人的情感美。

交流时，大家各持己见。哪一位教师的目标设计是合理的呢？大家期待专家点评给出答案。专家黄玉慧老师点评时没有具体地评价每一位教师目标设计孰优孰劣，而是阐述了目标设计依据的四个要素：课标、文本、学情、教师的教学特长，能够依据以上四个要素设计的目标都是合理的、有效的。在四个要素中，课标与文本是相对固定的，但学情各不相同，教师的教学特长各具千秋，因此，语文课的目标制定相对于理科来讲有更大的发挥和创造的空间。文本只是一个例子，用同一个例子可以导演出多姿多彩的话剧，这就是语文教师所具有的课程开发、设计、规划的自由与权利。然后就目标设计的具体化、可操作、可测量等问题进行具体的指导。

"教材只是一个例子，用教材教而不是教教材""新课程的实施给教师开辟了课程创造的空间"，虽然大家对这些新课程的理念耳熟能详，但是，只有在教学设计的情境中，通过观念冲突的解决，才能够真正理解。从而，才能点燃教师课程创造的激情。

扫描之三：俯视教材，提炼线索

历史组专家听了三位教师的汇报，这一课有三目，专家张威老师感到老师们对每一目的内容挖掘都挺到位，但是对三目之间的联系有所忽略。她敏锐地抓住了这一关键问题引导大家思考。虽然三目的内容不同，但都是在探索苏联社会主义建设的道路，这是异中求同的思维方法。探索社会主义建设道路是贯穿三目的一条线索，也就是这节课的主题。每一目都是探索道路中的一个相对独立的阶段，都是这条基本线索上的一个节点。历史教学要有线索意识，用线索能够把相对孤立的历史事实串联起来，进而才能形成知识网络。在线索中，在知识结构中，即在历史事实的联系中，才能提炼出规律性认识，历史的研究方法即蕴含其中。

这是高三年级的一节课，接着张老师从"线索意识"和"历史思维"的话题切入，围绕着知识与素养的主题就高考复习进行指导。开宗明义地指出了高考能力立意的命题原则，要教给学生用历史思维解决历史问题。她指出有些题目根本在教材中找不到历史素材，给出的材料是新的，情境是新的，命题的角度也是新颖的，这就要求我们能够俯视教材，在理解的基础上，让学生建立起思维导图。那么，每一节课，每一个历史的主题，我们都必须厘清线索。没有线索的知识，就是一盘散沙，就要

2012 年研讨会专家薛敬瑶发言

靠死记硬背，高三复习就要靠题海战术，历史教学就偏离了培养素养的轨道，陷入应试教育的泥潭。

张老师的指点非常见效，才有三年教龄的陈雪梅老师立刻以马克思关于社会主义的论点出发为三目编织了一条主线，而另一位教师将三目的内容挖掘得淋漓尽致，于是两相结合，形成了一份完美的教学设计。在此，不仅看到了专家引领的作用，而且还看到了同伴交流所带来的互补效应。

几年来，联合体教师专业素养整体上有了明显的提升，专家引领功不可没。这样的引领做到了站得高，能够俯视教材；看得远，能够把握趋势；接地气，能够贴近实际。

（四）教师跟进，创新语文教研新方式

2016 年学科领军人物培训会上，语文组四位教师就《琵琶行》一课设计了不同的教学目标。专家黄老师点评时没有具体地评价每一位教师目标设计孰优孰劣，而是阐述了目标设计依据的四个要素：课标、文本、学情、教师的教学特长。能够依据以上四个要素设计的目标都是合理的、有效的。于是，我提出了一个动议：对文本进行多样化的目标设计。语文教学设计的前提是对文本主旨的正确解读。不同的人

会对文本的主旨有不同的理解。在此假定文本的主旨是唯一确定的。作者会使用多样化的表述方式和手段去表现主旨。一节课不可能把这些手段和方式完全解读到位，根据学情教师可以选择一部分进行深入的剖析。使学生能够在语言形式、表达手段与文本主旨间建构起逻辑联系，达到对文本的深入理解。这可以成为语文教学设计的一个新的思路：

（1）教师在对时代背景和作者的分析的基础上揭示文本主旨。

（2）从多个角度挖掘和提炼表达方式和手段。

（3）把表达手段和方式转化成教学目标。

（4）将教学目标转化成问题。教师并提供参考答案。

可以将其称为语文教学设计四部曲。我的动议当即得到专家的首肯。

会后，我找了王岳东、陈玉国、吕燕津老师研究具体落实。王岳东老师是个勤奋好学的年轻教师，担任联合体的学术委员会主任。他立即着手撰写样例。

一些低效的语文课往往是在教事实性知识，字词句、篇章结构，缺乏对文本的深入解读。语文教学最重要的是明确教学内容。这样的教学设计明确了语文教学设计的方向：揭示表达方式与文本主旨间的逻辑联系。语文教学可以教的内容还有很多，但我认为这一点是达到文本理解的关键，是提高语文教学效能的可操作的路径。

一个教师要成为语文教学大家着实不易，但要成为一篇经典文章研究的专家却是可能的。王岳东就是个典型。他研究了《大堰河——我的保姆》的教学设计。首先通过知网搜集了150篇研究论文，从中提炼出十几种表达方式，加上他自己的研究成果，最后形成了9种语文教学方案。他在研讨会上汇报了自己的想法，引起了与会教师的极大兴趣。当天晚上，我找了部分教师深入研究，大家统一了思想与体例，选择了高中语文教材的几篇经典文章进行设计。希望经过大家的努力能够出版一本书，能真正体现出"同课异构"，一定能够为语文教师和学生提供教学与阅读的参考。语文教参也未必能够达到这样的多样化的解读。

一个老师研究一篇文章需要大量的心血与精力，但只要坚持下去，会一步步地成为语文教学研究的专家。联合体语文学科创新了一种教研方式，我感到十分兴奋，当即决定在联合体设立"教学设计成果奖"，王岳东应该是当之无愧的受奖第一人。感谢他为联合体创新教研方式贡献了天才的思路，更感谢他把这样的思路写出了高质量的范例。

以下是王岳东研究教学设计方案示意图。

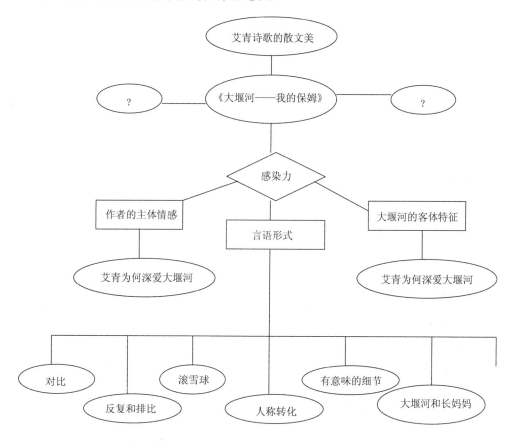

(五)联合体跨区域、非行政化的运作模式

矢志课改是联合体的理想和信念。新课改实施以来，各地区发展极不平衡，一些地区教育行政部门认识淡漠，毫无作为，新课改的推进令人担忧。2011年，一批立志课改志同道合的学校走到了一起，五年的实践创造了实施新课程跨区域非行政化的推进方式。

这种方式呈现了一种新型的组织关系。首先是自愿组合，成员校自愿加入，进出自由。其次是协商式管理，联合体成立了理事会，成员校都是理事单位，做什么、怎样做由理事会协商决定。最后是跨区域组合，成员校来自天津、内蒙古、河北的不同地区。这种新型的组织关系与行政组织关系不同，在推动工作中形成了新的动力机制。其一，自愿组合，大家有共同的追求，志同道合提供了动力源泉。其二，协商式管理是在大家的需求中寻找共同的切入点，把共同的需求转化为步调一致的行动。我们首先从课堂教学改革入手。目前一些教学模式改革受到批评的主要原因是只改革课堂模式，没有重视教学内容的设计。联合体首先从教学内容入手，通过教学设计活动解决教什么的问题。两年以后，开始探索教学方式变革。经过五年的实践，使得成员校课程改革意识不断加强。在此基础上，2015 年，我们又提出了要进一步加强课程改革的整体规划，其中重点是综合实践活动课程的实施。这样的改革路线图正是协商式管理的结果。其三，跨区域的组合是建立在不同地区课程文化存在差异的基础之上，这种差异又可以转化为相互学习和借鉴的动力。基于以上三点分析，跨区域非行政化的推进方式的发展动力是内生性的，比外源性的动力更强、更持久。

2016 年联合体青年领军人物培训

联合体成员校克服了行政隶属关系不同、教学计划和教材使用存在差异以及交通不便等诸多不利因素，对联合体的各项活动积极支持，热情参与，精心组织，使得联合体的教学设计活动和同课异构活动都取得了圆满的成功。展望未来，我们还有许多事情要做，2015 年，联合体制订了三年规划，确定了实施课程改革的路线图，明确了建立稳定的专家指导团队和培养学科领军人物两项战略任务，提出了加强信息化建设等工作。

社会反响

感到自己在途中，感到自己在永远存在着澄清、新的发现的可能性的地方……

——格林

一、社会知名人士的评价

（一）践行新技能，大力推进实践教育

朱慕菊（教育部基础教育司原副司长）

我和国校长是在 2006 年认识的。那年我去天津调研，国校长汇报的关于天津中学实施综合实践活动课程的情况引起了与会者的极大兴趣。他举了很多生动的事例，呈现了综合实践活动课程给学生带来的可喜变化，他给我留下了深刻的印象。教育部在华东师大举办新课程高中校长培训班时，我提议聘请国校长介绍他们学校的经验。在 2010 年全国基础教育课程改革教学研究成果评奖中，天津中学的"综合实践活动课程常态化实施"课题获得二等奖。

新课程的实施，为广大的教师和校长提供了创造的平台。教育部于 2001 年颁布的《基础教育课程改革纲要（试行）》明确了素质教育的内涵，提出了课程改革的目标，而要把这些理念变成行动，使改革目标得以落实，需要校长和教师的参与和创造。天津中学在多年的改革实践中坚持不懈地进行了一系列的突破性探索，特别在综合实践活动课程的实施方面获得了宝贵经验，我认为有以下三个方面特别值得借鉴：第一，创造性地构建了综合实践活动课程实施的操作范式，即四条实施基本途径、"三点预设"、开发教育资源、多途径活动实施等，充分显示了综合实践活动课程不可替代的价值；第二，以综合实践活动课程的实施为切入点，进而延伸至课堂教学的改革，深刻分析与反思了"教师中心""满堂灌"的弊端，系统地对课程做了整体改革和构建；第三，在文化建设上下功夫，以"道"御"术"。国校长在本书里收入了大量的案例，写得很生动，点评也很深刻，能启发人们对课程改革的深入思考。

综合实践课程的设立是基础教育课程改革的重大突破，体现了新课程的知识观。在我国的学校课程中，学科课程占据绝对主导地位，而经验课程则微乎其微；分科

课程占据绝对主导地位，而综合课程则微乎其微；必修课程占据绝对主导地位，而选修课程则微乎其微。国家课程备受关注，地方课程和校本课程得不到实质性的开发，呈现出显著的"学科中心"特征。在这样一种课程结构的后面，我们不难发现学校教育对于学生经验、生活世界、本土知识、传统知识以及社会发展等诸方面教育内容的排斥。特别是在考试竞争激烈的中国，入大学的考试几乎完全以学科考试成绩作为录取学生的标准，为了获得高分，学校不惜让学生反复练习学科考试的技能，学科的书本知识已成为在教育过程中淘汰学生，并通过考试进行社会分层的工具。这种机制更加强化了学科知识的价值。然而人人都深知光有学科知识是不可能适应现实和未来的社会的，现代学校也绝不仅仅是传播学科知识的场所。因此，这次改革力图通过丰富课程类型，如增设综合课程、校本课程、选修课程等；调整科目课时比例，如降低学科课程课时，增加经验课程课时；改造课程内容，如增加内容与学生经验、社会发展、科技进步的联系等，在课程开发的层面超越"学科中心"的视角，使基础教育从精英文化的阴影中走出来，走向关注每个学生的教育，关注学生核心能力的发展。为此，本次改革设置了以综合实践活动为标志的经验型课程，并把它作为义务教育到高中教育的必修课，综合实践活动占义务教育课时总数的8%，占高中必修学分的24%，可见其在课程中位置之重要。

但是，在激烈的升学竞争中，有不少地方和学校认为，综合实践活动课程不能与高考直接挂钩，实施这样的课程是得不偿失，擅自放弃，无疑，这一做法是短视的、功利的，完全无视学生的长远发展与利益，同时，这一做法也是错误的，因为地方与学校都没有篡改国家规定的课程方案的权利。然而，国赫孚校长领导的天津中学则坚守素质教育的理念，坚持践行新课程，在改革的重大突破点上做出了成绩，做出了贡献。

为了他们的坚韧，为了他们的贡献，为了留在基础教育课程改革历程上的鲜明足迹而作。

（二）实践教育构造人才培养模式

张武升（天津市教育科学研究院院长）

和国校长认识是缘于科研。天津市每三年评选一次基础教育教学成果奖，每次一等奖只设9个指标，而天津中学2005年"借鉴多元智能理论构建和谐课堂研究"获了一等奖，2008年"综合实践活动课程开发与实施的行动研究"又获了一等奖，2011年"自主合作学习教学策略的研究"再次获了一等奖。作为一所中学，能够连续三次获一等奖，这在天津市是不多见的。让我感到高兴的是，我曾几次受邀参加天津中学的课题论证，零距离地感知了天津中学。在多次接触中，我深深地感受到国校长是一位科研兴校意识很强的校长。基层学校对科研如此的重视，对我们科研工作者来说是一个激励，也使我感到十分的欣慰。于是我对天津中学和国校长格外关注起来。以下我想就他的教育实践谈三点看法。

1. 他的教育实践探索始终坚持了通过课程改革实现"育人"目标这一基本的方向

教育说一千道一万，最根本的还是培养什么人和怎样培养人的问题。《国家中长期教育改革和发展规划纲要（2010—2020年）》颁布以后，构建新的人才培养模式已经成为教育的热点话题之一。国校长坚定地落实新课改精神，坚持改革，就是在探索一种与应试教育不同的人才培养模式。而他们的科研工作，为天津中学构建人才培养模式奠定了坚实的基础。

学校的育人功能是通过课程实现的，课程的结构直接影响着课程的功能。新课改以前，我国基础教育课程设置单一，重学科课程，很难建立起学校教育与社会生活的联系，导致了偏重文化知识教育的现象，造成了人的畸形发展。这与我们国家的教育方针是相背离的。而要改变这一现状，保证全面育人教育功能的实现，首先就要优化课程结构。

新课程的一大亮点是，增加了实践性课程——综合实践活动。这不是简单的做加法，其背后折射出的是育人观念和课程观念的变革。综合实践活动课程是经验性、实践性、综合性课程，课程领域很广，因此带来了在许多方面优于学科教学的育人价值，弥补了学科课程育人方面的某些欠缺和不足。国校长在这方面做了许多探索，从道德论、学习论、人格论、幸福论几个视角对综合实践活动课程的价值进行了分析，并且用了大量令人信服的生动的故事来加以诠释。他的实践是有意义的，他让应然的价值成为实然的价值。

天津中学综合实践活动课程化实施，为什么能够取得显著的育人成果呢？我认为其中很重要的经验是，把综合实践活动和学科教学这两类课程做了很好的整合，探索构建了育人的新模式：实施两类课程整合——构建道德的学校教育生活——实现全人教育。这可以说是带有一定的创新性的，而且很可能成为深化新课程改革的一个切入点。

这一模式架起了学校教育与社会生活的桥梁，消除了学校教育与生活世界的割裂；克服了知识与情境的分离、学与做的分离、认知与情感的分离；打破了传统教学"以教师为中心""以课堂为中心""以教材为中心"的格局，构建起了开放的、自主的、更为注重内心体验的学习环境。我以为这样的育人环境，是道德的学校教育生活环境，这样的教育是一切为了学生的发展、教育过程充满生命关怀、回归了教育本质特征的教育。

2. 他的实践探索始终充满着人格魅力

国校长是一个爱读书的人，作为校长每天要处理大量的行政事务，他还挤出时间读了许多书，按照他自己的话说，"读书已成为一种生活状态"，这是难能可贵的。现在我们的社会浮躁之风抬头，能在这种风气下保持一种"静气"很不容易。然而，但凡想做成一番事业、有所成就，这种"静气"是不可少的。

国校长的胆识和执着也是令人敬佩的。他不仅对现行教育的弊端有着清醒的认识，保持着强烈的批判精神，而且有敢于革除的勇气。早在1984年，他还在通辽工作期间，就顶着巨大压力，采取了一系列举措，着手解决区域性大面积提高教学质量和学校发展严重分化的难题，并取得了明显成效。当时的这一改革是很有远见的，在今天看来都是很有价值而且仍然有现实意义的。1995年他在天津耀华中学，又尝试开展科技实践活动，也取得了令人鼓舞的教育效果，得到了方方面面的肯定。那是应试教育愈演愈烈的时期，敢于做这种尝试，没有点魄力是不行的。2000年以后他在天津中学做的一系列改革，一做就是十余年，"咬定青山不放松"，而且现在仍然执着地前行着，这真的不简单。中国的教育改革有很多事情要做，我们需要有清醒的认识，也需要有坚定的行动。我们要有一批"敢于第一个吃螃蟹"的人大胆地去试，闯出我们自己的路。

国校长实践探索的人格魅力不仅表现在他改革探索的眼光、毅力和魄力方面，更表现在他对整个学校科研团队的感召、激励的影响中。作为校长，科研团队的"队长"，他不仅身体力行地走科研兴校之路，而且还不断鼓励、支持所有教师特别是骨干教师在教育教学改革实践中积极投身教育科研。于是，做研究型、专家型教师，在天津中学蔚然成风，成为每个教师的自觉追求，形成了一种独具特色的科研文化。在一次关于国校长办学思想的研讨会上，一批骨干教师主动发言，以自己的专业化发展的成绩，说明了国校长影响力的巨大。我当时在现场格外受感动和震撼。在感动和震撼之余，我体味出了一条规律，这就是科研是教育教学改革的先导，科研是校长、教师专业化提升发展的助推器。

他的人格魅力还表现在他的实践探索始终充满着科研智慧。做智慧型校长和教师，已成为当今时代对校长、教师提出的迫切要求。国校长多年的实践探索历程及其取得的成就表明，他就是一位典型的智慧型校长，这充分表现在他的实践探索中。

关于综合实践课程的探索，在新课程改革中不乏其人，而国校长的探索则透视出一种特有的智慧。例如，"三点预设开发课程资源""四题递进编制课程内容""四条途径创设活动空间""五个阶段完善实施过程""六个举措彰显育人价值""两类课程整合促进课程改革的深化"等。这些改革实践和探索策略，既合乎学校实际，又具有研究的独特视角，表现出了特有的研究智慧。

在当今的改革实践研究中，起决定作用的往往是研究的智慧。在众多研究中独辟蹊径，在常规研究中获得创新突破，在实践探索中发现真知灼见，没有智慧是不行的。正因为如此，见证国校长多年的实践历程，初读他凝结研究智慧的这本书，我们可以清楚地看到，他的实践探索深化了实践教育的改革，丰富了这方面的研究文献，拓展了实践教育的理论构建，从而使这一成果具有重要的理论和实践价值。

(三)深化课程改革的三个关键

——点评国赫孚校长的教学思想

王敏勤(天津市教育科学研究院基础教育研究所原所长)

天津中学的国赫孚校长通过多年的实践得出一个结论：课程改革的关键在课堂，课堂改革的关键在模式，教学模式运用的关键在教师。这个结论也是当前深化基础教育课程改革的三个关键。

1. 课程改革的关键在课堂

这次课程改革顾名思义是课程的改革，特别是普通高中的课程设置发生了很大的变化，设置了八大领域13门必修课程，以模块的方式设置了若干门选修课程，并有若干学分的地方课程和校本课程。初中的课程设置也在国家课程的基础上扩大了地方课程和校本课程的比重，给学校更多的自主权。围绕课程设置，各科都制定了国家的课程标准。但不管课程怎么变，教材怎么编，最终都要落实到课堂上。因为学生在校的主要时间是在课堂，学生的学习任务也主要是通过课堂教学活动完成的，教学是学校的中心工作。作为一名校长，其主要精力也应该在课堂，学校工作的重点也应该在课堂。纵观全国的名校，都是校长亲自带领老师们搞课堂教学改革。所以国赫孚校长多年来最关注的也是课堂。作为一名特级教师，他熟悉课堂教学的规律，熟悉课堂教学的每个环节，知道教师应该怎样把握课程标准和教材。多年来，只要不是外出开会，他每天都泡在课堂上，听课评课，与老师们一起切磋教学的技艺。作为一所新建学校，往往家长信不过、社会信不过，生源不理想。家长最关心的是学校的教学质量。所以国校长从建校初就确定学校的工作重点是狠抓课堂教学质量。只用了几年的时间，天津中学这所名不见经传的新建学校，就成为全市名列前茅的高中示范校。

2. 课堂改革的关键在模式

这次课程改革不仅在课程设置方面有很大变化，在教学的理念和方式方法方面也有很大的变革。如何使老师们很快适应这种新的变化，如何使课程改革的新理念落实到课堂上？国校长经过多年的探索认识到，学校只有建立适应于本校的高效的课堂教学模式，才能适应跨越式发展，提高课堂教学的效率，减轻学生的负担，实际上这已经成为许多专家的共识：课程改革改到深处是模式。因为教学模式是相对稳定的教学结构，是各种教学理念的载体，具有较强的可操作性。正如朱永新教授说的："离开了教学模式，任何的教学理念都是过眼浮云。"有了一定的教学模式，青年教师可以在较短的时间入轨，提高课堂教学的效率。所以这几年国校长听到外地有好的教学模式就带领老师们去学习，学习了就在本校实践。他们通过"看"（学访参观）——"听"（讲座和经验）——"学"（读书）——"思"（反思感悟）——"谈"（论坛交流）——"做"（做课）这六部曲，逐步形成了适应本校实际的自主学习课堂教学模式，这就是"引入—自学—交流—展示—反馈—总结"六环节。有了相对稳定的教学模式，就会减少教学的随意性，增强教学的科学性。目前这一教学模式已经在该校的高中和初中各科全面实施。

3. 教学模式运用的关键在教师

一个学校确立了课堂教学模式并不能保证万事大吉。国校长在听课中发现：东施效颦地照搬模式，有时会导致教学的无效。课堂教学模式仅仅是教学活动的基本结构框架和活动程序，并不能保证每个教师都能够灵活合理地使用。教师本人的教学理论水平和驾驭课堂的能力，都会影响课堂教学的效率。天津中学有高中和初中两个学段，各门学科的差别也很大。如何使这一教学模式适应于不同的学科、课型和教学对象？国校长在实践中认识到：只有教师真正理解了教学模式的内涵，理解了课程标准和教材，才能根据不同的教学对象和教学内容灵活运用教学模式。教学模式是相对固定的，而学生的情况和教学内容是不断变化的，同一模式会有不同的设计方法，也会有不同的教学效果。国校长说："有时候教什么比怎么教更重要"。如果教师自己对课程标准不了解，对教材的编写意图和教学内容都不能把握，那对学生的引导也很可能是误导。

课堂教学不是把学生发动起来就行了，也不是完全靠学生的自学就能解决的。教师与学生的关系就像导演与演员的关系。导演不会代替演员演出，但演员必须体现导演的意图。一部电影就是导演的作品，一堂课就是教师的作品。模式的问题解决了，学校要全力解决的是教师的教学素养和教学能力提高的问题。路径只有一条，"让教师走向研究，走向集体研究"。

根据运用"自主学习课堂六环节教学模式"的需要，天津中学确定了十个小课题，被老师们称为"国十条"：(1)构建本学科课堂教与学的基本模式；(2)精心创设教学情境；(3)合理确定教学目标；(4)引导学生阅读教材；(5)精心设计课堂问题；(6)组织有效课堂交流；(7)提炼学科思想；(8)帮助学生建立认知结构；(9)帮助学生掌握学习方法；(10)实现当堂反馈矫正。这十个小课题是针对课堂教学改革中显现出来的问题拟订的，这些问题解决好了，"自主学习课堂六环节教学模式"的功能和价值就会得到充分的彰显。为此学校成立了若干课题组，分工研究这十个小课题，把它作为深化课堂教学改革的抓手。目前这项工作已经结出成果，通过小课题的研究做到了"一模多法"，大家根据自己的学科特点和教学风格灵活运用"六环节"教学模式，使学校统一的教学模式与灵活多变的课堂有机地结合起来，提高了广大教师对新的教学模式的认同度，提高了课堂教学的效率。

可以说，国赫孚校长关于课程改革"三个关键"的思想，有助于基础教育课程改革的深化发展。有些学校之所以搞了多年的课程改革而没有效果，很重要的就是没有摆好这三方面的关系。

二、报刊的有关报道

（一）《国赫孚从生活中提炼教育价值》

原载：《中国教育报》

作者：《中国教育报》记者张以瑾，通讯员吴奇

刊发时间：2009年3月3日

国赫孚的人生经历使他对综合实践活动情有独钟。他说，这是拷问教育者良知的事情，"高考不考，照样要搞；只要想搞，准能搞好"。他认为实践中有着大量的人生智慧，教育应该接受这些智慧，而不是把学生禁锢在课本和教材中。

"什么是幸福？幸福就是今天比昨天好，明天比今天好。"

"生命在于运动，亲戚在于走动，教育在于活动。"

"一种教育如果是有价值的，一定能同时促进教师和学生的共同成长。"

……

去天津中学拜访国赫孚校长之前，我已经从网上获知了他的这些"名言"。如同拾到一枚枚晶莹闪亮的贝壳，反复把玩还不够，我还想看看造就这些贝壳的大海——他的广阔，他的内涵。

2月中旬，一场瑞雪让天津中学显得格外素洁与安静。我们在校长室等到从校园里忙乎一圈回来的国校长。见面没有客套，他径直把我们带到图书馆——他的校长室确实不方便谈话，地方小，又很冷。

国赫孚的丰富经历注定这是一次长谈。从城市少年到草原知青，从普通教师到一中校长到教育局局长，再从教育局局长到普通教师到"开山校长"……尽管人生充满波折，但他从中形成了认真、勤奋、富有责任感和良知等品质，这为他的教育管理提供了源源不断的智慧和勇气。

1968年，18岁的他刚从天津二中毕业，对于即将展开的人生有很多设想，但现实是不容选择的，一切想法都必须扎根于茫茫的科尔沁草原，像野草那样经受风沙和寒暑考验。

在科尔沁农村，劳动是他的生活，苦难是他的老师。白天在一眼看不到头的田垄里干活，拼命追赶遥遥领先的社员；夜里散架般地躺在集体户的大炕上，任臭虫和跳蚤们狂欢；一日三餐大多是窝窝头就咸菜，偶尔一次的盛宴还是"布满密密麻麻亮晶晶猪痘"的病猪肉⋯⋯

五年的插队经历不仅锻炼了国赫孚的意志和能力，也塑造了使他后来受益无穷的人生观和价值观。"人生的优秀品质都来自实践"，在天津中学的综合实践活动课上，师生们记住了国校长的这句话，并深深理解了它。

农村劳动教给国赫孚的是"认真"二字，这是他在苦难中获得的第一份馈赠，也成为他的人生态度和管理理念。离开农村后，无论是做教师、班主任，还是当校长、局长，他每天都要处理大量琐碎、繁杂的事务，但他始终尽力地做好每一件事，就像当初认真地对待每一棵庄稼。

早年的苦难也培养了国赫孚的包容心和责任感。作为教育管理者，他想的是如何帮助学生树立社会责任感，"如果学生没有责任感，国家的未来就没有希望"。刚组建天津中学时，学生破坏公物的现象特别严重，"一楼到五楼的厕所门都被砸掉，纸篓被点成火把"。他把学生砸坏的厕所门集中放在楼道里，搞了个"破坏公物展览"，边上写着醒目的一句话："用人民的血汗唤醒我们的良知。"

1984 年，国赫孚由通辽一中副校长被提拔为教育局副局长。20 世纪 90 年代初，又升任局长。上任局长的第一年，他就抛出了一整套改革方案。

"他是一个有教育良知的人，有反思意识，有胆识、敢坚持！"他的好友、天津南开社区学院党总支书记韩建华评价说。在国赫孚看来，"教育良知"就是教育者应有的价值追求和心理状态，"做有意义的教育，这样心里舒服"。

1992 年，出于家庭考虑，有望升任副市长的国赫孚回到天津，到百年老校耀华中学当一名普通教师。习惯站在原点思考的他这次真的回到了"原点"。从局长到教师，从台上到台下，他坦言自己有很大的心理落差，不过也有更多时间和机会对教育进行"原点思考"。

开学初，他骑车走访了班上每一个学生的家。耀华中学是面向全市招生的学校，学生分布在天津的每一个角落。几天之内，他就跑遍了所有学生的家，这是校史上没有过的"壮举"。然而，在开学初的教职工会议上，校长表扬了一大圈人，唯独没有提到他家访的事。他在感到失落的同时，也开始反思自己在做校长、局长的时候，有没有及时发现老师们的长处。

2000 年，国赫孚受命组建天津中学。新生的天津中学没有历史积淀，没有社会声誉，甚至没有一套可行的规范。国赫孚却看到了学校的优势：没有陈旧传统的干扰，反而更容易推行新的理念和做法，至少在改革方面，与其他学校是在同一起点的。

"制度管理是治校之术，精神管理才是治校之道。"他觉得作为一所学校的灵魂，校长要全力帮助管理者和教师解决教育价值观的问题。他提出"为成功的人生做准备"的办学理念，并以此作为天津中学的校训。

国赫孚的人生经历使他对综合实践活动情有独钟。他说，这是拷问教育者良知的事情，"高考不考，照样要搞；只要想搞，准能搞好"。他认为实践中有着大量的人生智慧，教育应该接受这些智慧，而不是把学生禁锢在课本和教材之中。

为了培养学生的综合实践能力，学校先后在蓟县建立了集学军、学农、社会调查、生态考察、科技活动等功能为一体的综合实践教育基地；在校园内开辟了 4000 平方米的生态园，分别规划出小动物饲养区、农作物种植区、气象观测区、果树种植区等区域，还建了一座 200 多平方米的智能温室。

综合实践活动多了，学生们的成绩非但没有下降，反而形成了高昂的研究热情、坚韧不拔的意志、严谨认真的态度和忧国忧民的社会责任感。国赫孚所追求和信仰的价值，在他的学生身上体现了出来。

国赫孚说，在进行有价值的教育的同时，他自己也获得了这种价值。其实，真正获得这种价值的，是我们的社会。

（二）《一个追寻教育理想的人——天津中学校长国赫孚介绍》

原载：康万栋主编的《名校长成长轨迹》

作者：康瑛

出版时间：2003 年

国赫孚校长下过乡，大学毕业后在内蒙古通辽市做过教师、校长、教育局局长，调回天津后又从教师做起，后任耀华中学副校长，2000 年调任天津中学校长。他1989 年被评为全国优秀教育工作者、2002 年被评为南开区名校长、2003 年被评为特级教师并当选天津市第十四届人大代表、2005 年被评为天津市劳动模范。

凡是与国校长有过接触的人，都能深切地感受到他身上所投射出的一股强烈的精神力量。这种精神力量集中地体现为一种理想追求——将现代教育付诸实践，办出一所特色鲜明的优质学校，让每个学生都走上成功之路。他靠自己"笨拙"的坚持和坚定的信念，在办学路上不断学习、思考、探索，没有急功近利的浮躁，也没有追逐名利的庸俗，而是把自己的人生价值融入了追求教育理念的实践之中。

国校长从事教育工作30余年，2000年至2003年，是他的教育理念、办学思想形成的关键期。2003年在《一流教育一流学校——校长办学思想与治校方略》这本由天津市名校长所撰写的论文集中，国校长写下了《新学校办学和点滴思考与初步实践》这篇文章，其中涉及了三个关键方面，即关于校名的思考、关于校训的思考、关于社会实践活动的思考与实践，其中蕴含着他对教育是什么、为什么、怎么做的深刻思考与理解，标志着他教育理念的成熟与办学思想的初步形成，实现了由实践到理论的升华。

1. 一个注重精神文化管理的校长

校训是学校的灵魂和旗帜。国校长在天津中学成立伊始，就开始思考要以一句简明、能体现素质教育、具有前瞻性和现实性、深刻而富于激励机制的话语作为校训。校训最终确定为"为成功的人生做准备"。为了让校训成为全体师生的共同价值追求，天津中学发动全校进行诠释，并出了一本名为《为成功的人生做准备——天津中学校训释文集》的小册子。

校园里校训墙的对面，立着一块高近两米的方体大石头，其状如基石，上嵌白色大理石，用英文刻着德洛尔著名的一段话："学会学习、学会做事、学会合作、学会做人。"这四个学会实际上回答了成功的人生要做哪些准备，所以天津中学人又把它叫作校训石。

读书和思考是国校长的一种生活与工作状态。他不仅自己读书，也要求和鼓励全体教职工读书，还要求组织指导好学生读书。打造书香校园，办读书节是天津中学坚持多年的特色活动。国校长组织干部读《第五项修炼》《教育的素质》等一本又一本的书。每年给教师报销一定数额的书费，要求交读书笔记和读书卡片，并组织"分享思想"读书交流和"教师学习论坛"活动，每周安排一节语文课外阅读课和网上阅读课，还组织观看科技人文录像课，拓展学生的视野，丰富学生的精神世界。

精心设计并开展丰富多彩的校园文化生活是天津中学的又一亮点。一位外来的参观者看了天津中学楼内悬挂的许多学生参加各种活动的照片后，深有感触地说："看得出来天津中学不是一个死读书的地方。"他们每学期都会请一些专家、学者做科技人文讲座，从纳米技术到航空航天技术等，让学生了解现代科学技术最前沿、最新的信息，聆听窗外的声音；学校成立了30余个社团活动小组，每周开展活动，让学生在一片自由的天空中自主生长；学校的艺术节、体育节、创新大赛等活动也吸引了大批学生参加，促进了学生个性品质、审美能力和趣味、创造力等素质的发展。

经过八年的实践与积淀，天津中学已初步形成了自己的领导文化、课程文化、管理文化、教师文化、学生文化的特征。2009年他们在重新整修校园环境中，对天津中学的学校文化进行了总结与反思，并将其通过形象语言展现给大家，以更好地发挥环境的文化、教育的功能。

2. 一个有胆有识、锐意改革的校长

国校长是一个有着强烈社会责任感的校长，他对应试教育深恶痛绝。他说："学生的书包越来越重，作业越来越多，考试越来越频繁，试题越来越刁钻，评分越来越刻板，学生脸上的笑容越来越少，心理问题越来越多，学习兴趣和求知欲越来越低，对呆板的学习方式越来越不满，对外在的行为约束越来越抵制。我们要问，这难道是教育吗？教育应该是这样的吗？教育的本质是什么？教育的真谛又在哪里呢？"他还说，这种教育的结果，至少带来三个问题：一是学生被逼无奈而学，失掉了学习目的，丧失了学习热情；二是考什么学什么，知识没有被活化，没有转化为能力；三是被动地接受，导致学生主体地位的丧失，生命活力得不到释放和焕发。这些话真是发人深省，振聋发聩！

正是基于这样深刻的思想与认识，国校长在教育实践中大胆而执着地进行了多项教育改革，其中最大的亮点应当说是"天津中学综合实践活动课程"的开发与常态化实施。该课程形成了五条具有独特育人价值的基本途径：建立蓟县、西青教育综合实践教育基地，组织学生社会调查，生态考察和课题研究；组织学生参观考察天津市高新技术产业园区，感受现代化和科学技术的力量；组织学生到父母工作单位进行职业岗位体验，体验父母工作的价值和辛苦，加强对社会的理解；开展丰富多彩的社团活动，促进学生的个性发展、知识视野的拓展、精神世界的丰富和自我管理能力的提高；建设校内"生态园"，组织学生开展现代农业生产的实践与研究，加

深学生对书本知识的理解和科学素养、动手操作能力的提高。另外，该课程有固定的课时和活动时间，有具体的管理部门和负责人，有学习的考核评估办法，有一批在实践中培养出来的热心于该课程实施的资深教师，有一个可行的课程实施方案。该课程还形成了基本的课程模式和流程：基础培训—课前准备—实地考察—课题研究—总结交流展示—反思提升。天津中学的综合实践活动课程受到了学生和家长的广泛欢迎，形成了较完善的经验，引起了社会的广泛关注，天津市和全国多家媒体给予了报道，原国家教委朱慕菊、刘坚同志对天津中学综合实践活动课程的经验给予了高度的评价。

在综合实践活动课程常态化实施取得突破性进展的同时，近几年，国校长又带领着干部和教师开展了另一个课程改革的攻坚战——课堂教学的改革。他带领着干部教师外出学访，走访考察了江苏省洋思中学、山东省杜郎口中学和二中等10余所学校；请了王敏勤、康万栋等专家、教授来校介绍先进的教育理论；组织召开了"教学改革论坛"，促进干部教师教育观念的转变和改革的决心。目前，他们正着手探索构建"自主学习课堂教学"模式，并初步总结形成了三大教学策略：先学后教、形成性检测反馈矫正和知识整体构建。他们计划再用三年的时间，构建形成并全面推行"自主学习课堂教学模式"，形成天津中学的又一办学亮点。

3. 一个不畏艰难、努力创办优质学校的校长

2003 年 3 月，国校长调至新建的天津中学任校长。这所学校前身是一所外语师范中专，这样一所学校转为普通高中，办学中的困难可想而知。国校长说："当时外语教师有 30 多人，但数、理、化教师，包括语文教师太缺乏了。普通高中的学生需要参加高考，原外师的教师很不适应，师生之间的矛盾激烈。2000 年时我们办了 4 个高中班，有一个班一个学期竟然换了 3 个语文教师。到了 2001 年开学的时候，教师还是很紧张，还有 13 个教师的岗位空缺。当时的学校秩序很乱，学校所有卫生间的门都被捣毁了，楼道里的灭火器有的也被摘下，从楼上的窗户往下扔，打架、骂街、抽烟的学生比比皆是，甚至有的向我举刀行凶。"

基于上述情况，国校长提出要"转轨升格"。"转轨"是指学校办学要从一所师范中专真正转轨到一所普通中学，"升格"就是使学校从一所一般中学升格为一所市直属重点中学，成为一所在天津乃至全国有一定影响的优质中学。围绕"转轨升格"这一目标，天津中学主要做了这样几项工作：一是下大力气稳定学校秩序。例如，课间十分钟安排干部和老师在楼道巡逻、站岗，把被毁的公物都挂在楼道的墙壁上，从一楼一直挂到三楼。国校长还针对该问题写了一篇文章，其中一句话："用人民的血汗唤起我们的良知"至今仍深刻在一些学生的心里。二是下大力气改善师资队伍结构，用了三年左右的时间从外校和外地引进了50多位教师，使教师队伍的整体水平有了质的提升。三是狠抓干部队伍建设。当时国校长给干部提出的要求是："有思路、能吃苦、善于合作、狠抓落实"。他要求干部们学习教育管理方面的知识和理论，学习外校经验，加强实践探索。他说："干部队伍建设是制约学校发展的瓶颈，当时提出的这四条要求，今后仍需要继续贯彻下去。"

八年多来国校长在办学中遇到了多少难题、付出了怎样的努力，人们很难完全知晓，他也有困惑的时候，甚至也有感觉撑不住的时候，但他最终还是走过来了。让人们感到欣慰，也是让天津中学人自豪的是，天津中学正在朝着自己的目标快速发展着。2006年以来，学校共有176人次分别荣获天津市科技创新大赛一、二、三等奖，其中7项市一等奖，两项全国奖；2008年以来，学生获得国家发明专利30多项。另外，教学质量连年攀升，高中招生分数位次由最初的第27位升至了第12位，近年来已有8名学生考入了清华、北大，实现了"低进高出"。2009年，为了表彰天津中学的办学成绩，天津中学被教育部授予了"全国教育先进集体"的称号。

分析国赫孚校长的成功原因，可以归结为五个方面：追寻理想、坚守人格、好学善思、有胆有识、执着不废。

(三)《天津中学校长国赫孚访谈》

来源：天津网

作者：胡春艳

时间：2010年7月7日

没有悠久的历史，没有华美的外饰，可天津中学这座不大的校园里从来不缺少信念——为成功的人生做准备！一句简明而富于激励的口号，成为凝聚全校师生的力量，成为每个人锐意创新的精神信仰。

10年前，刚刚建成的天津中学的生源是全区的"收底生"，教学秩序乱，师资严重不足。10年后，这座年轻的学校一跃成为远近闻名的优质高中，其独具一格的"活动育人"的教育模式，成为全国新课改综合实践活动课程的一个经典样本。

　　"学校应该有自己的理想、信念与追求，应该成为师生共同成长的精神家园。"校长国赫孚在校训墙上写下自己的教育理想——为成功的人生做准备！在他看来，社会不断进步，弘扬人的主体性已成为时代主题，"教育是什么？教育为什么？教育做什么？教育怎么做？'为成功的人生做准备'体现了对这些问题的思考。什么是成功？准备什么？如何准备？期待着师生用教与学的实践来回答。学生，为成功的人生做准备；教师，以此实现成功的人生；这，也是我的追求。"

关注人生，考试高分远不是成功人生

　　国赫孚：目前，无论是老师还是家长，总是喋喋不休地谈高考。我们希望引导家长、学生看得更远。应试教育着眼于少数精英的成功，只盯成绩、升学率，这是以淘汰多数学生为代价的，而我们倡导的是面向全体学生，关注未来，以每个学生获得成功为目标。只重视高考、重视分数，必然造成学生的畸形发展，学生被训练成应试机器，与成功人生相去甚远。

　　实际上，高尚道德与健康的个性心理品质，责任、竞争与合作意识，以及终身学习能力、社会交往能力、创造能力等，这些才是成功人才的必备素质，也是中学阶段我们需要给学生的宝贵财富。如果这个时期错失了对这些宝贵品质的培养，将对学生一生造成难以弥补的损失。

　　其实，每个成功者都能在校园中找到其成功的足迹，明天的成功起步于今天的准备。"准备"需要自信，需要百折不挠与持之以恒。"准备"积累于每堂课成功的学习与每次活动成功的参与。这需要脚踏实地的精神。

　　教育不能不关注社会，不能不关注人生。我常与学生一起讨论成功的定义。什么是成功人生？不同的人会有不同的理解。我们追求的成功人生是使学生获得潜能的挖掘、个性的张扬、自我的超越、人生的幸福，是使学生融入社会，在自己的位置上充分发挥才干，尽心尽力地做有益于人民、有益于国家的事。

　　当学生、教师、校长以成功的人生为共同的追求时，我们大家就有了共同的语言，学校就有了凝聚力。当学生的成功成为教师成功的条件时，教师人生价值的内涵得到了揭示，使师德有了灵魂。

关注生活，课堂之外有更重要的学习

　　记者：您有一句"名言"——"生命在于运动，朋友在于走动，教育在于活动。"请您介绍一下作为学校品牌特色课程的综合实践活动课。

反对奥数，它对成长毫无益处

国赫孚：教育不能不关注社会，不能不关注人生。我在与学生的交往中深切地感到，并非坐在教室才是上课，社会才是教育学生的大课堂。目前教育中普遍存在着忽视活动育人的观念，很多学校只顾着上课、考试，这是一个很大的误区。

比如社会上普遍的"奥数热"，我一直非常反对，所谓"奥数"其实不过是一味地把知识的学习提前，拿高二的题考小学生，拿大学甚至研究生的题考中学生，对孩子的学习成长毫无益处，却给孩子强加了沉重的学习负担和心理负担，在我看来，奥数把应试教育的弊端暴露得淋漓尽致。

走进社会搞清楚为什么学习

国赫孚：天津中学建校初就创立了综合实践活动课，这是一种源于生活的教育，我们让学生走出校门，走进社会，走到普通百姓中了解生活，发现社会存在的各种问题，真正明白自己今天的学习到底对未来的人生，乃至整个社会有什么样的作用和意义。有人问，综合实践课没有教科书、没有老师讲课、没有作业，连考试都没有，难道这也是上课吗？我认为从某种意义上讲，这是更为重要的学习，会对人的一生产生重要的影响，其价值一点也不亚于正课。因为它解决了学生学习最根本的问题——为什么学习！

教育者一定要了解学生们在想什么，关注什么。人们总说学生厌学情绪严重，特别是现在高考结束后，很多学生在填报志愿时非常迷茫，不知道自己喜欢什么专业，不知道自己未来从事什么职业，这就是教育与生活脱节的表现。实际上，在中学阶段应该让学生对未来的工作、职业有个初步的设想，从未来的目标出发来看待现在的学习，才能明白自己为什么要学习。

爱上学习学生变化令人吃惊

国赫孚：在天津中学，综合实践活动课面向全体学生开设，并设定了学习目标、方式、内容等课程要素，形成了常态化教学。我们在蓟县建了学生综合实践基地，每学期都组织几百名学生在基地进行考察活动。

我们发现，学生的变化令人吃惊：每天晚上是自由活动时间，学生们全都在整理、撰写调查报告。基地的院子里，随处可见学生们打着手电在讨论，有时争论得面红耳赤，平日里让我们非常困惑的学生厌学现象在此刻已经消失得无影无踪了。

综合实践活动课要占用大量的时间，会不会影响高考成绩？我们选择 2008 届学生作样本，组织他们自愿到蓟县进行社会调查和生态考察，每人完成一项课题研究。我们经过全程配对样本比较后得出结论，毕业时，理科生中，坚持参加综合实践活动的，高出未参加实践活动的学生将近 70 分！

关注课堂，知识是学会的不是听会的

记者：新课程全新的理念让人拍手叫好，同时也有不少人认为在当前高考指挥棒不变的情况下，课改是治标不治本。对于当前的新课改，您怎么看？天津中学在新课改中，有哪些有益的探索和经验？

把书看懂是最有价值的能力

国赫孚：课改要落到实处，关键在课堂。不能仅仅为了提高高考成绩就给学生一味地增加教学内容，加重学生的课业负担，这是背离教育规律的。我们的课堂是自由开放的，鼓励学生个性张扬，尊重每一位学生的人格，让学习真正变成学生自己的事情。

我们制定了课堂基本模式：情境引入—自读教材—合作交流—成果展示—问题反馈—总结提升。"情境引入"就是回归生活，让学生先知道知识与生活的联系，明白为什么学；"自读教材"就是教师编制学案，让学生自己读教材，其实教材的大部分内容学生自己是可以读懂的，少量不懂的内容，经过学生的讨论交流及教师的点拨讲解是完全可以解决的。自己把书看懂，这是最有价值的能力。学生今后走入社会，需要独立面对生活，那时没有老师教了，完全要靠自己，没有这种能力是不行的。我想，我们教育教学的重要目标之一就是培养学生这种"自食其力"的能力。

把书读薄人人会画思维导图

国赫孚：人人会画思维导图是天津中学学生的一大特色。有人以为学习就是为了做题，是为了应付各种考试，其实学习就是建立知识结构。做题和考试是为了检验学生的知识结构。如果知识结构建立不起来，考试题也肯定做不出来。思维导图就是让学生自己建立知识结构，知识是学生自己学会的，不是听会的。学生自己画思维导图之前，必须反复地看书，把基本概念看懂，然后要弄清楚概念之间的联系，然后才能画出思维导图。思维导图画出来，也就意味着他建立起了知识结构。

把书吃透学生之间"兵教兵"

国赫孚：为了保证教育质量，进程性知识检测是必不可少的。在每个年级，学校都实行让教师出示检测习题，学生当堂练习；练习后学生间可互批互改，教师进行矫正性的补充讲解和答题的规范指导；学生反思改错。利用每天早读的时间安排20分钟的小测验，检查上一周的基础知识或者易混易错知识等。学生也可以采取"兵教兵"的方式，会的给不会的讲。这样，我们把巩固知识、矫正问题作为经常化的手段，对于提高学生的成绩意义重大。抓成绩不能只抓高三、初三，起始年级打好基础更重要。

(四)候鸟能人与海南结缘国赫孚推行新教学法培养人才

来源：南海网

时间：2016年2月27日

【候鸟能人报道十一】候鸟能人国赫孚：在海南推行"六环节"教学法培养创新型人才。

他是全国优秀教育工作者，他是华东师范大学、东北师范大学、天津师范大学等全国知名师范类高校的兼职教授，他享受国务院特殊津贴，他曾是天津中学校长，现在也成为海口市第七中学副校长，他是国赫孚。

2015年，海南省以他的姓名命名，成立了"海南国赫孚卓越教师工作室"。"国赫孚卓越教师工作室'成立最初的想法就是，以工作室作为一个点，把工作室内的骨干教师培养成专家型教师。"据海口市第七中学校长王梅楠介绍，自工作室成立以来，国赫孚为学校老师做讲座，在教师的专业素质提升、课堂教学内容的完善等方面都起到了积极的作用。

2月24日下午，南海网记者前往了设立在海口市第七中学的"国赫孚卓越教师工作室"，对这位谦和、博学的教育家进行了专访。

因教师培养项目与海南结缘

"从2011年开始，连续四年的时间，海南省每年都会派一批骨干教师来天津中学进行教学上的互动与培养。"据国赫孚介绍，这些骨干教师会利用1～3个月的时间，在天津中学接触并亲身体会"六环节"教学法，同时也会在天津中学适当进行代课，将学习与实践相结合。

据国赫孚介绍，因为海南省教育厅组织的这样一场骨干教师培养项目，自己与海南结缘，他说道："通过四年的时间，他们可能也觉得这个'六环节'比较好，就希望我继续来海南推进这个方法在海南的实施开展。"

所谓"六环节"是指2009年由国赫孚提出并构建实施的"天津中学六环节自主学习课堂教学模式"，力图打造"自主学习课堂"。该模式由"引入—自学—交流—展示—练习—总结"六大板块构成。

据海口市第七中学校长王梅楠介绍："因为国校长来自教学一线，他的许多理念、教学方法等，对我们而言都非常实用，对我们的工作指导有非常大的帮助。"王梅楠补充道："国校长来工作室后，对我们老师的专业成长、教师队伍的培养有很大影响，通过一些交流，促使我们了解到怎么思考、怎么实施教师的培养。"

"现在我们就准备跟国校长专门就'六环节'进行研讨、摸索、探究，希望能在国校长的指导下，对'六环节'的教学本校化、本地化、本土化。"王梅楠说道。

因教师敬业精神而对海南更期待

"来海南不久，对海南整体的教育环境和教学水平还不好下定论，但是就我目前接触过的教师来看，海南教师身上的敬业精神还是给我留下了深刻的印象。"国赫孚说道："教学改革，包括'六环节'的实施有一个共同前提，就是老师得先期投入。教学改革要解放学生，但要求老师要为学生自主学习提供环境和条件支持。"

国赫孚讲道："所谓支持是什么，包括你设计教学案、设计问题，这要比传统的备课复杂很多。"国赫孚介绍，有的地方课程改革难以推进，也是因为老师们不愿意做这种奉献。他说道："照本宣科就是我拿本书在那儿念，省事，对教学十几年的教师而言就是倒背如流了，而现在，他需要研究。"

"比如，我们学校一个教龄30多年的老教师，以前备一节课只需要半小时，刚开始搞'六环节'时，他备一节课用了8小时。"国赫孚说道："有的老师思想保守，不愿意做这种改革，而我接触到的海南的老师，精神面貌非常好，包括他们领导都带头做，给老师们做出了榜样。老师们都很投入、很敬业，这是推动改革的一个先决条件，对这些我是非常满意的。"

因课程改革再助推海南发展

在谈到海南的教育环境与教育发展的问题时，国赫孚说道："在教育的基础条件方面，海南省和其他地区相比，无论是校舍等硬件条件，还是师资队伍素质等方面，还是能感觉到差距。"国赫孚又补充道："但是硬件、物质不能完全决定教育，教育还取决于理念和思想。"

"很多名校，师资、硬件、学生都非常好，但为了应试，依旧是采用'满堂灌'的传统教学，根本培养不出创造型人才。"国赫孚说道："如果我们的教育理念端正了，教育思想端正了，真正在课堂教学改革方面下了功夫，对于海南省未来教育的发展，可以说是能够提供一个最重要的基础。"

国赫孚讲道："海南省是我们国家最先进入新课改的4个省份之一，近几年新课改在我国被逐步弱化了，但我始终认为，抓教育首先要抓课程改革。所有教学目标都要通过课程来实现，所以发展教育最重要的核心就是抓住课程。"国赫孚强调，要通过课程改革，开展自主学习模式，让学生主动获取知识，培养其自主学习能力及创新精神。

"我现在主要就是想在海南推动'六环节'，它不仅是改变教学环节，实际上它最终改革的是教师，是要改变教师的工作方式。"国赫孚形象地说道："由'个体户'走向'互助组'，再由'互助组'变成'合作社'。由过去单纯的备课上课，到今后老师要把自己的工作、研究、学习结合起来。"

针对海南今后的教育发展方向，国赫孚说道："在培养人的素质方面，教育也可以发挥很好的作用。如果我们按照人才成长的规律，考虑好人的发展和社会发展相

统一，教育才会有活力，教育才会有效力。"

"对于海南而言，我觉得还是要抓好课程改革，路子走对了，人才素质就上来了。"国赫孚提道："本身课改的理念就是为了每个学生的成长，为了中华民族的复兴，一个是为了个人发展，一个是为了社会发展，这是新课程的价值取向。做好了这一切，海南的社会还能不发展吗？还能不进步吗？"

后 记

　　本书的出版，首先要感谢学校的顾问韩建华校长。我们从1993年相识，相见恨晚，以后便成为挚友。那时他是我爱人所在学校的校长，长我一岁，与我一样有过上山下乡的经历并长期从事教育工作。后来我调任天津中学做校长，几乎每次发表的文章，都请他过目，每次重要的讲话，我都征求他的意见。他退休后到我们学校做顾问。学校的综合实践活动和课堂教学改革，都浸透着他的心血。他的理论功底比我深，使我的身边有了一位导师。不仅是我，很多老师向他请教他都精心指点。

　　2007年，教育部组织编写"教育家成长丛书"，天津市教委推荐我为人选之一。我听说出一本书要"扒一层皮"，就望而却步了。当时课堂改革已经起步，如不抓紧做恐半途而废，写书的事，便被搁置，但我还是抓紧空闲时间写了一些回忆录，大致有五六万字。

　　韩校长来到我们学校后，他鼓励我写书。他说我做的事都非常有价值，总结出来对天津中学的发展有好处，而我们申请的国家级课题"综合实践活动课程常态化实施的研究"也需要一本书结题。他花费了巨大的精力收集了我写过的所有文字，包括发表的文章、校内外的讲话、讲座稿、回忆录等。

　　他的特长是搭建结构，把这些内容经过选择放进了他搭建的结构之中。于是，书的雏形就呈现在我的案前。其中浸透了韩校长的心血和汗水，我看到后不能再无动于衷了。

　　把讲话稿、讲座稿这些素材变成一本连贯的书，对不善于写作的我来说是一次挑战，其间寝食不安，甘苦自知。我大致用了一年多的时间进行修改。一年多的所有休息日都用于写作，有时睡梦中醒来，有一点感悟马上提笔记录。写作首先需要学习。国内出版的有关综合实践活动的书我大体上都浏览了一遍并进行了摘录，力求对课程的理论能够梳理出一条线索。对于校长这样从事实践工作的人来说这并不是一件容易的事，但付出了一些辛苦，自己感觉到受益匪浅，因此我深刻地感受到写作能够促进学习。

其次，要把讲话稿、讲座稿写成书，需要形式和内容的转变。讲话都是道貌岸然的，多是讲结论，要成为书的内容需要挖掘当时的背景与情境，形式上成为娓娓道来的故事才有可读性。这又使我颇费一番心思。我多次找老师谈话交流，不少老师为本书提供了素材。

这本书是天津中学十几年来探索综合实践活动和课堂教学改革的总结与记录。天津中学大批的干部教师都为此做出了贡献，不可能一一列出他们的名字，但在我心里、在老师们的心里是有数的。

感谢基础教育司原副司长朱慕菊。朱司长来天津调研听了我关于综合实践活动的汇报并给予充分的肯定。随即派我到新疆、西藏、重庆等省市介绍经验。教育部在华东师大举办全国课程改革样本校校长培训班，又聘我为讲师。朱司长给了我在全国交流的平台，同时给了我学习和研究的任务。每次讲课，都促使我对学校综合实践活动的经验进行进一步的梳理和提升，每年实施综合实践活动课程，我都力求在课程化方面创造出新的经验。这些为本书的形成打下了基础。

感谢韩校长为本书搭建了基本的结构，并亲自编写了"我的实践教育观"和"综合实践活动的育人魅力"及部分案例点评。感谢赵阿英，从天津中学初建起一直和我打拼到现在，是天津中学的功臣。凭着对天津中学的感情和我们之间的友谊，阅读了全书初稿，帮助我修改文字。书稿交出版社后，曾在天津中学工作过的李景龙老师阅读了全文，并字斟句酌，进行修改，付出了大量的心血，不仅体现了他的文字功底，也昭示了他对天津中学的感情。写作期间黄炎处长、康万栋教授、刘慧君教授、张景校长、王琪校长等都提出过宝贵的建议。脱稿后郑玉芬老师、郭宁老师又进行了部分文字的修改。中国教育报刊社副社长张新洲同志从 2007 年就鼓励我写书并多次催促，给了我压力也给了我动力。中国教育报刊社新闻研究中心赖配根主任对全书的结构提出了宝贵的修改指导。在此一并致以衷心的感谢。

本书几经易稿，即将付印。它凝聚了我大半生的心血，留下了我追求理想的脚步，也见证了天津中学走过的不平坦的探索发展之路。现在我将把它献给我亲手创建的天津中学，献给和我一同为天津中学的成长而曾经痛苦着、快乐着、奉献着的天津中学的全体教职工。格林说过一句话："感到自己在途中，感到自己在永远存在着澄清、新的发现的可能性的地方……"在此我想借用它来表明我的一种心愿：世界不存在完美，教育改革永远在"进行时"，学校的发展永远在"进行时"，追求也永远在"进行时"。